Play Revolution And Creativity

놀이 혁명과 창의성

양유진 · 한유진 · 정가윤 · 김진욱 · 천연미 공저

학지사

머리말

"놀아라, 양심의 가책을 받지 말고!" 볼츠(Bolz)의 『놀이하는 인간: 놀지 못해 아픈 이들을 위한 인문학』의 머리말 제목이다. 그의 주장은 인간이 인간답게 살기 위해 인생에서 놀이가 얼마나 중요한가를 깨닫게 해 준다. 놀이하는 인간 '호모루덴스(Homo-Ludens)'라는 명칭이 있음에도, 놀이하는 사람에게는 쉽게 질타가 이어진다.

놀지 말고 공부해라! 학창시절 내내 많은 고등학생과 대학생이 이러한 이야기를 한 번쯤은 들어 보았을 것이다. 대학에 가면 놀 수 있을까? 아니면 직장인이 되면 놀 수 있을까? 다음의 이야기를 살펴보자.

옛날 옛날 개미와 베짱이가 살고 있었어요.

개미는 쉬지 않고 열심히 일을 했고 베짱이는 바이올린을 켜며 노래를 부르며 놀았어요.

한여름에도 땀을 뻘뻘 흘리며 일하는 개미를 본 베짱이는 이렇게 말했어요.

"야, 개미야. 좀 놀지 그래? 이 더운 날까지 일을 하고 있어?"

그러자 개미는 추운 겨울에는 먹이가 없기 때문에 지금부터 부지런히 먹이를 모으지 않으면 겨울에 먹을 것이 없어 놀 수 없다고 했어요.

그런 개미를 보고 베짱이는 참 한심하게 생각했어요.

드디어 낙엽이 다 떨어지고 눈이 내리는 겨울이 왔어요.

개미는 여름 내내 열심히 일해서 따뜻한 집에서 맛있는 것을 배부르게 먹으며 겨울을 날 수 있었어요.

하지만 베짱이는 놀고만 있었기 때문에 추운 겨울을 버티기가 너무 힘들었어요.

할 수 없이 베짱이는 개미의 집을 찾아가 지난날 일만 하는 개미를 한심하게 본 자신을 반성하고 개미에게 사과했어요.

개미는 베짱이의 사과를 받아들이고 자신의 집에서 베짱이를 재워 주고 맛있는 것도 주었답니다.

개미와 베짱이 이솝우화는 노동에 비해 놀이의 가치를 인정하지 않고, 우리 모두 유년기 시절부터 이와 같은 교훈을 되새기며 교육받아 왔다. 일하지 않고 놀이에만 몰두하는 인간은 생산을 기반으로 발전하는 자본주의 사회에서는 필요 없는 존재로 여겨진다. 국가는 이러한 사람들을 통제하기 위해 다양한 형태로 놀이를 규제해 왔다. 그렇다면 우리나라의 노동자는 얼마나 일하고, 얼마나 놀이하고 있는가?

2019년 한국 노동자는 1인당 연간 2,258시간 일을 하고 있다. 이는 경제협력개발기구(OECD) 36개 회원국 중 다섯 번째로 긴 노동 시간이다. 반면, 2017년 시간당 노동생산성은 34.3달러로 29위를 기록했다. 이와 같은 한국의 노동생산성은 전체 1위인 아일랜드(88달러)의 39%에 불과하다. 경제협력개발기구 회원국 평균은 48.1달러로, 무조건 열심히 일만 하는 개미형 인간의 생산성이 의심받고 있다.

기업은 노동생산성을 향상하기 위해 여러 시도를 하고 있다. 그중 하나가 일터에 놀이적 요소를 끌어들여 직원들의 놀이 본능을 자극하는 일이다. 놀이가 창의적 발상과 생산성 환기로 이어진다는 믿음 때문이다. 놀지 못하는 사람이 되어서 놀도록 다시 격려받는 현대사회의 성인들, 어디서부터 극복해야 하는 것일까?

사실 놀이의 매력과 유익함은 일일이 다 열거할 수 없을 정도로 많다. 놀이가 시작되면 우리는 일상의 세계와는 다른 세계로 들어가고 이 과정에서 놀이에 참여하는 사람은 몰입(immersion)을 체험한다. 놀이는 참가자에게 해냈다는 성취감을 느끼도록 하고, 이 성취감은 행복으로 이어진다. 그뿐만 아니라 놀이는 세계에 대한 새로운 '관계 맺기'를 의미한다. 우리는 게임의 규칙을 지키면서 즐거움을 찾고 현실의 복잡한 문제를 규칙에 입각한 놀이로 변형함으로써 해결할 수 있는 근거를 발견한다.

이처럼 놀이는 노동생산성 향상을 위한 매개체로서의 의미뿐만 아니라, 창의력을 발현할 수 있는 그 무엇보다 중요한 요소이다. 놀이에는 창의성과 생산성의 요소가 숨어 있다. 놀이는 오늘날 창의적 잠재력으로서 현실에 침투하고 있으며, 이제 많은 사람이 놀이에 집중하며 새로운 문화를 창조하고 있다. 이러한 놀이문화는 창조성이 중요하게 된 21세기에 들어서면서 더욱 중요한 생산적 가치를 지닐 뿐 아니라 과거의 수직적인 회사 문화를 점차 변화시키고 있다.

이 책은 대학생들에게 잠재되어 있는 놀이성을 활성화시켜 4차 산업혁명 시대에 걸맞은 인재의 핵심역량인 창의성을 증진하는 데 도움을 제공하고자 하였다. 따라서 독자는 이 책을 통해 현대사회에서 놀이하는 인간의 의미, 놀이와 창의성과의 관계, 창의성을 증진시킬 수 있는 놀이 프로그램의 종류, 놀이와 창의성과 관련된 최근 연구동향에 대한 이해와 실제 정보를 얻을 수 있을 것이다.

2021년 7월

저자 일동

차례

제2부
놀이와 창의성

제3부
창의성 증진 놀이의 실제

제4부
놀이를 통한 재창조

제1부

놀이하는 인간: 호모루덴스

◆

놀이가 없는 삶을 상상할 수 있는가? 놀이는 인간의 삶에서 떼어 낼 수 없는 중요한 활동이다. 이 장에서는 놀이하는 인간, 호모루덴스(Homo Ludens)에 대하여 알아보고자 한다. 이를 위하여 먼저 놀이를 인간의 원초적 본능이라고 볼 수 있는 근거들을 제시하고 이를 바탕으로 호모루덴스라는 개념을 소개할 것이다. 더불어 호모루덴스가 어떻게 인류 문명의 발전을 이끌어 왔는지, 이러한 흐름에 따라 현대사회에서 관찰되는 놀이의 양상과 그 필요성은 어떠한지 알아볼 것이다. 동시에 과거부터 현재까지 학문적으로 논의되고 있는 놀이의 개념과 놀이에 대한 다양한 심리학적 · 사회학적 이론을 소개하고, 이러한 이론을 바탕으로 놀이가 실질적으로 이루어질 수 있는 풍부한 놀이환경에 대하여 살펴볼 것이다.

Play Revolution and Creativity

제1장

인류의 역사와 놀이

놀이는 인간의 삶과 인류의 역사 곳곳에 존재한다. 인간 발달 과정과 동물의 놀이 그리고 인류의 역사를 살펴보면 놀이가 인간의 원초적 본능이라는 근거를 어렵지 않게 찾아볼 수 있다. 이 장에서 다루어질 미소의 발달과 놀라움을 추구하는 본능 그리고 동물에게서 찾아볼 수 있는 놀이성은 모두 놀이가 인간의 본능임을 암시한다. '놀이하는 인간'이라는 뜻을 가진 '호모루덴스'는 이러한 인간의 특성을 강조하는데, 호모루덴스적 관점으로 인류의 역사를 살펴보면 인간의 놀이성이야말로 인류 문명의 발전을 이끌어 온 주요한 원동력이었음을 알 수 있다.

놀이, 인간의 원초적 본능

인간은 언제부터 놀기 시작하고, 언제부터 놀이가 무엇을 뜻하는지 알게 되는가? 놀이의 뜻을 설명할 줄 모르는 어린아이도 "밥 다 먹고 놀자!"라는 말을 들으면 놀게 될 것을 기대하며 기뻐서 빨리 밥을 먹으려 한다. 인간은 놀이의 의미를 이해하는 능력을 갖추기 이전인 영아기에도 누구의 가르침 없이 자연스럽게 자신의 손가락이나 발가락 등 신체 부위를 만지고 잡고 빨면서 혼자서 놀 수 있다. 출생과 동시에 영아의 주위 사람들은 다양한 말, 소리, 가벼운 건드림, 까꿍 놀이 등을 통하여 영아를 다양한 놀이에 초대하여 상호작용을 시도한다. 인간은 영아기보다 더 이전인 엄마의 뱃속에서도 내외부의 자극에 반응하고 움직이며 다양한 놀이를 한다. 이처럼 인간은 기억할 수 없을 만큼 어린 시절부터 놀아 왔다.

이후 언어를 사용할 수 있게 되면서 아이들은 "우리 집에 놀러 와!" "병원 놀이하자!" 등 '놀이'라는 단어를 매우 일상적으로 사용하게 된다. 그러나 이때 놀이라는 단어를 자주 사용하면서도 정작 놀이의 정의가 무엇인지 언어로 설명하기는 어려울 것이다. 이와 같이 많은 경우 우리는 언어로 놀이의 개념적 정의를 이해하고 설명할 수 있게 되기도 전에 먼저 경험적으로 놀이의 의미를 체득하게 된다.

인간이 놀이의 의미를 언어적으로 이해하기 이전에 경험적으로 체득하게 된다는 것을 유추해 볼 수 있는 단서는 미소의 발달과 놀라움 추구의 본능에서 찾아볼 수 있다. 언어를 구사하지 못하는 어린아이의 미소를 보면 이들도 놀이의 중요한 특징인 즐거움을 경험하고 있음을 알 수 있으며, 놀라운 것 또는 새로운 것을 선호하는 어린아이의 모습은 놀이의 또 다른 특징인 '기대와 다른 놀라움' 추구를 반영하는 것이라고 할 수 있다.

더불어 동물들의 행동에서도 놀이 본능을 찾아볼 수 있다는 사실은 놀이가 '의식과 언어 이전'의 매우 원초적인 것이라는 주장을 뒷받침한다(Brown & Vaughn, 2009). 이러한 주장에 따르면 우리가 살아 있는 동안 때에 따라 자연스럽게 자고 싶은 욕구를 느끼거나, 먹고 싶은 욕구를 느끼는 것처럼 놀이에 대한 욕구도 생명의 시작과 함께 자연스럽게 나타나는 것이라고 할 수 있다. 혹자는 인간의 놀이 욕구가 식욕을 포함한 생물학적 생명과 직결된 욕구를 뛰어넘는 강력한 본능이라고 주장하기도 한다(Brown & Vaughn, 2009). 만약 먹고 자는 것도 잊은 채로 놀아 본 경험이 있다면 이 주장에 어느 정도 공감이 될지도 모르겠다.

Worksheet

내가 알고 있는 다양한 놀이와 놀이가 아닌 활동에 대하여 떠올려 보자. 이를 바탕으로 나는 무엇을 하고 노는지, 놀이의 특성은 무엇인지 생각해 보자.

내가 알고 있는 다양한 놀이

•

•

•

•

•

놀이가 아닌 것

•

•

•

•

•

내가 요즘 즐기는 놀이

•

•

•

•

•

내가 생각하는 놀이의 특성

•

•

•

•

•

미소의 발달

놀이가 인간의 본능임을 뒷받침하는 근거는 미소의 발달에서 찾아볼 수 있다. 미소는 다른 존재를 놀이로 초대하는 신호이자 놀이 경험에 대한 반응이다. 미소는 심리생물학적 긴장-이완의 과정으로 볼 수 있는데, 보편적으로 영아는 새로운 자극을 접했을 때 먼저 긴장하는 반응을 보이며 표정이 굳어진다(Garvey, 1996). 이때 새로운 자극이 위협적이고 불쾌한 것인지 아니면 흥미로운 것인지를 평가하게 된다. 만약 새로운 자극이 위협적이거나 불쾌하다고 판단될 경우에는 울거나 피하는 반응을 보이는 반면, 그렇지 않을 경우에는 흥미를 느끼고 미소를 지으며 긴장을 이완하는 반응을 보인다(Garvey, 1996). 모든 놀이가 반드시 미소로 표현되는 것은 아니지만 미소의 발달은 놀이의 발달과 함께 나타나며 미소와 놀이의 발달은 주목할 만한 연관성을 가지고 있기 때문에 둘을 함께 살펴볼 필요가 있다.

발달 시기에 따른 미소의 발달

미소 짓는 표정의 특징은 눈 주위를 오그리며 입을 양옆으로 넓게 늘리고 입꼬리를 위로 올리는 모습을 띤다. 미소는 이러한 얼굴의 잔잔한 움직임에서 시작하여 점차 큰 움직임으로 변하며 소리와 몸동작을 동반하는 다양한 종류의 웃음으로 발달한다(Garvey, 1996). 인간의 첫 미소는 영아기에 신체의 가벼운 내적 변화에 의해 나타나며 이는 보통 수면 중에 나타난다. 생후 3주경에는 사람들의 목소리나 움직이는 얼굴 등 외적 경험에 의한 미소를 지을 수 있게 된다. 영아는 앞서 언급된 긴장-이완의 과정을 통하여 새로운 자극을 평가하는 과정을 거쳐 위협적이지 않고 불쾌하지 않으며 흥미롭다고 판단될 경우, 이완의 표현으로 미소를 짓게 된다. 이후 인지적 발달과 함께

미소 짓는 표정의 특징은 눈 주위를 오그리며 입을 양옆으로 넓게 늘리고 입꼬리를 위로 올리는 모습을 띤다. 미소는 이러한 얼굴의 잔잔한 움직임에서 시작하여 점차 큰 움직임으로 변하며 소리와 몸동작을 동반하는 다양한 종류의 웃음으로 발달한다. 인간의 첫 미소는 영아기에 신체의 가벼운 내적 변화에 의해 나타나며 이는 보통 수면 중에 나타난다(Garvey, 1996).

[그림 1-1] 인간의 첫 미소

아동은 점차 새로운 자극과 더불어 기대와 지각의 불일치에서 오는 놀라움, 왜곡되거나 과장된 현상 등 보다 다양한 상황에서 미소나 웃음을 표현할 수 있게 된다(Garvey, 1996).

생후 3개월경이 되면 영아는 엄마를 인식했을 때 본능적으로 미소를 보여 엄마의 모성을 자극한다. 이에 엄마는 영아의 미소를 보기 위한 노력을 하게 되고, 영아도 엄마의 만족하는 반응과 보호 및 사랑 등을 얻기 위하여 미소를 짓게 되어 서로 사회적 상호작용을 하게 된다(Garvey, 1996). 이러한 맥락에서 미소는 어떠한 상황에 대한 평가이며, 경험에 대한 표현임과 동시에 관계를 형성하는 사회적 수단이라고 할 수 있다. 학령기에 접어든 아동은 다양한 종류의 즐겁고 우스운 상황을 구분하여 경험할 수 있게 된다. 이 시기의 아동은 여러 가지 상황에 다양한 종류의 미소와 웃음으로 반응을 할 수 있다. 더불어, 인지적 · 정서적 · 사회적 발달과 함께 더욱 복잡한 사회적 상황들을 고려한 미소와 웃음을 지을 수 있게 된다. 이 시기에는 각 상황을 더욱 자세히 평가하고 구분할 수 있게 된다.

〈표 1-1〉 아동의 발달시기에 따른 미소의 발달

발달 시기	미소의 발달
영아기(첫 미소)	신체적 변화(내적인 경험)에 의한 미소
영아기(생후 3주경)	사람들의 목소리나 움직이는 얼굴 등 환경에 존재하는 외적 경험에 의한 미소
영아기(생후 3개월경)	엄마를 인식하는 미소, 사회적 · 상호작용적 기능을 하는 미소
학령기	다양한 상황을 구분하고 다양한 미소와 웃음을 표출할 수 있게 됨

무엇이 우리를 웃게 하는가

이처럼 성장 과정에서 자연스럽게 발달하는 미소나 웃음은 놀이의 발달과 밀접한 관련성을 가지고 있다. 저스틴(Justin)이라는 심리학자는 무엇이 아동을 웃게 하는지에 대한 궁금증을 가지고 다양한 실험을 통하여 웃음에 대한 기존의 이론을 검증해 보았다(Justin, 1932). 실험에 참여한 아동의 연령은 3세부터 6세까지였으며, 실험은 각 연령별로 진행되었다. 이론적으로 웃음을 이끌어 낼 것이라고 추정되는 상황들에는 '놀람이나 좌절된 기대, 타인의 불행이나 무기력에서 오는 우월감, 긴장이나 절박감으로부터의 해방, 부조화와 대조의 지각, 다른 사람이 웃거나 무엇인가 우습다는 것을 시사하는 것을 목격하는 것, 언어적이거나 신체적인 놀이에 참여하는 것' 등이 있었다. 다양한 미소와 웃음을 자아내는 상황은 즐거운 경험을 제공하는 다양한 놀이의 특징과도 매우 유사함을 알 수 있다. 또한, 미소를 비롯한 다양한 종류의 웃음은 다른 이들의 관심을 끌어내고, 특정 상황이나 활동에 참여하게 하는 등 사회적인 기능을 하는데, 이처럼 다양한 상호작용의 맥락에서 주고받는 미소는 놀이의 신호 역할을 하기도 한다.

놀이와 집단적 환희

놀이와 밀접한 연관이 있는 미소와 관련된 또 하나의 개념은 집단적 환희(group glee)이다(Sherman, 1975). 이 개념은 아동들 사이에서 집단적으로 분출되는 즐거운 웃음소리를 가리킨다. 집단적 환희는 미소보다 격렬하게 표현되어 뛰며 손뼉을 치는 등의 동작을 포함한다. 셔먼(Sherman)은 2년 동안 유치원에서 3, 4, 5세 집단(3~4명; 5~6명; 7~8명)을 대상으로 집단적 환희를 관찰하였는데 이러한 집단적 환희가 발생하게 된 상황에는 춤과 같은 강렬한 신체적 활동을 할 때, 무언가를 실수로 잘못 불렀을 때, 나쁜 말로 관계를 끊는 금기 혹은 규율을 어겼을 때, 타인의 불행을 보게 되었을 때 등이 있었다.

놀이와 미소, 웃음, 집단적 환희의 관계

가비(Garvey)는 미소, 웃음, 집단적 환희의 특징과 놀이의 발달 과정이 서로 매우 유사하다고 주장하였다. 이를 뒷받침하기 위하여 가비는 크게 다섯 가지의 이유를 설명한다(Garvey, 1996).

첫째, 미소, 웃음, 집단적 환희와 같이 놀이도 처음에는 애매모호한 모습으로 표현되다가 점차 분화되고 명확해진다.

둘째, 아동은 성장하면서 스스로 미소, 웃음, 집단적 환희와 연관된 상황들을 점점 더 능동적으로 만들어 가려는 경향이 있는데, 이와 동시에 놀이도 더 자율적이고 능동적인 모습으로 발달해 간다.

셋째, 아동의 성장과 함께 웃음의 종류와 웃을 수 있는 분야도 확장되는데, 이 과정에서 놀이의 형태와 대상 그리고 특성 또한 더욱 복잡하고 다양해진다.

넷째, 미소, 웃음, 집단적 환희와 같이 놀이도 즐거움의 표현이며 주로 건강한 상태에서 나타난다.

다섯째, 미소, 웃음, 집단적 환희와 놀이는 사회적이고 환경적인 맥락 안에서 나타나며 이와 같은 맥락의 영향을 받는다. 특히, 미소와 놀이는 출생 후 부모와의 첫 상호작용에서부터 중요한 역할을 하며, 이후 더 확장된 사회적 상호작용에서도 지속해서 중요한 기능을 한다.

이에 따라 미소, 웃음, 집단적 환희의 발달은 놀이의 발달과 밀접한 연관이 있다는 것을 알 수 있다. 웃음과 집단적 환희로 확장되는 미소의 발달이 영아기에 개인의 내면에서부터 시작되어 이후 외부 환경과의 상호작용을 통하여 지속적으로 진행된다는 사실은 인간의 놀이성 역시 영아기부터 존재하는 원초적인 특성이라고 할 수 있는 근거가 된다.

놀라움을 추구하는 본능

놀이를 설명하는 대표적인 특성 중 하나는 '기대와 다른 놀라움'의 경험을 제공한다는 것이다. 신경과학과 인지심리학 연구에 따르면 놀라움, 즉 자신의 기대와 다른 경험은 인간을 포함한 다양한 생명체의 학습을 촉진하는 신경과학적 기제를 발달시켜 왔다고 한다(Johnson, 2017). 놀라움을 추구하는 것은 본능적인 욕구라고 볼 수 있는데, 특히 신경전달물질인 도파민은 이러한 본능과 밀접한 관련이 있다.

도파민은 행동과 인식, 자발적인 움직임, 동기부여, 처벌과 보상, 프로락틴 생산의 억제, 수면, 기분, 주의집중, 작업 기억, 학습 등 매우 다양한 정서 및 인지적 기능에 중요한 역할을 하는 신경전달물질이다. 특히, 뇌의 주목 체계와 동기화 체계를 유도하는 역할을 하는데, 기대와 다른 새롭고 놀라운 현상을 인식할 때 도파민이 분비되면서 '색다름 보상(novelty bonus)' 효과가 나타나게 되는 것이다(Johnson, 2017).

이러한 보상은 진화생물학적인 관점에서 강조되는 원초적 생존과 번식 본능과는 다소 다른 방향성을 나타낸다. 생존과 번식에 밀접하게 연관된 배고픔과 소속감의 욕구는 음식을 섭취하거나 친밀한 관계를 맺는 것으로 어느 정도 충족될 수 있다. 그러나 놀라움을 추구하는 본능은 기존에 알고 있던 것을 넘어서는 새로운 것을 요구하기 때문에 충족됨과 동시에 다시 추구하게 되는 특성이 있다. 이러한 기제에 따라, 어떠한 새로운 사실이 특정 시대에 발견되고 보편화되었다고 하더라도 다음 세대에서는 그 사실이 더는 새로운 것으로 여겨지지 않기 때문에 여기에는 무언가 혁신적인 변화가 요구된다. 원초적인 생존과 번식의 본능에 의하여 문화적인 변화가 일어나기도 하지만 이처럼 생존과 번식의 본능과는 질적으로 다른 새로운 것, 놀라운 것을 추구하는 본능으로 인하여 문화적인 변화가 일어나기도 하는 것이다(Johnson, 2017).

신생아 연구를 살펴보면 이러한 인간의 본능적 기제를 이해하는 데 도움이 된다. 영아의 지각을 연구하는 방법 중 매우 보편적으로 사용되는 선호(preference) 패러다임과 습관화-탈습관화(habituation-dishabituation) 패러다임을 살펴보자. 선호 패러다임은 영아가 흥미를 갖고 선호하는 대상을 향해 머리를 돌리고 주의를 기울여 더 오래 쳐다본다는 점에 주목한다. 습관화-

탈습관화 패러다임은 영아가 새로운 자극을 선호한다는 점([그림 1-3] 참고)과 이러한 새로운 자극이 반복될 경우 영아는 이러한 자극에 익숙해지고 점점 무뎌지며 어느 시점에는 더 주의를 기울이지 않게 됨을 설명한다([그림 1-4] 참고). 이러한 상황에서 또 다른 새로운 자극의 등장은 다시 영아의 흥미와 주의를 끌어내는데, 이러한 영아의 특성은 인간이 본능적으로 새로움과 놀라움을 추구하는 경향이 있음을 의미한다.

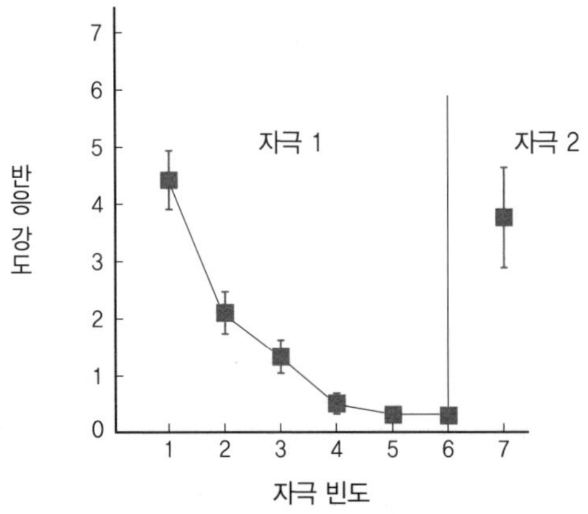

[그림 1-3] 습관과 탈습관화

출처: https://www.assignmentpoint.com/science/psychology/habituation

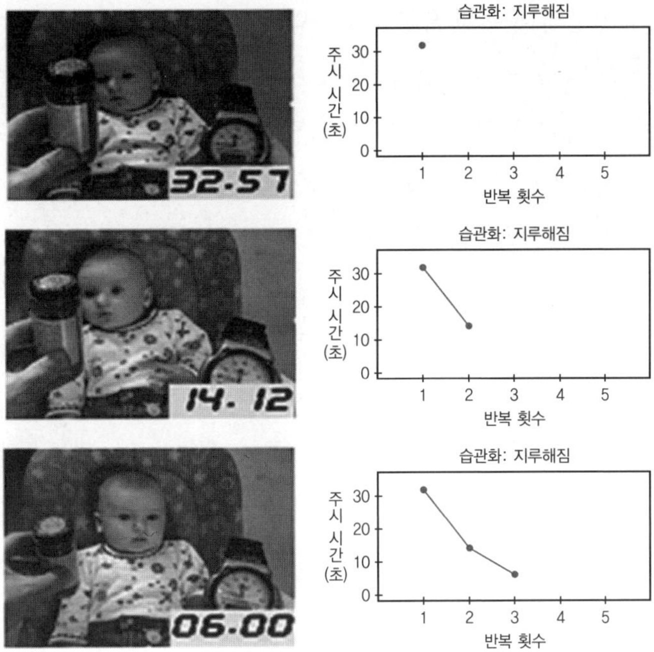

[그림 1-4] 습관화–탈습관화 실험의 예

출처: https://www.youtube.com/watch?v=dlilZh60qdA&t=17s)

동물의 놀이

놀이가 원초적 본능이라는 주장에 대한 근거는 동물들의 놀이에서도 찾아볼 수 있는데 기본적으로 놀이를 나타내는 경쟁하기, 공연하기, 전시하기, 도전하기, 자랑하기, 뽐내기, 과시하기, 허세 부리기, 구속력 강한 규칙 지키기 등은 동물의 세계에서도 관찰된다. 고양이 두 마리가 서로를 다치지 않을 정도로 때리고 물며 아웅다웅하거나, 쥐를 바로 잡아먹지 않고 가지고 장난을 치는 것, 원숭이 두 마리가 서로를 번갈아 가며 쫓는 모습 등을 살펴보면 분명 동물의 세계에도 생존과 번식의 목적만이 아닌 즐거움을 위한 놀이가 존재한다는 것을 알 수 있다.

브라운(Brown)과 본(Vaughn)의 저서 『플레이, 즐거움의 발견』에는 동물의 세계에서도 생존과 관련된 욕구를 뛰어넘는 놀이의 욕구가 존재한다는 것을 보여 주는 흥미로운 일화가 등장한다(Brown & Vaughn, 2009). 하나의 일화를 일반화하는 것에는 무리가 있지만, 이를 통하여 동물들에게도 놀이를 하려는 욕구의 본능이 배고픔을 채우고자 하는 식욕의 본능보다 강하게 작용할 가능성도 있음을 보여 주는 예시라고 할 수 있다.

> 그해 11월, 캐나다 북쪽의 흰곰들은 굶주릴 대로 굶주렸다. 얼음을 깨고 바다표범을 사냥하는 흰곰들은 바다가 아직 얼지 않아서 먹을 게 없었다. (중략) 허드슨은 캐나다 에스키모들의 썰매를 끄는 여섯 살짜리 개로, 라 둔의 개들 중에서도 특히 사나운 녀석이다. 흰곰이 다가갔을 때, 허드슨은 짖거나 도망치지 않았다. 대신 꼬리를 흔들며 몸을 숙였다. 전형적인 놀이 신호였다. (중략) 흰곰과 썰매 개는 눈 속에서 장난치며 놀기 시작했다. 둘 다 이빨을 드러내지 않고 입을 벌린 책 '지그시' 눈을 맞추고 있었다. 털도 빳빳이 서 있지 않았다. 아무리 봐도 서로를 위협하는 기미는 보이지 않았다. (중략)
>
> 15분쯤 흘렀을까. 흰곰은 여전히 굶주린 채로 어슬렁거리며 떠나갔다. 하지만 잠깐 동안 신나게 논 것으로 충분히 만족한 듯 보였다. (중략) 다음 날 비슷한 시간에 똑같은 흰곰이 또 찾아와 허드슨과 까불거리며 노는 것을 보고는 더 큰 충격을 받았다. 셋째 날에는 라둔의 동료들이 흰곰과 썰매 개의 이야기를 듣고는 두 마리의 동물을 구경하려고 그의 캠프에 몰려들었다. 일주일 동안 흰곰과 허드슨은 매일 만나서 놀았다. 배는 고팠지만 흰곰은 충분히 즐거운 시간을 보냈다. 그동안 바다의 얼음은 다시 두꺼워졌고, 흰곰은 바다표범을 잡을 수 있게 되었다.
>
> 동물의 본능인 식욕과 생존 욕구를 능가할 만큼 강력한 것은 무엇이었을까? 평소 친한 사이도 아닌 두 종이 어떻게 서로의 의도를 읽고, 야단법석을 떨며 장난을 칠 수 있었을까? 조금만 오해가 생겨도 치명적인

[그림 1-5] 북극곰과 허스키의 놀이

출처: https://pin.it/jolgbzvfgin4a2

> 결과가 생긴다는 것을 뻔히 알면서……. (중략……) 그 결과, 놀이야말로 자연계 전체에 퍼져 있는 엄청나게 강력한 힘이라는 것을 알게 되었다. 놀이는 감각과 지능이 있는 생명체와 떼려야 뗄 수 없는 관계인 것이다.
>
> **『플레이, 즐거움의 발견』(Brown & Vaughn, 2009)**

이와 같이 동물들은 서로 툭탁거리거나 쫓아다니는 등 다양한 모습으로 놀이를 한다. 사람들은 사람의 관점에서 놀이를 정의하려고 해서 동물의 놀이를 구분하는 데 어려움을 겪기도 하는데, 동물에게 있어서 놀이란 스트레스를 받지 않는 상태에서 자발적으로 반복하는 행동이며, 심각한 행동과는 구분이 되는 것이라고 할 수 있다(Brown & Vaughn, 2009).

진화론적 관점과 동물의 놀이 본능

다윈(Darwin)이 주장한 진화론은 적자생존(survival of the fittest)의 원칙을 주장하는데, 이는 환경에 가장 잘 적응하는 생물이나 집단이 최종적으로 살아남는다는 것을 뜻한다. 진화론적 관점에서 각각의 종(種)은 자연선택(natural selection)에 의하여 환경에 더 적합한 모습으로 진화해 간다고 볼 수 있다. 예를 들어, 키가 큰 나무들이 대부분인 지역에서 목이 긴 기린은 나무의 높은 곳에 있는 풀도 먹을 수 있었던 반면, 목이 짧은 기린은 키가 큰 나무의 풀을 먹을 수 없었기 때문에 자연스럽게 멸종하게 되고 결국 목이 긴 기린들만 남았다고 보는 것이다. 이러한 진화론적 관점을 고려했을 때 놀이도 어떤 의미에서든지 생존에 도움을 주어 왔기 때문에 진화의 자연선택 과정에서 사라지지 않고 여태까지 전수되어 온 것이라고 볼 수 있다.

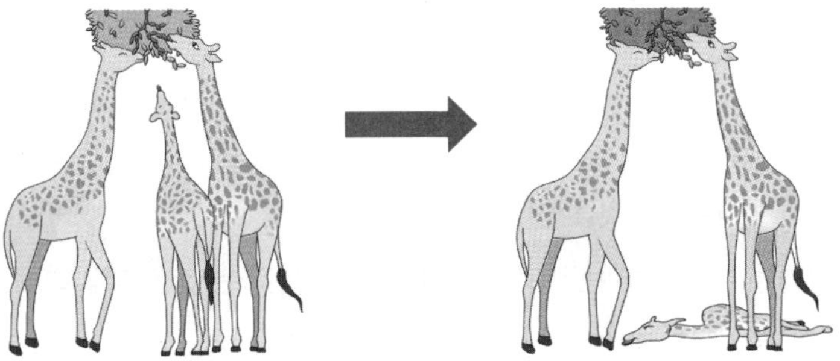

[그림 1-6] 자연선택의 예

동물의 놀이를 연구해 온 학자들은 놀이가 포유류, 조류, 일부 파충류 등 고등동물에게서만 발견되는 것이 아니라 문어와 같이 인간의 진화보다 훨씬 전부터 진화해 왔다고 여겨지는 하등동물에게서도 관찰된 바가 있다고 하였다. 예를 들어, 문어가 '긴장을 풀고 사물을 특이하게 조작'하는 모습이라든지([그림 1-7] 참고), 특정 물고기가 물거품을 내는 행동, 개미의 싸움놀이로 보이는 행동([그림 1-8] 참고) 등에서도 놀이를 찾아볼 수 있다(Kuba, Byrne, Meisel, & Mather, 2006). 이러한 모습은 놀이가 문화, 또는 문화에 의해서 만들어진 것이기 전에 모든 생명체가 가진 본능이라는 것을 암시한다.

♜ 잠깐 생각해 보기

진화론은 자연선택 원칙과 동물의 놀이를 바탕으로 인간의 놀이가 원초적 본능임을 암시한다. 그렇다면 진화론과 함께 논의되는 창조론의 관점에서는 어떠할까? 창조론은 신적 존재가 인간을 포함한 우주의 만물을 창조했다는 견해를 말한다. 이러한 관점에서 인간의 놀이성은 어디에서 기인하고 어떤 의미를 가지며 어떤 기능을 한다고 볼 수 있는가?

[그림 1-7] 문어의 놀이

출처: http://301072.weebly.com/blog/category/all

[그림 1-8] 개미의 놀이

출처: https://commons.wikimedia.org/wiki/File:Ants_playing.jpg

동물들은 왜 노는가

놀이는 삶의 다양한 도전에 대한 생사가 걸려 있지 않은 비교적 안전한 형태의 예행연습이라고 할 수 있다. 놀이는 동물들로 하여금 예기치 못한 뜻밖의 상황에 대비할 수 있는 능력을 길러 주는 등 생존을 돕는 기능을 가지고 있다. 앞서 소개된 진화론적 관점에서 고려했을 때, 놀이가 생존을 돕지 않았다면 이는 자연선택(natural selection)에 의하여 사라져 버렸을 것이지만, 어떤 형태로든 놀이가 생존에 도움을 주었기 때문에 여태까지 인간의 삶에 존재한다고 볼 수 있다. 동물의 놀이는 어린 시절 어미의 행동을 모방하는 모습으로 나타나기도 하고, 실제로 싸우거나 사냥할 때를 대비한 연습이 되기도 한다. 이를 통하여 동물들은 누가 친구인지 적인지 구분하는 법을 큰 위험부담 없이 배울 수 있는 기회를 얻게 된다(Brown & Vaughn, 2009).

동물의 놀이는 실제 상황에 대한 예행연습과 같이 직접적인 생존을 위한 기능을 하기도 하지만, 생존과 직접적인 연관이 없는 순수한 즐거움만을 위한 기능을 하기도 한다. 어린 동물들은 특정한 목적이나 이유 없이 즐겁게 뛰놀며 몸을 움직이기도 한다. 스펜서(Spencer)에 의하면 일반적으로 건강한 신경 체계에서는 자연스럽게 과잉 에너지가 생산되고 축적되는데(Spencer, 1872), 이는 일차적으로 생존을 위한 사냥, 격투 등에 사용될 수 있으나, 이러한 생존적 요구가 없을 때는 놀이와 같은 다른 활동을 통하여 그 에너지가 방출될 수 있다고 하였다(Schank, 2015). 이러한 이론들은 다양한 검증과정을 통하여 수정되고 있지만 이들이 발견한 공통적 특징은 놀이가 본능적인 것임을 암시한다는 것이다.

동물들은 놀이 경험 속에서 놀이의 신호를 주고받는데, 예를 들어 침팬지는 '놀이 얼굴(play face)'을 만들며, 개는 '놀이 인사(play bow)'를 한다(Horowitz, 2009; Parr & Waller, 2006). 앞서 제시된 일화에서 허드슨(캐나다 에스키모들의 썰매를 끄는 개)이 흰곰에게 꼬리를 흔들며 몸을 숙이는 모습을 바로 놀이의 신호, 놀이 인사라고 할 수 있다.

[그림 1-9] 침팬지의 놀이 얼굴(play face)

[그림 1-10] 개의 놀이 인사(play bow)

출처: https://www.pinterest.com/pin/506303183083545253/

이러한 놀이 과정을 통해 동물들도 '감성지능(Emotional Intelligence)'을 키우게 된다(Goleman, 2001). 감성지능은 놀이(보통 싸움놀이)를 통해 상대방의 감정 상태를 알아차리고 적절하게 반응하는 능력으로, 동물의 사회성과 생존에 중요한 역할을 한다.

놀이의 부재가 동물에게 미치는 영향

콜로라도 대학교의 생태학과 진화생물학자 비코프(Bekoff) 명예교수는 놀이가 동물의 사회, 신체 및 인지적 발달에 중요한 역할을 한다고 주장하였다(Yu, 2019). 놀이는 각각 그 수준이 다르더라도 감각과 지능이 있는 모든 생명체의 생존을 위한 원초적 본능이자 자신과 세상에 대하여 알아 가는 학습 방법인 것이다. 따라서 동물들도 놀이의 기회를 박탈당하면 다양한 발달능력과 적응적 기능이 저하된다. 예를 들어, 우리에 갇힌 동물들은 심심함에 시달려 틱과 같은 경련 증상을 보이거나 안절부절못하듯 왔다 갔다 하며, 우리의 철창을 물어뜯는 등의 행동을 나타냈다. 야생의 위험 상황에서 구조되어 치료를 받느라 입원 중인 까마귀들도 지속적인 자극이 필요했다. 까마귀들은 지능이 높은 편이기 때문에 지속적이고 규칙적인 환경의 변화가 필요한데 이와 같은 방법으로 정신적 자극이 제공되지 않을 경우, 이들은 지루함과 불행함을 느껴 자신의 깃털을 뽑거나 심각하게 다칠 정도로 자신의 날개를 새장에 부딪치는 등 자신을 해치는 행동을 하게 된다. 자극이 없는 지루한 환경에서 사는 동물들은 스트레스를 받기 쉽고, 이는 이들 체내의 호르몬과 면역체계 및 뇌 발달에도 부정적인 영향을 미치게 된다.

놀이하는 인간, 호모루덴스

[그림 1-11] 요한 하위징아

놀이를 인간의 중요한 특징으로 꼽고 이에 대한 개념을 처음 소개한 대표적인 인물은 네덜란드 역사학자 하위징아(Huizinga)이다. 하위징아는 놀이를 인간의 본성으로 보고 라틴어로 '놀이하는 인간'이라는 뜻을 가진 '호모루덴스(Homo Ludens)'의 개념을 소개하였다. 그는 인간의 본성에 대한 고찰 가운데 다음과 같은 질문들을 던지며 놀이가 인간을 설명하는 원초적 특성임을 주장하였다.

> 왜 어린아이는 기뻐서 소리 지르는가? 왜 도박사는 도박에 몰두하는가? 왜 군중은 축구 경기를 보면서 열광하는가? 생물학적 분석으로는 이런 놀이의 열광과 몰두를 설명하지 못한다. 이런 열광, 몰두, 광분 등에 놀이의 본질 또는 원초적 특징이 깃들어 있는데 말이다(Huizinga, 1993: 32).

우리가 가장 오랫동안 집중해 왔으며 흔히 논의해 온 인간의 특성은 '생각하는 것'으로, 이를 나타내는 개념은 '생각하는 인간'의 뜻을 지닌 호모사피엔스(Homo Sapiens)이다. 철학자 데카르트(Decart)는 "나는 생각한다. 고로 존재한다(Cogito, ergo sum; I think, therefore I am)."라는 유명한 말을 남겼다. 데카르트가 남긴 이 말은 중세에서 근대로 넘어가는 시기에 유럽에서 나타난 인간상의 변화를 반영한다고 볼 수 있다. 중세시대에는 신의 존재와 초인간적 경험 및 신학적 해석 등이 이성적 논리와 학문적 지식보다 더 가치 있는 것으로 여겨졌다. 그러나 근대로 접어들면서 신학적 경험과 해석은 근거를 찾기 어렵고 논리적이지 못하다며 비판의 대상이 되었고, 이를 대신하여 인간의 생각하는 능력이 강조되었다. 생각하는 능력이야말로 다른 생명체들과 비교해 인간의 우월성을 나타내는 기준이라고 여겨졌다. 이러한 인간의 특징은 르네상스 시대와 계몽주의 시대에 특히 강조되었으며, 현재까지도 중요하게 여겨지고 있다.

호모사피엔스의 개념이 널리 알려지면서 이러한 관점에 대한 비판도 등장하게 되었는데 이들은 인간의 본질에 생각하는 것 이상의 무언가가 존재한다고 느꼈다. 이러한 고민에서 나온 개념이 호모파베르(Homo Faber)이다. 호모파베르는 '만드는 인간'이라는 뜻으로 인간의 본질이 생각한 것을 유용한 것으로 만들어 내는 능력이라는 점을 강조한다. 이에 따라 인류는 산업혁명 이후 경제 및 사회의 진보와 성장을 추구하며 생산성을 중요시하게 된다. 이 시기에 이상적인 인간상은 근면성실하게 생각을 유용한 것으로 생산해 내는 능력을 가진 사람이었다. 반면에, 생각만 하고 유용한 것을 생산해 내지 못하는 사람들은 바람직하지 못하다고 여겨졌다. 이러한 흐름이 20세기 전반에 걸쳐 전 세계적으로 확산되었으며, 인류는 많은 것을 생산해 냈고 경제 및 사회적 성장을 이루었다.

그러나 동시에 생산성과 효율성에 대한 지나친 강조는 경쟁을 부추겼고 윤리 및 도덕적인 기준들을 무너뜨리기도 했다. 그 부작용의 예로 식민지 약탈과 전쟁 등으로 인한 희생을 꼽을 수 있다. 이러한 현상들을 보며 하위징아는 인간의 본질을 효율적인 생산성으로만 설명하려는 호모파베르적 관점에 문제의식을 가졌고, 이에 대한 대안으로 혁신적인 관점을 제시하게 되었다. 그는 호모파베르적 관점에서 주변화되고 비생산적인 행동으로 여겨졌던 놀이에 주목하고, 놀이야말로 문명의 발전을 이끌어 온 인간의 본질적 특성이라고 주장하였다. '놀이하는 인간', 호모루덴스의 개념은 인류의 역사와 문명의 발달을 기존의 개념들과는 다른 새로운 시각에서 조망하고 해석한다.

〈표 1-2〉 인간의 개념과 특징

인간의 개념	특징
호모사피엔스(Homo Sapiens)	생각하는 인간
호모파베르(Homo Faber)	유용한 것을 만드는 인간
호모루덴스(Homo Ludens)	놀이하는 인간

놀이와 인간 문명의 발달

하위징아는 그의 저서 『호모루덴스-놀이하는 인간』에서 “지난 세월 동안 나는 문명은 놀이에서 생성되고, 놀이로서 전개된다는 확신을 품게 되었다.”라고 하였다(Huizinga, 1993). 과거에 놀이는 문화와 문명을 반영하는 하나의 요소로 설명되곤 하였다. 그러나 관점을 조금만 달리하면 문화와 문명 모두 인간의 놀이 욕구에서 발생된 것임을 발견하게 된다. 다시 말해, 문화와 문명이 놀이를 낳은 것이라기보다 인간의 놀이 본능이 문화와 문명을 낳고 발전시켜 온 것이라고 할 수 있다.

[그림 1-12] 피라미드

[그림 1-13] 도자기

예를 들어, 피라미드는 생존 및 번식과 관련이 없는 죽은 사람의 몸을 보관하는 장소임에도 불구하고 비효율적으로 거대하고 정교한 모습을 갖추고 있다. 이와 같은 피라미드의 발명에서 우리는 인간이 죽은 사람의 몸을 묻는 유용한 장소 이상의 것을 추구했으며, 이때도 사람들은 원초적인 생존과 번식의 욕구 이상의 무언가를 원했다는 것을 엿볼 수 있다. 단지 밥을 담는 것 이상의 무언가를 원했기 때문에 아름다운 도자기나 접시 등이 만들어졌고, 몸을 보호하는 기능 이상의 무언가를 추구했기 때문에 패션이 등장했다. 단순히 이동을 하거나 물건을 움직이는 기능 이상의 무언가를 추구했기 때문에 춤을 비롯한 다양한 스포츠 종목이 발달하게 된 것이라고 볼 수 있다. 이러한 논리에 따르면 문화가 먼저 발달한 후에 그 산물로써 놀이가 발달한 것이 아니라 실용성을 넘어선 놀이의 욕구가 문명을 탄생시키고 기존의 문화를 변화시키고 발전시켜 왔다는 것을 추측해 볼 수 있다.

♜ 잠깐 생각해 보기

우리 주변에 유용성, 효율성, 생산성 측면에서는 큰 기능을 하지 않으나 아름다움, 즐거움, 놀라움 등의 긍정적인 경험을 주는 물건이나 활동에는 어떤 것들이 있는지 생각해 보자. 그리고 각 물건이나 활동이 갖는 의미와 가치는 무엇인지, 이들이 인간의 어떠한 욕구를 충족해 주는지 생각해 보자.

고대사회의 놀이

19세기 이전에는 놀이가 성인의 삶에도 매우 중요한 역할을 했음을 알 수 있다. 고대 로마인들이 세운 콜로세움은 근면성실의 정신을 강조하거나 생존 및 번식의 본능을 충족시키는 기능을 하지 않았음에도 불구하고 당시 사람들에게 매우 중요한 장소로 여겨졌다. 그곳에서 날마다 열린 경기는 로마인들의 놀이 욕구를 채우는 역할을 했다고 추측해 볼 수 있다(노명우, 2011).

고대사회에서는 갈림길에서 방향을 선택하거나 배우자를 선택하는 과정, 심지어 정의를 밝혀내는 일에서도 놀이를 찾아볼 수 있다(노명우, 2011). 이들은 동전 던지기, 내기, 제비뽑기 등 운이나 우연에 의하여 나타나는 결과를 신의 뜻으로 여겼고, 신이 운이나 우연을 통하여 신의 뜻을 알려 준다고 생각했다. 예를 들어, 이들은 갈림길에서 동전을 던져서 앞면이 나오면 왼쪽, 뒷면이 나오면 오른쪽을 선택하는 방식을 택하였다. 또한, 결혼의 과정에서 배우자는 선택하는 개념이 아닌 경쟁이나 내기를 통하여 얻어 내는 개념으로 여겨졌다.

고대사회에서 놀이는 지식발전을 위한 방법으로 사용되기도 했는데 우리가 잘 알고 있는 묻고 대답하는 형식의 놀이 수수께끼가 그 예 중 하나이다(노명우, 2011). 고대 인도에서는 우주 근원에 대한 지식을 겨루는 놀이 자타비디아(Jataidya)와 신성한 사물의 이름을 말하는 놀이 브라모디아(brahmodya)가 존재했다. 고대 브라만교 경전 베다에는 우주에 대하여 묻는 수수께끼 같은 질문들이 등장한다. "나는 너에게 지구의 가장 끝은 어디냐고 묻는다. 지구의 배꼽은 어디냐고 묻는다. 나는 너에게 종마의 씨앗에 대해서 묻는다. 말씀의 가장 높은 곳은 어디냐고 묻는다."

그리스인들 또한 아포리아(aporia)라는 놀이를 하였는데, 이는 서로 대답하기 어려운 질문을 던져 상대방이 맞히지 못할 경우 이기게 되는 지혜와 지식을 겨루는 놀이다(노명우, 2011). 아포리아의 예로 우리가 잘 알고 있는 스핑크스의 수수께끼 "아침에는 네 발, 점심에는 두 발, 저녁에는 세 발로 걷는 것이 무엇이냐?"가 있다.

이와 같이 고대사회의 사람들의 놀이에 대한 인식은 오늘날과 매우 달랐다는 것을 알 수 있다. 오늘날과는 달리 고대사회에서는 놀이를 매우 가치있게 여겼고, 이는 중요한 결정을 내리고 지식을 발전시키는 데 큰 역할을 하였다.

중세시대의 놀이

중세시대에도 놀이는 사람들의 삶에 중요한 부분을 차지했다. 하위징아는 그의 저서 『중세의 가을』에서 이 시기의 성직자와 수도사들이 경건주의와 금욕주의를 추구하는 모습의 이면에 보통 사람들의 삶에서 아름다움에 대한 동경, 기쁨, 자유, 익살, 장엄함 등을 추구하는 다양한 놀이의 모습이 있었음을 발견하였다(Huizinga, 1988; 노명우, 2011에서 재인용).

예를 들어, 중세의 기사들은 마상시합(tournament)이라는 모의 전쟁을 했는데 이 전쟁에서는 기사도를 지키는 것이 매우 중요하게 여겨졌다(노명우, 2011). 이러한 모의시합은 기사들이 서로의 전투력을 견주어 보고 다른 기사들과의 인맥을 쌓는 사회적인 활동을 할 수 있는 장을 마련했다.

중세시대의 놀이를 찾아볼 수 있는 또 하나의 공간은 대학이다. 고대사회에서 발달한 문답놀이의 흐름에 따라 이 시기의 대학에서 특정 주제에 대하여 질문하고 토론하는 형식의 문답놀이가 강조되었다(노명우, 2011). 이 시기에 등장한 철학을 스콜라(Schola) 철학이라고 하는데 이는 기독교 논증을 위한 중세시대의 대표적 철학이라고 할 수 있다. 여기에서 스콜라는 오늘날 사용되고 있는 '학자'의 의미를 가진 영어 단어 'scholar'의 기원이라 여겨지는 그리스어 'schole'에서 유래한 것이다. 그리고 'schole'은 본래 '여가를 즐기는 사람'의 의미로 사용되었다가 이후 '체계화된 지식'이라는 뜻을 갖게 되었다고 한다. 이러한 어원에서도 대학에서 활성화되었던 문답놀이는 즐거운 놀이적 특성을 가진 활동이었음을 유추해 볼 수 있다.

[그림 1-14] 중세의 마상시합

지식 겨루기와 더불어 중세 유럽에서는 예술의 분야에서도 경쟁적 놀이가 존재했음을 살펴볼 수 있다(노명우, 2011). 바그너(Wagner)의 오페라 〈탄호이저〉는 13세기 초 음유 시인이자 기사인 탄호이저가 노래 경연대회에 참석하게 되는 내용인데, 이 대회에서 승리하는 사람은 독일의 바르트부르크 영주의 조카딸 엘리자베스와 결혼을 할 수 있게 되는 것이었다. 오페라 〈탄호이저〉에 포함된 노래 경연대회는 예술의 영역에서도 찾아볼 수 있는 중세시대의 경쟁적 놀이의 모습을 보여 주며, 이 시기에 결혼과 같은 중대사에도 놀이가 중요한 역할을 했음을 나타낸다.

중세시대 일상의 패션에서도 놀이의 중요성을 살펴볼 수 있는데 17세기 중반에 귀족 남성에게 가발은 매우 중요한 장식이었다. 우리가 흔히 알고 있는 푸들의 털 모양 같은 가발은 이 시기에 고귀하고 위엄 있는 분위기를 자아낸다고 여겨졌다. 존슨(Johnson)은 그의 저서 『원더랜드』에서 인류의 역사는 놀이로 인하여 발전해 왔다고 주장하며 패션발달의 기원을 인간의 놀이 본능에서 찾아낸다(Johnson, 2017). 17세기 초, 런던의 쇼핑센터는 시끌벅적했고 단지 물건을 사고파는 행위에 초점을 둔 장소였다. 그러나 17세기 막바지에 등장한 상점들은 앞면을 큰 유리로 지어서 상점의 내부가 잘 보이도록 하였고, 그 내부에는 상품을 보기 좋게 진열했으며, 그 주위를 즐겁고 아름답게 장식하기 시작했다. 이는 상품 구매를 단순히 필요한 것을 구매하는 것 이상의 즐거운 경험으로 전환시키기 위한 노력이었다. 존슨의 주장에 의하면 이 시기를 최초의 백화점의 개념이 탄생한 때라고 볼 수 있다. 사람들은 더 이상 필수품이 필요해서 상점을 방문하는 게 아니라, 화려하고 아름답게 장식된 상점을 그저 즐겁게 구경하기 위한 목적으로 방문하기 시작했다. 그리고 이러한 즐거운 활동을 즐기는 도중에 굳이 필요하지 않은 것들도 구매를 하게 되는 경우가 생겼다. 대부분의 문화역사학자는 백화점의 등장을 19세기 말 산업혁명 이후로 보고 있는데, 존슨은 다른 각도로 본다. 이러한 상점의 작은 변화가 즐거운 경험을 제공하여 인간의 놀이 본능을 자극했기 때문에 소비문화가 탄생되었고, 이는 산업혁명을 일으키는 데 기여했을 것이라는 것이 그의 주장이다. 이와 같이 놀이는 다양한 중세시대 삶의 곳곳에 자리 잡고 있었으며 이는 이후 다양한 문화적 변화를 촉진했음을 짐작해 볼 수 있다.

패션의 역사를 보는 새로운 관점

인류 역사 초기부터 의상 디자인은 기술혁신에서 원동력이 되어 왔다. 가위, 재봉바늘, 동물 가죽을 몸을 보호해 줄 덮개로 만드는 긁개(scraper) 등은 구석기시대 유적에서 발굴된 가장 오래된 도구이다. 그런 혁신적인 도구들은 본질적으로 실용적인 목적에서 만들어졌음이 분명하다. 애스콧(Ascot, 스카프모양의 넥타이－옮긴이)과 후프 스커트(hoop skirt, 밑단에 버팀 태를 넣어 퍼지게 만든 스커트－옮긴이)를 제외하면, 옷이란 대개 어느 정도 기능성이 있다. 5만 년 전 살았던 인류의 조상이 옷을 만든 목적은 분명, 몸을 따뜻하게 하고 젖지 않도록 하며 위협으로부터 보호하기 위해서였다. 뜨개바늘에서부터 베틀, 다축(多軸) 방적기에 이르는 수많은 기술혁신이 섬유 생산에서 유래했다. 얼핏 보면 필요가 낳은 발명으로 보인다. 그러나 고고학 자료를 보면 순전히 장신 용도로 쓸 도구를 제작한 사례가 차고 넘친다. 이스라엘의 시쿨(Sikul) 동굴에서 발굴된, 조개껍데기로 만든 목걸이는 10만 년 전 제작되었다. 인간은 도구를 만들기 시작하면서 곧바로 장신구를 만들었다.

인간이 의상을 제작하도록 한 원동력에서 재미와 현실적인 필요성이 각각 얼마만큼 비중을 차지하든 간에, 티리언 퍼플의 발명은 근본적인 전환이 일어나는 계기가 되었다. 실용과 필요성이 아니라, 유희와 경이로움을 목적으로 한 발명으로 말이다. 옷의 기능에서 옷의 유행으로 초점이 전환된 셈이다. 자줏빛 염료가 반드시 필요한 사람은 없다. 자줏빛 염료는 말라리아를 예방하지도 않고 몸에 필요한 단백질을 공급

하지도 않으며, 신생아 사망률을 낮추지도 않는다. 그저 멋져 보일 뿐이다. 특히 자줏빛 의상을 아주 구하기 힘든 곳에 거주하는 사람이 걸칠수록 말이다.

……(중략)…… 금전적인 이득이나 지위의 상징 등은 자줏빛 염료가 낳은 이차적 효과일 뿐이다. 애초에 인간이 자줏빛에 매료되었기 때문에 티리언 퍼플이 탄생한 것이다.

……(중략)…… 즐거움을 주는 물건들은 가치가 있다. 따라서 사람들은 이를 상업화하려는 시도를 하고, 신기술을 개발하고, 시장을 개척한다. 지리적 탐험을 감행하는 데 재정적 지원이 따른다. 이러한 역사적 과정을 돌이켜보면서 우리는 새로운 아이디어를 시도하게 만드는 원동력을 금전적인 보상, 시장 개척, 통치하는 특권층의 허영에서 찾곤 한다. 그러나 돈보다 위에 있는 힘이 있다. 그리고 많은 경우 돈을 지배하는 힘은, 경이로움과 신기함과 미를 추구하는 인간의 욕망이다. 인간의 혁신을 겹겹이 둘러싼 동기들, 즉 기술 발명 욕구, 이윤 추구 욕구, 정복욕, 지위 추구 욕구라는 동기들을 한 꺼풀씩 벗겨내 보면, 간혹 가장 깊숙한 곳에서 뜻밖의 동기가 발견되곤 한다. 바로 새로운 경험을 통해 얻는 희열이다.

『원더랜드』(Johnson, 2017)

19세기 이후의 놀이

19세기 이후 유럽 대부분의 나라는 산업혁명을 거쳐 자본주의 사회로 들어섰다. 이에 따라 생산성과 효율성을 강조한 경제가 가장 중요한 것으로 여겨지기 시작했다. 앞서 소개된 '유용한 것을 만들어 내는 인간', 호모파베르가 가장 가치 있는 인간상으로 여겨졌으며, 근면 성실한 프로테스탄트 노동윤리가 높이 평가되었다. 이러한 흐름에서 놀이는 점점 부차적이고 '쓸모없는 것' '낭비적인 것'으로 인식되어져 갔다. 패션은 점점 더 효율성을 강조하여 간소화되었고, 스포츠 경기 또한 경제적으로 환산되는 직업으로 변하게 되었다. 즉, 놀이는 노동과 구분되고 반대되는 개념으로 여겨지기 시작했고, 노는 것은 즐거운 일이기는 하지만 최고의 가치로 여겨지는 생산성과 효율성이 떨어지는 주변화된 활동으로 여겨지기 시작했다. 점점 돈을 벌거나 공부를 하는 활동은 놀이와 분리되었고, 놀이는 경제적이고 생산적인 활동을 다 한 후에 남는 시간에 하는 여가활동 정도로 여겨지게 되었다. 더불어 경제적이고 생산적인 활동을 하지 않고 노는 사람들은 부정적인 이미지로 비춰지게 되었다.

Play Revolution and Creativity

제2장

현대사회에서 놀이의 필요성

인간의 놀이성은 과거부터 현재까지 역사 속에서 결코 사라진 적이 없이 계속 이어져 왔다. 그러나 제1장에서 다루어진 바와 같이 인류의 놀이에 대한 태도는 역사 속에서 다양한 변천사를 거쳐 왔다. 과거에는 삶의 거의 모든 영역에 혼재되어 있던 놀이의 개념이 현대사회에 들어와서 노동이라는 영역과 구분 지어졌고, 그 과정에서 놀이는 주변화되었다. 이에 따라 놀이를 비생산적이고 다소 부정적으로 바라보는 사회적 분위기가 조성되었고, 이러한 사회적 분위기는 개인적인 놀이에 대한 신념에도 깊이 스며들게 되었다.

그러나 최근 현대인들은 다시 놀이의 주변화가 인간의 삶에 오히려 좋지 않은 영향을 미치게 된다는 것을 점차 깨달아 가고 있다. 이에 따라 놀이의 중요성이 다시 대두되고 있는데, 기존에 고착된 놀이에 대한 사회적 태도와 개인적 사고의 틀을 바꾸어 놀이를 적절한 방식으로 다시 삶의 주요한 영역으로 들여오려는 작업은 쉽지 않아 보인다. 현재 다양한 시도가 이루어지고 있는데, 이러한 흐름에 대하여 잘 이해하고 분석하여 적절한 적용방안을 고안해 내는 것은 이 시대에 매우 중요한 과제라고 할 수 있다. 이 장에서는 현대사회에서 놀이의 부재가 어떤 양상으로 나타나고 있는지에 대하여 살펴보고, 인간에게 놀 권리란 무엇이며, 이러한 권리가 어떻게 실천되고 있는지에 대하여 알아볼 것이다. 마지막으로, 현대사회가 필요로 하는 놀이성과 잘 노는 인재에 대하여 살펴볼 것이다.

현대사회와 놀이의 부재

19세기 이후 경제성장에 대한 중요성이 강조되면서 놀이는 점점 더 주변화되어 왔다. 아동에게도 성인에게도 삶의 우선순위에 있어 놀이는 생산성과 효율성이 있다고 여겨지는 활동들(예: 공부나 직업적 일)보다 아래에 위치하게 되었다. 책상에 앉아 공부하지 않고 노는 것은 '딴짓'으로 여겨지게 되었으며, 직장 시간 업무 중 노는 행동은 '처벌받아야 할 일'로 여겨지기 시작했다. 여기서 의미하는 '놀이'는 학업 성적 등을 높이기 위한 목적이나 업무의 성과를 높이기 위한 목적에서 벗어나는 대부분의 '비생산적인' 활동을 가리키는 것으로 볼 수 있다. 특히 한국 사회에서는 생애주기별로 사회가 기대하는 '생산적' 목표를 가지고 그것을 이루는 데에 다양한 자원을 집중하는 방식으로 사는 것이 중요하게 여겨져 왔다. 예를 들어, 학령기에는 학교에서 좋은 성적을 거두는 것, 이를 통해 일류 대학에 진학하는 것, 그 후 대학에서도 좋은 성적을 얻는 것, 돈을 잘 벌고 안정적인 직업을 갖는 것 그리고 그 직업에서 높은 성과를 내는 것 등을 생각해 볼 수 있다. 그리고 이러한 목표에 직접적인 도움이 되지 않는 '놀이'와 같은 활동들은 '부수적인 것' '좋지 않은 것'으로 여겨지게 되었다.

[그림 2-1] 놀이의 주변화

현대사회의 놀이문화

놀이와 일, 일상의 삶이 혼재되어 있던 옛날과는 다르게 현대사회에서는 놀이와 노동이 구분되어 다른 모습으로 발달해 왔다. 특히 현대사회에 들어서 놀이는 상업화되었고 대기업의 큰 투자를 받은 놀이 산업이 광고 산업과 함께 크게 성장해 왔다. 과거 우리나라의 농경사회에서는 노동을 하며 노래를 부르는 것이 일반적이었으며 긍정적으로 여겨졌고, 줄다리기나 지신밟기 등의 공동체적 놀이가 많이 이루어졌다. 그러나 현대사회에 접어들면서 공동체적 놀이가 많이 줄어들었고, 현대인들은 일상과 분리되고 상업화된 놀이 공원이나 노래방, 만화방, 피시방, 보드게임카페 등의 특정 공간에서만 놀이를 즐기게 되었다. 스포츠의 경우에도 수영장, 스키장, 볼링장, 골프장 등 정해지고 상업화된 공간에서 돈을 지불하고 각 활동을 즐기게 된 것이다. 최근에는 여행 또한 주요한 놀이 산업으로 크게 자리 잡았는데 이처럼 상업화된 놀이 활동에는 일반적으로 아동이나 청소년들이 용돈으로 자유롭게 영위하기 어려운 것이 많다. 또한, 어른이라도 충분한 재정과 시간적인 자원이 뒤따르지 않는다면 누리기 어려운 실정이다.

현재 대부분의 상업적 놀이문화는 돈을 가진 어른들의 여가나 유흥을 위한 것에 초점이 맞추어져 있고, 그나마 존재하는 아동과 청소년이 함께 참여할 수 있는 놀이들도 부모의 놀이에 대한 지지와 재원이 필요하므로 아이들의 놀이 경험에도 격차가 생기기 쉽다. 그러나 상업화된 놀이 경험에서 주변화된 이들도 동일한 놀이 욕구를 경험한다. 이를 해소하기 위해 비교적 쉽게 접할 수 있는 대중매체와 스마트폰으로 가능한 놀이에 집중하게 되는데, 이로 인하여 대중매체로 접하는 음악이나 영화, 드라마, 게임, 인터넷 방송, 인터넷 서핑, 소셜네트워킹서비스(SNS) 등이 현대사회 아동과 청소년 그리고 주변화된 성인의 주요 놀이 환경과 대상이 된 것으로 보인다.

우리나라 아동의 놀이 시간과 삶의 질

아동종합실태조사(보건복지부, 2013) 연구에 따르면 우리나라 다수의 아동은 방과 후 친구들과 놀기 원했지만(48.7%) 실제로 논다고 보고한 아동은 불과 5.7%에 머물렀다. 우리나라 아동 중 72.8%는 사교육에 참여하고(통계청, 2018a), 초중고 학령기 아동의 평일 평균 여가시간은 대부분(54.3%) 2시간 미만이었다(한국청소년정책연구원, 2016). 2세와 5세 모두 학습 사교육, 예체능 교육, 시청각 프로그램에 50분 이상을 사용하고 있었고(김은영 외, 2016), 초등학생과 중학생은 수면, 학업, 여가의 순으로 시간을 사용하는 것으로 나타났다. 초등학생은 여가시간 동안 '컴퓨터, 게임기 오락' 'TV 비디오 시청' '친구들과의 놀이' 등을 했으며 중학생도 초등학생과 비슷하게 'TV 비디오 시청' '컴퓨터, 게임기 오락' '친구들과의 놀이' 순으로 나타났다(정은주, 2014). 고등학생의 경우, 여가시간에 '미디어 이용'을 가장 많이 했으며, 신체활동과 관련된 시간은 가장 적은 것으로 보고되었다(문화체육관광부, 2014). 이를 통하여 대부분의 우리나라 아동은 노는 데 적은 시간을 사용하고 있었으며, 그 적은 놀이 시간을 미디어 이용에 치우쳐 사용하는 모습을 살펴볼 수 있다.

이와 같이 적은 놀이 시간에도 불구하고 아동은 놀이에서 만족감을 얻는다. 초중고 학령기 아동을 살펴보았을 때 고학년이 되어 갈수록 놀이와 여가에 대한 '만족'과 '약간 만족'의 비율이 높아지는 현상이 관찰되었다(황옥경, 2014). 이러한 놀이와 여가활동을 통하여 만족감을 얻는 이유는 아동이 놀이를 통하여 스트레스 해소, 기분 전환, 친구들과 친해짐, 새로움 등의 긍정적인 경험을 하기 때문이었다. 놀이와 여가활동에 대하여 불만족을 느끼고 있는 아동은 그 이유로 부족한 시간, 학업 부담, 부모님의 이해 부족, 부족한 비용 등을 꼽았다.

국제적으로 우리나라 아동의 수학적 학업능력은 뛰어난 편으로 나타났지만 이들의 행복지수는 수년간 OECD 국가 중 계속 꼴찌에 머물고 있다. 더불어, 인간의 기본적 욕구 중 하나인 '소속감을 느끼지 못하는 학생'의 비율은 OECD 국가들의 평균보다 더 높았다(염유식, 김경미, 이승원, 2016). '외롭다고 느끼는 학생'의 비율 또한 이 국가들 중 가장 높았다. 한 연구에서는 아동이 행복하다고 느끼는 것에 놀이 자체, 놀이 대상, 놀이환경, 놀이 시간이 해당된다고 하였는데(안재진, 2016) 우리나라 아동의 삶에는 놀이 자체의 자리가 매우 부족하고, 이에 따라 아이들은 전반적으로 삶에 만족하지 못하고, 소속감을 느끼지 못하며 외로움을 느끼고 있는 것으로 볼 수 있다.

우리나라 성인의 놀이 시간과 삶의 질

현재 성인의 놀이 시간을 따로 조사한 결과를 찾기는 어렵다. 이는 이미 '놀이'가 성인의 삶에 필수적인 요소가 아니라는 인식이 보편화된 결과라고 볼 수 있다. 대신 성인의 경우 '놀이'를 '여가'라는 개념의 한 부분으로 고려하면 대략적인 한국 성인의 놀이 실태를 살펴볼 수 있다.

2018년 통계청에서 조사한 대한민국의 10,498명 15세 이상 남녀가 보고한 '평일 하루 여가시간'을 살펴보면 36.3%가 3시간 미만, 45.6%가 3~5시간 미만, 14.1%가 5~7시간 미만, 2.9%가 7~9시간 미만, 9시간 이상이 1.1%로 나타났다. 연령별로 3시간 미만을 보고한 비율을 살펴보면 15~19세가 44.2%, 20대가 32.9%, 30대가 43.8%, 40대가 43.4%, 50대가 39%, 60대가 30.4%, 70대 이상이 15.9%로 10대부터 50대까지 높은 비율의 인구가 하루 3시간 미만의 '여가'시간을 갖고 있으며 이 비율은 더 높은 연령층에게 더 낮게 나타났다(통계청, 2018b).

같은 조사에서 평일의 여가시간 사용에 있어 자유정도(통제여부)를 '매우 자유롭지 않음'부터 '매우 자유로움'의 7점 척도로 조사했을 때 '보통'(27%)과 '다소 자유로움'(29.6%)이 가장 높은 비율로 나타났다. 그리고 '지난 1년 동안 평일 여가시간에 대한 평가'에 대하여 물어보았을 때는 '보통'(30.6%), '약간 충분'(28%), '약간 부족'(17.2%) 순으로 나타났다(통계청, 2018c).

비록 이 조사는 일부 아동을 포함한 15세 이상을 대상으로 하였으나, 대부분이 성인 참가자였다는 점을 고려하여 아동의 놀이 시간과 아동의 행복감과 비교해 보았을 때, 이들은 평일에 하루 평균 3시간 미만 또는 3~5시간의 여가시간을 갖고 있었으며, 대부분의 경우 이러한 시간 사용에 대하여 자율성을 느끼고 있었고 보통 정도로 충분하다고 여기고 있었다. 여가시간이 길지는 않았지만 이에 대하여 특별히 불편함을 느끼고 있지 않은 것으로 보인다. 그러나 최근 유엔 지속가능발전네트워크(United Nations Sustainable Development Solutions Network: SDSN)가 2012년부터 매년 발표하고 있는 '세계행복보고서'에서 조사된 우리나라의 행복지수는 전 세계 156개국 중 54번째에 머물렀다. 매일경제신문(류영욱, 2019)에 의하면 최근 5년간 우리나라의 행복지수는 2015년에 47위, 2016년 58위, 2017년 56위, 2018년 57위, 2019년 54위로 50위권을 맴돌고 있다고 한다. 유엔의 보고서에는 더욱 구체적으로 기쁘거나 즐거운 긍정적 정서 경험과 슬프거나 노여운 부정적 정서를 경험하는 정도에 대한 문항들도 포함되어 있는데 한국의 긍정적 정서 경험은 101위, 부정적 정서 경험은 45위로 나타났다. 이는 OECD 국가들과 비교했을 때 36개국 중 30위 정도로 매우 낮은 편이라고 할 수 있다.

이에 대한 이유로 한국의 낮은 사회적 지지를 꼽을 수 있다. 한국의 사회적 지지는 91위로 매우 낮은 편인데, 그 의미는 어렵고 힘들 때 도움을 청할 사람이 없다는 뜻이다. 20대의 경우 7%가 어려울 때 도움받을 사람이 없다고 보고하였고, 30대와 40대는 22%, 50대 이상은 39%로, 이는 OECD 평균인 8%보다 매우 높은 수준이다. 낮은 사회적 지지수준과 더불어 한국인의 부패 인지 정도는 100위였으며, 나 하고 싶은 대로 할 수 있는 자유가 144위로 나타났는데(한준, 2019), '자율성'과 '긍정적 정서' 및 '사회적 상호작용'을 강조하는 '놀이'의 특성을 고려했을 때, 이는 한국문화에서 '놀이'적 삶의 태도를 찾아보기 힘들다는 것을 암시하는 결과로 생각해 볼 수 있다. 앞선 통계자료에서 제시된 한국인의 여가에 대한 인식과 이러한 국제적 결과를 살펴보았을 때, 한국인은 놀이의 부재로 부정적인 경험을 하고 있지만 놀이와 여가시간이 더 필요하다는 인식은 하지 못하고 있는 것은 아닌지 생각해 볼 필요가 있다.

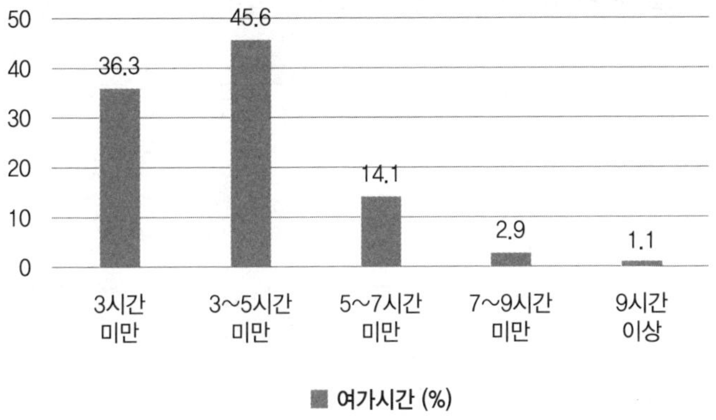

[그림 2-2] 2018년 통계청 조사 대한민국 15세 이상 남녀의 평일 하루 여가시간

Worksheet

나는 얼마나 놀고 있는지, 이에 대하여 얼마나 만족하는지 생각해 보자.

나는 평균적으로 하루에 몇 시간을 놀이와 여가에 할애하는가?

평일: ____________________

____

주말: ____________________

____

나는 놀이와 여가시간 사용에 있어 어느 정도의 자유를 느끼는가?

매우 자유롭지 않음 / 다소 자유롭지 않음 / 보통 / 다소 자유로움 / 매우 자유로움

그 이유는 무엇인가? ____________________

____

나는 나의 놀이와 여가시간 사용이 충분하다고 느끼는가?

매우 충분하지 않음 / 다소 충분하지 않음 / 보통 / 다소 충분함 / 매우 충분함

그 이유는 무엇인가? ____________________

____

놀이에 대한 사회적 신념

지금까지 살펴본 내용에 따르면 아동과 성인의 삶 모두에 놀이가 필요한 것으로 보이지만, 부재하는 이유는 놀이에 대한 사회적 신념 때문일 가능성이 높다. 특히 사회적 신념이라 함은 보통 사회의 주류 성인의 신념을 나타내는데, 이러한 신념에 대하여 주의 깊게 살펴볼 필요가 있다. 2019년 '놀고 싶은 서울, 놀이터의 미래를 말하다'를 주제로 한 서울 어린이놀이터 국제심포지엄에서 기조강연자 로이드(Lloyd) 영국 웨일스 보육놀이유아국 정책관은 아이들이 놀이를 누리지 못하는 이유로 어른들이 놀이의 중요성을 잘 모르고 있다는 점을 들었다(지재호, 2018).

[그림 2-3] 서울 어린이놀이터 국제심포지엄

실제로 우리나라에서 진행된 연구들에 의하면 많은 부모가 놀이를 유아의 권리라고 인식하지 못하는 경우가 많았으며, 어떤 때는 놀이의 의미와 중요성을 인식을 하는 편임에도 불구하고 그러한 실천이 잘 이루어지지 않고 있다고 밝히고 있다(김명순, 조항린, 박영림, 신혜영, 2013; 이승숙, 남기창, 2016). 교사의 경우에는 그 의미와 중요성을 잘 인식하고 실천을 하려 하지만 어린이집 등 유아교육기관과 부모의 지나친 요구로 힘이 든 상황에 처해 있다고 하였다(이승숙, 송나리, 배지희, 2017). 또 어떤 연구에서는 성인들이 놀이가 교육적이라고 여겨질 때만 가치 있게 생각하는 경향이 있다는 점을 논의하였다(오채선, 2019). 더불어, 이와 같이 아동의 놀이에 대하여 긍정적인 신념을 가지고 있지 않은 성인들이 자신들의 놀이에 대하여 긍정적으로 여길 가능성은 매우 낮다.

성인의 놀이에 대한 인식의 수준이 낮고 그 신념이 부정적인데도 불구하고 많은 연구는 일관성 있게 놀이에 대한 부모의 긍정적인 신념이 아동 발달에 긍정적인 영향을 미친다는 것을 보고하고 있다. 부모의 놀이신념과 놀이 참여, 유아의 행복감 간의 관계를 살펴본 이현지와 정혜욱(2016)의 연구에서는 부모의 놀이지지 신념과 유아의 행복감 간에 정적인 관계가 있음을 발견하였다. 더불어, 부모의 놀이지지 신념은 이러한 신념이 실제 행동으로 이어지는 놀이 참여와 정적인 관계가 있었다. 또 다른 한 연구에 따르면 부모가 아동의 놀이를 지지하는 신념이 높을수록 아버지와 어머니 모두 자녀와 더 많은 시간을 놀이에 사용하였고, 자녀와 더 높은 수준의 놀이에 참여하는 것으로 나타났다(김명순, 조항린, 박영림, 신혜영, 2013). 같은 연구에서 반대로 놀이보다 학습을 더 중요하게 여기는 신념이 더 높은 부모의 경우에는 아버지와 어머니 모두 자녀와 더 적은 시간, 더 낮은 수준의 놀이를 하였고, 자녀와 놀이하는 횟수도 더 적었다. 이러한 연구결과들에 따르면 놀이에 대한 긍정적인 신념이 인간의 발달에 중요한 역할을 하며, 이를 증진시키기 위한 노력이 필요하다는 것을 알 수 있다.

놀 권리

놀이는 인간의 건강한 발달에 중요한 역할을 하며, 모든 인간은 놀 권리가 있다. 아동의 경우, 놀 권리(the right of play)가 「유엔 아동권리협약(United Nations Convention on the Rights of the Child: UNCRC)」 제31조에 명시되어 있다. 유엔 아동권리협약은 놀이의 개념을 다음과 같이 정리한다(UNCRC, 1989). 첫째, 놀이는 아동 자신이 조절하고 구조화하고 시도하는 행동, 활동 또는 과정이다. 둘째, 놀이는 강제적이지 않고 아동 자신의 동기와 목적에 의해서 이루어지는 것이다. 셋째, 마지막까지 마무리하는 것을 목표로 하지 않으며, 넷째, 재미있고 정해진 답이 없으며 도전적이고 융통성 있고 비생산적이다.

「유엔 아동권리협약」에서 명시하는 놀 권리는 다음과 같다.

놀 권리란?

「유엔 아동권리협약(United Nations Convention on the Rights of the Child)」 제31조

That every child has the right to rest and leisure, to engage in play and recreational activities appropriate to the age of the child and to participate freely in cultural life and the arts(모든 아동은 나이에 맞는 쉼과 여가, 놀이와 오락 활동을 누리며, 자유롭게 문화적 삶과 예술에 참여할 권리가 있다).

That member governments shall respect and promote the right of the child to participate fully in cultural and artistic life and shall encourage the provision of appropriate and equal opportunities for cultural, artistic, recreational and leisure activity(당사국의 정부는 아동이 문화적이고 예술적인 삶에 온전히 참여하도록 하여 아동의 놀 권리를 존중하고 증진해야 하고, 문화, 예술, 오락, 여가활동의 동등한 기회를 제공하도록 해야 한다).

이는 모든 아동에게 놀 권리가 있으며, 국가는 이러한 아동의 권리를 존중하고 보장해 줄 필요가 있다는 것이다. 이에 유엔에서는 아동권리캠페인을 펼치고 있으며, 몇몇 국가에서는 오래전부터 아동의 놀이와 관련된 가정, 학교, 지역사회, 국가의 역할에 대하여 고민해 왔다. 그리고 이러한 고민을 바탕으로 아동의 놀이 시간과 공간을 확보하기 위한 다양한 노력을 기울여 왔다.

우리나라의 경우, 높은 사교육 참여 비율과 평일의 짧은 여가시간을 살펴

보았을 때 많은 아동의 놀 권리가 침해당하고 있는 것으로 보이며, 이러한 실태가 한국 아동의 낮은 삶의 만족도와 높은 결핍지수에 반영되어 있는 것으로 보인다. 이에 유엔은 한국 아동의 '놀 권리'가 침해당하고 있다고 설명하며 대한민국에 이에 대한 조치를 취할 것을 권고하였다. 더불어, 우리나라의 어린이와 청소년을 대상으로 유니세프한국위원회가 한국아동권리학회와 함께 조사한 결과 거의 절반의 아동 및 청소년(50.4%)이 놀이가 아동과 청소년의 권리라는 것을 모르고 있었다.

우리나라 국가 수준에서의 놀 권리와 놀이의 실천

우리나라에도 어린이의 건강한 발달과 권리를 보호하기 위한 다양한 헌장 및 협약이 존재한다. 1957년 어린이헌장은 '어린이는 공부나 일이 몸과 마음에 짐이 되지 않아야 한다'는 내용을 포함하고 있다. 1988년 어린이헌장에서는 '어린이는 즐겁고 유익한 놀이와 오락을 위한 시설과 공간을 제공받아야 한다'는 내용이 제시되었다. 2016년 아동권리헌장은 '아동은 휴식과 여가를 누리며 다양한 놀이와 오락, 문화, 예술 활동에 자유롭고 즐겁게 참여할 권리가 있다'는 내용을 강조하고 있다. 청소년헌장은 '청소년은 여가를 누릴 권리를 가진다'는 내용을 포함한다. 우리나라 헌법 제10조는 '모든 국민이 행복을 추구할 권리를 가진다'는 것을 보장하고 있지만 구체적인 놀이에 관한 법률은 거의 부재한 실정이다. '놀이'라는 단어가 들어간 법률은 「어린이놀이시설 안전관리법」 하나밖에 없는데 이 또한 어린이의 놀 권리에 대한 것이라기보다는 어린이의 놀이시설을 관리하는 것에 대한 법률이라고 할 수 있다.

2015년부터 각 시도교육청에서는 지역별 놀이정책을 선정하여 이에 따라 놀이 시간 보장, 놀이 공간 확보, 놀이 경험 제공, 어른의 놀이 지원으로 그 영역을 구분하여 그 과제와 내용을 수립하여 실행하고 있다. 예를 들어, 초등학생 1, 2학년을 대상으로 점심시간에 30분을 늘려 놀이 시간을 주기도 했다(임우선, 김호경, 2018).

김명순(2018)은 '아동의 놀이할 권리 보장을 위한 정책과제'에서 정부 부처별 담당 부서 및 놀이 관련 정책 사업을 다음의 표로 정리하였다(〈표 2-1〉 참고). 문화체육관광부는 공공도서관의 설립 및 육성을 지원하고, 체육주간 및 체육의 날 행사에 관한 사항을 다루며, 생활체육 진흥을 위한 계획 수립, 시

〈표 2-1〉 정부 부처별 담당 부서 및 놀이 관련 정책 사업

부처	주요 부서	사업 내용
문화체육관광부	도서관정책기획단	• 공공도서관의 설립 육성 지원
	체육정책관	• 체육주간 및 체육의 날 행사에 관한 사항
	체육진흥과	• 생활체육 진흥을 위한 계획의 수립, 시행 및 관련 단체의 육성 지원 • 직장 및 지역생활체육의 진흥과 스포츠클럽 육성, 지원 • 공공체육시설 확충 계획의 수립 및 추진 • 생애주기별 생활체육 활성화 • 저소득층 청소년의 스포츠바우처 지원
보건복지부	아동권리과	• 어린이날, 어린이주간 등 이동행사에 관한 사항
	건강증진과	• 신체활동 활성화를 위한 건강증진사업에 관한 사항
여성가족부	청소년정책과	• 청소년정책에 관한 중장기 기본계획의 수립 및 조정 • 청소년의 달 등 청소년 관련 행사 및 포상에 관한 사항
	청소년활동진흥과	• 지방청소년활동진흥센터의 설치 운영 지원 • 청소년 프로그램 사업의 개발 보급 및 평가 • 청소년의 수련활동 및 문화 예술 체험 활성화에 관한 사항 • 청소년 축제, 동아리, 자원봉사 활성화에 관한 사항 • 청소년 방과 후 아카데미 등 방과 후 활동 프로그램의 개발 지원
산림청	산림휴양동산과	• 산림휴양

출처: 김명순(2018). 아동의 놀이할 권리 보장을 위한 정책과제, 보건복지포럼, 57-75

행 및 관련 단체의 육성을 지원한다. 또한 공공체육시설 확충 계획 수립과 추진을 진행하며, 생애주기별 생활체육을 활성화하는 역할을 한다. 직장 및 지역생활체육의 진흥과 스포츠클럽, 육성과 지원, 저소득층 청소년의 스포츠바우처 지원 또한 진행하고 있다. 보건복지부에서는 어린이날, 어린이 주간 등 아동행사에 관한 사항, 신체활동 활성화를 위한 건강증진사업에 관한 사항을 주관하고 있고, 여성가족부에서는 청소년정책에 관한 중장기 기본계획의 수립 및 조정, 청소년의 달 등 청소년 관련 행사 및 포상에 관한 사항을 관리하고 지방청소년활동진흥센터의 운영을 지원하며 청소년 프로그램과 사업의 개발, 보급 및 평가를 담당하고 있다. 더불어 청소년의 수련활동 및 문화 예술 체험 활성화에 관한 사항과 청소년 축제, 동아리, 자원봉사, 활성화에 관한 사항도 포함하고 청소년 방과 후 아카데미 등 방과 후 활동 프로그램의 개발과 지원을 담당하고 있다. 산림청에서는 산림휴양에 대한 정책 사업을 진행하고 있다. 이와 같이 정부의 다양한 부처에서 놀이와 관련된 정책 사업을 다양한 방면으로 펼치고는 있지만 이들이 정확히 놀이를 위한 정책들이라고 보기는 어렵다.

이에 최근 우리나라에서는 기존의 놀이관련 정책의 한계점을 뛰어넘고 유엔의 권고사항을 이행하려는 다양한 시도를 하고 있다. 2019년 12월 16일에는 놀이와 관련된 다양한 정부, 학계 및 민간전문가 19명이 모여 민관이 함께 아동의 놀이 정책의 방향을 논의하는 '놀이혁신위원회'를 구성하기도 하였고, 비영리단체 굿네이버스에서는 포토보이스 프로젝트로 아동이 스스로 권리를 침해받은 현장을 사진으로 찍어 주도적으로 참여할 수 있도록 하였다. 더불어 2018년에는 아동이 직접 유엔아동권리협약 이행 대한민국 아동보고서 작성 및 발간에 참여하도록 하기도 하였다(사단법인 유니세프한국위원회, 2018).

구체적으로 취학 전 누리과정과 표준보육과정에서는 1일 1시간 이상의 바깥 놀이와 놀이를 중심으로 한 교수학습활동이 이루어져야 함을 강조한다

(김명순, 2018). 그 이후의 교육과정에는 놀이에 대한 구체적인 활동이 제시되어 있지 않고, 이 시기부터는 유사한 활동으로 '창의성 개발 및 체험' 활동이 포함되는 경우도 있다. 이는 학령기 이후 부모를 포함한 성인의 '놀이'에 대한 부정적인 인식으로 인하여 '놀이'와 구분되어야 하는 '학습'의 교과과정에 '놀이'의 개념을 직접적으로 명시하는 것이 학습에 방해가 될 수 있다고 여겨질 가능성 때문인 것으로 보인다. 직장의 경우에도 놀 권리에 대하여 적극적으로 주장하고 실천하는 곳을 찾아보기는 어렵다. 대신 놀이성과 매우 유사한 특성을 가진 창의성은 긍정적으로 받아들여지는 경향이 있어서 학교나 직장에서 다양한 '창의성 증진 프로그램'을 개발하고 진행하는 사례들을 어렵지 않게 찾아볼 수 있다. 이러한 프로그램의 내용을 자세히 살펴보면 사실 '놀이'의 요소가 많이 포함되어 있는 경우를 발견할 수 있는데 이는 놀이가 창의성 증진에 도움을 주기 때문이다. 그러나 동시에 주의해야 할 점은 창의성 증진 프로그램이 엄연히 놀이와는 구분되는 개념이라는 것이다.

영국의 사례

영국에서는 2007년 '아동의 계획(Children's Plan)'이라는 정책을 만들었고, 2008년에는 국가의 놀이전략(Play Strategy)에 대한 보고서를 발간하였다(김명순, 2018). 영국의 놀이전략은 모든 아동이 놀 기회를 차별받아서는 안 된다는 점과 아동기는 즐겁고 활동적이어야 한다고 명시하고 있다. 더불어 모든 아동이 가까운 곳에서 안전하고 즐겁게 놀 수 있는 공간을 제공하는 것과 아동이 놀이에 참여할 수 있도록 도울 것을 강조한다. 또 주목할 점은 영국에서 이러한 놀이 공간 개발에 아이들을 참여하도록 했다는 점이다. 이들은 아이들에게 직접 원하는 것을 생각하고 설계하도록 하였다.

독일의 사례

독일은 「독일 기본법」 제24조에서 '모든 사람은 휴식과 여가에 대한 권리'를 명시하고 있다. 특히 '합당한 노동 시간의 제한과 규칙적으로 보장된 휴가를 갈 권리가 있다'고 한다(김명순, 2018). 독일의 놀이 교육 철학은 놀이터가 삶을 배우는 실험실이며, 놀이문화가 사고를 폭넓게 하도록 돕는다는 것이다. 베를린에서는 자연 속 놀이를 중요하게 여겨 다양한 바깥 놀이를 진행하고 있다. 독일에서는 '여가정책'에서 아동과 청소년의 여가와 놀이를 지원하고 있으며 지역별 놀이터 관련 정보도 인터넷 홈페이지(예: http://www.stadtentwicklung.berlin.de)에 소개하고 관련 정보 검색을 모든 부모와 관련자가 접근할 수 있도록 하였다.

현대사회가 필요로 하는 인재상, 잘 노는 인재

성인의 경우에도 우리나라의 학교나 직장에서 놀 권리에 대하여 적극적으로 주장하고 실천하는 곳을 찾아보기는 어려운 실정이다. 동시에 놀이성과 유사한 특성을 가진 창의성은 긍정적으로 받아지는 경향이 있어서 다양한 기관에서 창의성 증진 프로그램을 개발하고 진행하는 사례를 어렵지 않게 찾아볼 수 있다. 이러한 프로그램들의 내용을 자세히 살펴보면 다양한 창의성 증진 프로그램에도 사실 놀이의 요소가 많이 포함되어 있는 경우를 발견할 수 있다. 이는 놀이가 창의성 증진에 도움을 주기 때문일 것이다. 그러나 이때 주의해야 할 점은 창의성 증진 프로그램이 엄연히 놀이와 구분되는 개념이라는 것이다([그림 2-4] 참고).

교육에 있어 2000년대까지 많은 국가는 '3R'을 강조해 왔다. 3R은 독서(Reading), 글쓰기(Writing), 연산(Arithmatic)을 가리킨다. 그러나 시대의 요구가 변화하면서 현대사회가 필요로 하는 인재상이 변화해 가고 있는데 새로운 인재상은 '4C'로 정리된다. 4C에는 의사소통능력(Communication), 협업능력(Collaboration), 비판적 사고능력(Critical Thinking), 창의력(Creativity)이 포함되는데 이는 대한상공회의소에서 발표된 한국 100대 기업의 인재상에도 반영되어 있다.

인재상에 대한 조사 결과는 2008년부터 2018년까지 순위에는 변화를 보이지만 그 내용은 꾸준히 비슷하게 나타나고 있다. 2008년에 강조되었던 부분은 '창의성' '전문성' '도전정신' '원칙 · 신뢰' '소통 · 협력' '글로벌역량' '열정' '주인의식' '실행력' 순이었고, 2013년에는 '도전정신' '주인의식' '전문성' '창의성' '원칙 · 신뢰' '열정' '소통 · 협력' '글로벌역량' '실행력' 순이었다. 가장 최근 2018년에는 '소통 · 협력' '전문성' '원칙 · 신뢰' '도전정신' '주인의식' '창의성' '열정' '글로벌역량' '실행력' 순으로 나타났다.

이러한 역량은 모두 '놀이'를 통해 촉진되고 자연스럽게 습득될 수 있는 능

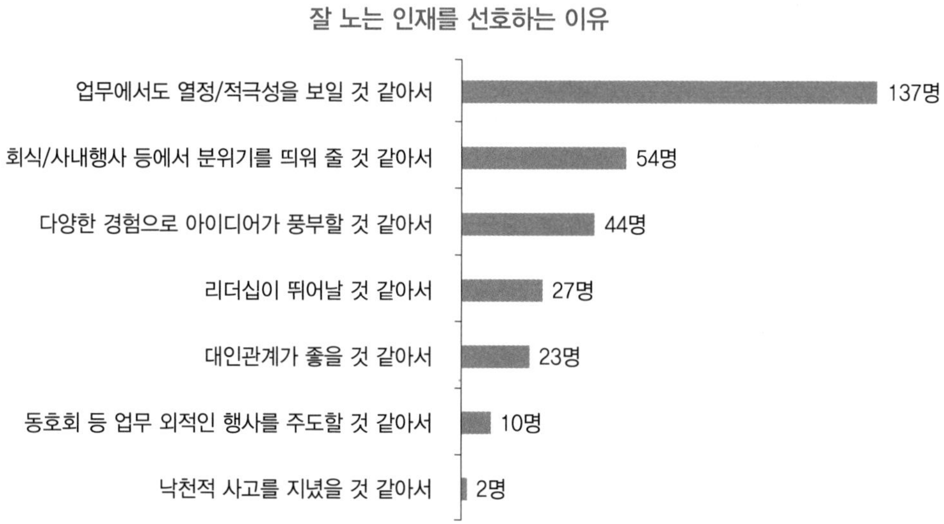

[그림 2-4] 기업들이 잘 노는 인재를 선호하는 이유

출처: 커리어 '잘 노는 인재' 조사 이미지./사진=커리어

력이라고 볼 수 있다. 이에 따라 취업포털 커리어에서 다양한 기업의 인사 담당자 378명을 조사한 결과 응답자의 78.6%, 10개의 기업 중 여덟 곳이 '잘 노는 인재'를 선호한다고 하였다. 가장 많은 응답을 얻은 이유는 '업무에서도 열정/적극성을 보일 것 같아서', 그 다음은 '회식/사내행사 등에서 분위기를 띄워 줄 것 같아서' '다양한 경험으로 아이디어가 풍부할 것 같아서' '리더십이 뛰어날 것 같아서' '대인관계가 좋을 것 같아서' '동호회 등 업무 외적인 행사를 주도할 것 같아서' '낙천적 사고를 지녔을 것 같아서' 순이었다. 또한 '잘 노는 인재와 그렇지 않은 인재를 구분하는 기준'에서 가장 많은 응답을 얻은 답은 '대인관계'였다(오세은, 2017).

이와 같이 과거에 혼재되었던 놀이와 노동이 한동안 분리되었다가 놀이의 중요성이 다시 부각되면서 놀이는 노동의 영역으로 다시 스며들어 가고 있다.

제3장

놀이에 대한 심리 · 사회학적 이론

본 장에서는 놀이에 대한 여러 학자의 정의를 먼저 살펴봄으로써 놀이를 보는 시각을 확립하고 놀이이론을 심층적으로 고전 놀이이론과 현대 놀이이론으로 나뉘어 살펴보겠다. 이론적 고찰을 통해서 놀이를 구분하는 다양한 놀이의 유형을 살펴보겠다.

고대에 놀이를 무가치한 것으로 바라보는 관점에서 근대를 거치며 현대에 이르러 예술적 · 심리적 · 심미적 놀이의 우연성과 무목적성의 가치를 이해하게 되며 놀이를 '예술활동의 원동력으로서' 바라보기도 한다(정낙림, 2020). 또한 놀이를 좀 더 근원적으로 보아, 인간 본성의 하나로 이해하며 놀이가 비일상적 · 비생산적일 수 있지만 삶의 필수불가결 요소임을 인정한다(Huizinga, 2010). 현재까지도 놀이를 사회문화와 연결시키는 시도는 끝없이 이루어지고 있다.

사회문화적으로, 심리적으로 놀이를 바라보는 관점이나 이론을 고전과 현재 놀이이론의 관점으로 자세히 살펴보고자 한다. 고전 놀이이론은 19세기와 20세기 초에 발생된 이론으로 놀이의 이유에 관심을 둔 반면, 현대 놀이이론은 1920년대 이후에 발전된 이론으로 놀이의 내용에 관심을 두고 있다.

고전 놀이이론

19세기와 20세기 초에 나타난 놀이 관련 이론을 고전 놀이이론으로 분류하는데, 다양한 놀이이론 중 대표적 이론인 잉여에너지이론, 휴식이론, 반복이론, 연습이론을 살펴보고자 한다.

잉여에너지이론

모든 유기체는 생존 욕구를 충족시키기 위해 일정량의 에너지를 산출하는데, 이 욕구를 충족시키고 남은 에너지를 잉여에너지라고 한다. 잉여에너지 이론이란 이러한 잉여에너지에 대한 압력이 높아져 에너지를 소모하기 위하여 놀이를 한다는 이론이다. 놀이가 기본 생존을 위해서 필요 없는 잉여에너지의 소모 결과로 이루어진다는 이러한 이론은 19세기에 공통으로 지지되었던 견해였다(고선옥 외, 2018).

휴식이론

휴식은 일에 대한 부담으로부터 정신적으로 자유롭게 해 주어 스트레스 및 과업으로부터 오는 부정적인 긴장상태를 줄이고 회복 및 에너지 재충전을 하게 한다. 휴식은 개인에게 몰입할 수 있는 기회를 제공하여, 과업을 통해 소모된 정신적 · 신체적 자원 사용을 중단시키는 동시에 긍정적인 경험을 유발시켜 주어 결국 회복에 긍정적인 영향을 주도록 도움을 준다. 휴식 방법의 선호는 개인의 취향과 성격에 따라 다양하다. 개인에 따라 수면을 취하거나, 혼자만의 시간을 가질 수 있으며, 친구나 대화를 나누는 방식으로 휴식을 취할 수 있다(김수동, 2015에서 재인용; 고선옥 외, 2018).

하지만 이 휴식이론은 앞서 언급한 것처럼 과도한 업무로 인해 에너지가 고갈된 성인이나 청소년이 왜 놀이를 하는가에 대한 설명은 할 수 있으나, 에너지가 고갈될 만큼 노동을 할 필요가 없는 유아가 하루 대부분의 시간을 놀이로 보내는 이유는 설명할 수 없다(Frost, 1992에서 재인용; 강숙현 외, 2016).

반복이론

반복이론은 20세기 이후 초기 유사과학의 발달로 등장한 이론으로, 태아의 발달이 종의 발달 과정을 반복하여 거친다고 보았다. 즉, 놀이를 통하여 진화 과정의 재연과 반복이 이루어지는 것을 말한다. 놀이를 통하여 유아는 인간의 종에서 발견되는 발달 단계를 거친다고 보게 된 것이다. 즉, 동물 단계, 야만 단계, 유목 단계, 농경 단계, 부족 단계 등을 재연하며 놀이 단계는 인간의 진화 과정에서 일어나는 것과 같은 순서를 따른다고 언급하였다. 동물 단계에서의 놀이 행동은 기어오르기로 낮은 언덕에 오르거나 미끄럼틀에 오르기 등의 놀이가 있고 야만 단계에서의 놀이 행동은 사냥하기, 숨기, 추적하기 등으로 야구와 같은 놀이가 있다. 유목 단계에서의 놀이 행동은 늑대를 데려다 길러 개로 기르는 것으로부터 시작하여 돼지나 소, 말을 기르는 것을 토대로 한 애완동물 기르기가 있다. 농경 단계에서의 놀이 행동은 모래 파기, 인형놀이 등이 있으며, 부족 단계에서의 놀이 행동은 달맞이 놀이, 강강술래와 같은 무리를 지어 진행하는 놀이가 있다. 이러한 반복이론의 핵심은 영유아의 놀이가 인류의 발달 과정과 같은 단계를 거치면서 발달해 간다는 점이다(고선옥 외, 2018).

반복이론은 유아들이 현대 과학 기술이 반영된 전자 매체 장난감이나 컴퓨터로 즐겨 놀이하는 부분을 문화의 반복으로 설명하지 못하는 제한점이 있다(채종옥 외, 2010).

연습이론

연습이론에서는 인간의 적응 기제로서 놀이의 역할을 언급하였다(Pellegrini, 2009). 놀이의 목적을 과거부터 가지고 있던 본능의 재현이라고 본 반복이론과는 달리, 연습이론에서는 미래 생활에 필요한 행동을 본능적으로 연습하여 강화하는 것이라고 보았다. 태어나면서부터 서고 걷기가 가능한 말이나 기린 같은 동물과는 달리, 인간은 매우 불완전하게 태어나기 때문에 생존에 필요한 기본적인 기술을 놀이를 통해 연습하고 습득한다는 것이다. 예를 들어, 인간은 걷기 능력의 습득을 위해서 뒤집기, 앉기, 서기 등의 기본 능력을 수없이 연습하는 과정을 필요로 한다는 것이다. 연습의 과정이 놀이를 통해서 이루어지기 때문에 인간이 다른 하등동물보다 긴 놀이 기간을 갖는다고 보았다. 놀이가 생존에 필요한 기술 연마의 대표적인 것이라는 예로, 동물에서는 앞으로 짝짓기를 위해 주도권 싸움을 할 사자 새끼들의 싸움놀이를, 인간에서는 유아기에 많이 행해지는 부모 역할놀이를 들 수 있다(강숙현 외, 2016).

Worksheet

고전 놀이이론을 한마디로 정리한 것 중 올바른 것끼리 선으로 연결해 보자.

잉여에너지이론 •	• 성인기에 필요한 역할 연습
휴식이론 •	• 인간 발달에서 인류의 진화 과정 반복
반복이론 •	• 활력 회복
연습이론 •	• 생존에 사용하고 남은 에너지 소비

현대 놀이이론

1920년대 이후 나타난 놀이이론을 현대 놀이이론으로 분류하는데, 다양한 놀이이론 중 대표적인 이론인 정신분석이론, 인지발달이론, 각성이론, 신경과학 관점에서 살펴보고자 한다.

정신분석이론

심리적 접근으로서 정신분석이론은 놀이를 정서 발달과 관련지어 설명한다(강숙현 외, 2016). 정신분석이론의 창시자인 프로이트(Freud)는 정서 발달 측면에서 놀이의 역할에 대해 탐구하였다. 외부의 규제나 해내야 하는 과제 및 목표 등과 상관없이 놀이 자체를 즐기는 유아에게 기쁨과 즐거움을 통한 만족감과 자유로움이 수반되므로 놀이는 긍정적인 정서 발달에 기여하는 것으로 보였다. 인간은 놀이를 통해 무의식적 동기와 본능적 충동을 배출하기 때문에 인간 발달에 있어서 놀이의 영향은 매우 크다고 하였다(Lillemyr, 2009).

프로이트와 에릭슨은 놀이를 불안과 갈등을 극복하고 실생활에서의 문제나 위기에 대처하고 적응하기 위한 하나의 기제로 간주하였는데, 이러한 관점은 현대에 와서 놀이치료로 발전하였다(Santrock, 2001).

인지발달이론

인지발달적 차원에서는 놀이를 인지적 자극과 발달을 위한 도구로서 간주하거나 아이들의 인지발달 수준을 나타내는 지표로서 설명하고 있다. 대표적인 학자는 피아제(Piaget)와 비고츠키(Vygotsky)가 있다. 두 학자 모두 인지발달을 강조하고 있지만 접근 방식에서 차이가 있다. 두 이론이 각각 설명할 수 있는 놀이에 대한 부분이 다르다고 할 수 있다. 또한 이들보다 더 최근의 학자인 브루너(Bruner)와 서튼 스미스(Sutton-smith)의 이론은 놀이가 인지발달 중 창의성에 기여하는 부분을 설명하고 있다.

피아제

피아제에게 있어서 놀이는 환경에 적응하는 것이다(고선옥 외, 2018: 58). 또한 놀이는 발달의 지표이기도 하다. 피아제는 태어난 지 수개월이 된 영아가 물건을 만지고 흔들고 던지는 행위 등을 세밀하게 관찰하였다. 피아제는 영유아가 그의 인지발달 수준에 따라 놀이를 달리한다고 주장하였다. 감각운동기(0~2세)의 인지적 성장은 영아가 딸랑이를 흔드는 소리의 감각과 영아 자신의 신체운동을 결합하여서 반복적으로 이루어지는 연습놀이를 하는 모습에서 나타나고, 전조작기(2~7세)에는 유아의 인지발달 수준이 더 높아져서 상징놀이와 구성놀이가 가능해진다. 그리고 아동기인 구체적 조작기(7~11세)에는 규칙 있는 게임을 타인과 소통하며 할 수 있다. 더 자세한 내용은 놀이 유형에서 더 다루어질 것이다.

영유아의 놀이는 무수히 반복되는데, 이러한 반복된 놀이를 통하여 새로 배운 개념이나 기술이 확실하게 자리 잡게 된다. 피아제는 이를 놀이를 통한 지식의 견고화라고 정리하였다. 이러한 놀이의 연습과 견고한 기능이 새로운 정보를 받아들이고 적응시키는 일을 반복적으로 수행하게 하면서 유아의 인지발달을 촉진시킨다고 보았다(강숙현 외, 2016).

비고츠키

러시아의 심리학자 비고츠키에 의하면, 놀이는 유아 자신의 정신세계를 표현하고 또 정신발달에 중요한 역할을 한다(채종옥 외, 2010: 50). 또한 자신의 행동을 지배할 수 있도록 하는 정신적 도구라고 하였다. 그는 피아제보다 인지발달에 있어 놀이의 역할을 더 중요하게 생각하였으며, 놀이가 발달을 이끄는 주도적 활동이라고 하였다. 비고츠키는 놀이의 주된 역할을 추상적 사고의 촉진, 근접발달지대에서의 학습, 자기규제 등으로 보았다. 유아는 특정 사물과 사물의 의미를 분리하여 사고할 수 있는 추상적 사고가 불가능하다. 그러나 가상놀이에 참여한 유아는 가상놀이에서 구체적인 사물 없이도 자신이 표상한 사물에 대해 독립적 의미를 부여할 수 있다. 다시 말해, 유아는 가상놀이에서 나뭇조각을 컵으로, 막대기를 말(horse)처럼 사용하면서 사물로부터 의미를 분리하여 사고하는 추상적 사고가 가능하다. 따라서 가상놀이는 유아의 추상적 사고 발달에 결정적 역할을 한다.

브루너와 서튼 스미스

브루너와 서튼 스미스는 놀이를 통하여 유아의 창의성과 사고의 융통성이 증진될 수 있음에 주목하였다(강숙현 외, 2016: 47). 서튼 스미스는 유아의 상징놀이에서 발생하는 상징적 전환이 사고의 융통성을 증진시킨다고 보았다. 예를 들어, 놀이에서는 빈 상자가 자동차가 되기도 하고, 단순한 막대기가 마법사의 지팡이나 경찰봉이 되기도 한다. 이처럼 놀이에서는 현실의 관습적이며 고정적인 사고에서 벗어나, 유아가 주체가 되어 무엇이든지 의미를 부여하여 상상대로 가능하게 된다. 그리하여 기존에는 생각하지도 못한 아이디어가 새롭고 독특한 방법으로 결합되어 창의적 사고가 확장되며 사고의 융통성이 증진될 수 있다는 것이다. 브루너도 달성해야 할 과제나 목적이 없는 자유로운 놀이상황은 유아로 하여금 다양한 방법을 통한 문제해결 과정에서의 새로운 시도를 가능하게 하여 선택의 기회를 많이 갖게 함으로써 융통성을 길러 준다고 보았다. 브루너나 서튼 스미스는 놀이가 유아의 특정 기술의 연습이라기보다는 융통성의 발달에 따른 성인 생활의 준비를 위한 것이라고 설명하였다. 그리고 이러한 융통성은 유아가 여러 문제 상황에 직면했을 때 해결방법을 찾는 데 큰 도움을 줄 수 있다고 보았다.

각성이론/각성조절이론

각성은 환경과 상황적 지각으로 인해 나타나는 심리적 · 생리적 반응으로 볼 수 있다. 이러한 각성의 수준은 정서 반응과 관련되므로 동기의 지속과 강도에 영향을 준다. 낯선 상황이나 낯선 사물과 같은 극도의 각성 상태에 다다르게 되면 놀이에 집중하는 것이나 놀이 관련 정보를 처리함에 있어서 방해를 받게 된다. 각성 수준이 높은 상태일 경우에는 그 맥락이 주의를 분산시켜 자극에 대한 기억을 감소시킨다(봉연근, 2015). 반면, 사물이나 상황이 너무나 익숙해져서 각성 수준이 낮아지면 지루함은 느껴 정보처리가 되지 못한다. 그렇기에 각성을 적정 수준으로 조절해 가는 과정이 필요하다.

엘리스(Ellis, 1973)는 놀이를 적정 수준으로 각성을 조절할 수 있는 자극 추구 활동으로 보았다. 영유아가 놀이를 함에 있어서 지루함을 느낄 때가 있다. 이때 놀잇감의 구조를 달리하거나 놀이하는 방법을 이전과는 다른 방식으로 진행하면 다시금 흥미를 가지게 된다. 이를테면 자동차 바퀴를 바닥에 대고 굴리면서 놀이하다가 지루함을 느끼게 되면 자동차 바퀴를 하늘 쪽으로 보이게 한 다음 손으로 바퀴를 구르게 하는 놀이를 진행한다. 이는 영유아가 자신의 각성 수준을 조절하여 놀이를 즐거운 것으로 유지하려는 행동이다. 이와 같이 각성 수준이 올라가면 유아는 익숙해지기 위한 탐색을 통하여 각성 수준을 적정 수준으로 내린다. 이 적정 수준의 상태에서 놀이를 지속하다가 각성 수준이 낮아져 놀이에 흥미가 떨어지면, 새로운 자극을 통해 각성 수준을 올림으로써 놀이 시 즐거움과 배움을 유지한다(고선옥 외, 2018: 60).

신경과학 관점에서의 놀이

최근 신경과학 연구가 급격히 발달하면서 놀이의 중요성이 뇌 과학적으로 입증되었다. 놀이상황에서 뇌가 활성화되는 부위에 대한 연구 등을 통해, 놀이 경험은 정서조절, 계획능력, 문제해결력 등 뇌의 집행기능의 핵심적 역할을 하는 전두엽 영역의 뉴런 연결을 변화시킨다는 것을 발견하였다.

놀이가 뇌에 변화를 일으키려면 진정한 의미의 자유놀이가 충분히 이루어져야 한다. 즉, 누가 지도하거나 판정 또는 판단하는 것 없이 자유롭게 같이 놀이하는 과정에서 일어날 수 있다.

놀이는 뇌의 가장 외피질이면서 영장류의 뇌라고도 하는 신피질 전체를 활성화시켜, 30분만 놀이를 해도 수많은 유전자 중 약 30%에서 유의미한 변화가 일어날 정도로 놀이는 뇌에 막대한 영향을 미친다는 것이 밝혀졌다(권혜진 외, 2016: 51).

Worksheet

현대 놀이이론을 한마디로 정리한 것 중 올바른 것끼리 선으로 연결해 보자.

정신분석이론 •	• 놀이를 통한 전두엽의 활성화
피아제 · 비고츠키 이론 •	• 적절한 각성 수준 조절
브루너 · 서튼 스미스 이론 •	• 창의성, 사고의 융통성 증진
각성이론/각성조절이론 •	• 인지발달 촉진
신경과학 관점 •	• 카타르시스 경험, 정서적 지위

놀이의 가치와 활용

윤애희, 정정옥(2009)은 놀이가 인간의 성장에 있어서 영향을 미치는 교육적 가치를 다양한 방면에서 기술하였다.

첫째, 새로운 경험과 기술 획득의 기회가 된다. 이 과정이 즐겁고 자발적으로 자연스럽게 이루어진다. 놀이는 가상의 상황이기에 안전하고 놀이자를 즐겁게 하며 자발적으로 하도록 이끈다. 이 과정에서 다양한 교육적 가치가 발현된다.

둘째, 욕구 충족 및 통제와 책임감을 배우고, 삶의 스트레스 등을 스스로 조절할 수 있다.

셋째, 신체적 능력을 발달시키고 자신의 신체적 한계 이상을 성취할 수 있다.

넷째, 놀이의 몰입을 통해 놀이에 대한 만족감, 기쁨 등 다양한 정서를 경험하고 표출할 수 있다.

다섯째, 자발적으로 새로운 언어와 단어를 획득하고 직접 새로운 단어를 창조하기도 한다.

여섯째, 대인관계의 다양한 경험을 할 수 있다. 리더십과 의사소통능력을 향상시킬 수 있다.

일곱째, 다양한 문제 상황을 경험하고 해결하며 인지적 자극이 이루어질 수 있다.

놀이의 유형

놀이에 관한 이론적 고찰을 통해 학자들의 다양한 유형화가 진행되었다. 사회학적인 입장에서 브라운(Brown)과 본(Vaughn)의 놀이 안에서의 놀이 역할에 따른 구분을 소개하고자 한다. 다음과 같은 다양한 관점에 따라 놀이 유형 구분이 가능하다.

브라운은 놀이 유형이 하나의 유형에만 있지 않고 여러 범주가 혼합되어 있다고 하였으며, 때와 장소에 따라 자신의 지배적인 놀이 유형과 다른 종류의 놀이를 할 수도 있다고 하였다. 브라운이 주장하는 여덟 가지 놀이의 유형은 다음과 같다(Brown & Vaughn, 2009).

① **감독**(director)

감독 놀이 유형은 계획을 즐기고 그럴듯한 장면을 연출하거나 소풍이나 파티를 준비하고, 이벤트를 벌이는 것을 좋아하는 놀이 유형이다.

② **경쟁자**(competitor)

경쟁자 놀이 유형은 구체적인 규칙이 있는 경쟁적인 놀이를 즐기면서 놀이의 행복을 만끽하고 창의력을 얻는 유형이다. 이 놀이 유형은 비디오게임처럼 혼자 하는 놀이일 수도 있고, 농구나 야구, 축구 경기처럼 여러 사람이 하는 놀이일 수도 있다.

③ **수집가**(collector)

수집가 놀이 유형은 장난감 차나 피규어 등의 물건뿐만 아니라 축제의 체험활동이나 박물관의 체험활동 등의 경험을 수집하는 놀이 유형을 가리킨다.

④ **스토리텔러**(storyteller)

스토리텔러 놀이 유형은 상상 속에서 이루어지기 때문에 모든 활동이 놀이라고 할 수 있다. 동극을 위한 극본을 만들거나 춤을 추거나 하는 놀이가 이 유형에 속한다.

⑤ **예술가 혹은 창조자**(artist/creator)

그림을 그리거나 판화, 목공, 도예, 조각, 뜨개질, 바느질, 정원 가꾸기 등이 이 놀이 유형에 속한다.

⑥ **익살꾼**(ioker)

익살꾼 놀이 유형은 아무 의미 없는 엉터리 말이나 우스갯소리, 농담,

때로는 허튼 행동 등을 즐기는 놀이 유형이다.

⑦ **탐험가**(explorer)

영유아는 출생 이후 주변 세계를 탐험하며, 놀이의 세계로 들어가기 위해 탐험의 길을 선호한다. 탐험가 놀이 유형은 놀이를 통해 상상력을 자극하고 창의력을 유지한다.

⑧ **활동가**(kinesthete)

활동가 놀이 유형은 몸을 움직이기를 좋아한다. 산책, 춤추기, 수영, 줄넘기, 체조 등의 놀이가 여기에 속한다.

Worksheet

여덟 가지의 놀이 유형 중 나는 어떤 유형의 놀이를 즐기는가? 내 친구는 어떤 유형의 놀이를 즐기는가? 서로 다른 놀이 유형의 사람들이 모여 친구를 이루는 경향이 있는 것을 발견할 것입니다.

나의 놀이 유형:

친구1의 놀이 유형:

친구2의 놀이 유형:

제4장

창의적 놀이환경

창의성에 영향을 주는 환경 변인은 가정, 교육기관, 직장, 사회·문화적 배경, 역사적 배경, 국가 등 다양하다(Csikszentmihalyi, 1989). 그중 가정과 학교는 학생들이 대부분의 시간을 보내는 대표적인 환경으로, 가정의 환경, 학교나 교실의 환경이 어떤지에 따라 창의성에 미치는 영향력에 차이가 있게 된다. 창의적인 가정환경은 창의성을 발휘하고 증진시킬 수 있는 다양한 경험을 할 수 있는 환경, 지나치게 많은 규칙과 압력을 주지 않는 환경, 창의성 증진에 도움이 되는 롤 모델이 있는 환경, 자유롭게 새로운 것들을 생각하고 만들어 낼 수 있는 공간과 도구가 있는 환경, 본인이 발휘하는 창의성이 존중되며 자유롭게 다양한 것에 대해 생각할 수 있도록 지원받을 수 있는 환경을 말한다(김경민, 임정하, 2018).

창의성을 향상시킬 수 있는 교육기관 환경은 직접 보고, 듣고, 느끼고, 냄새 맡고, 만져 볼 수 있는 풍부한 환경이다(Baer & Garrett, 2010). 창의성을 기르기 위해서 중요한 것은 자유롭게 생각하고 표현하는 것을 수용하는 분위기를 조성하는 것이며, 다양한 체험학습과 다양한 자료 및 시간과 공간을 제공하는 것이다(김호, 2012). 이는 기능 중심의 훈련 방식보다는 스스로 생각하고 느낌을 표현할 수 있도록 환경을 마련해 주는 것이다. 결국에는 풍부한 환경 속에서 창의성이 발휘되는 것이며, 놀이를 하는 데 있어서도 풍부한 놀이환경을 제공하는 것이 창의적으로 놀이할 수 있는 환경을 제공하는 것과 같다고 말할 수 있다.

놀이환경은 명확하게 정의된 바가 없으며 연구자들마다 다르게 규정하고 있다. 놀이환경을 협소하게 정의하면 대표적으로 물리적인 놀이 공간 개념인 놀이터를 이야기할 수 있다. 주로 공공 개방형 놀이터, 아파트 놀이터, 실내 놀이터 등을 예로 들 수 있으며, 물리적인 놀이 공간에 대해서는 시설 관련 실태 위주의 조사들이 이루어져 왔다(김민우, 강승지, 2019; 황해수, 손원경, 2009).

놀이환경을 광의로 정의하면 물리적인 놀이 공간 이외에도 놀이에 필요한 도구인 놀잇감과 놀이를 함께하는 사람 등의 놀이자원을 포함할 수 있다. 이때, 놀이에 필요한 충분한 놀이 시간도 놀이환경의 일부라고 볼 수 있다. 즉, 놀이를 위해서는 함께 놀이할 친구를 확보하는 것, 다른 사람들과 함께 놀이에 참여할 수 있는 기회를 제공받는 것, 놀이를 위해 이용하는 물건이나 재료에 해당하는 놀잇감을 확보하는 것, 자유롭게 놀고 쉬는 시간이 확보되는 것 등이 필수적이다.

놀이는 어떤 공간에서나 가능하지만 보다 질 높은 놀이환경은 놀이의 수준을 높이는 데 기여한다(Waters, 2017). 유엔아동권리위원회(2013)는 놀이와 가장 밀접해 있는 아동들의 놀 권리를 실현하기 위해 최적의 환경이 조성되어야 한다고 주장한다. 특히 '다른 요구사항들로부터 자유로운 여가 시간' '성인의 통제와 관리로부터 자유로운 놀이 공간과 시간의 보장' '다양하고 도전적인 경험을 주는 물리적 환경에서 야외활동을 할 수 있는 공간과 기회' '자연생태환경을 경험할 수 있는 기회' '다른 아동들과 함께하는 게임, 스포츠, 오락 활동에 참여하는 기회' 등이 아동이 놀 수 있는 최적의 환경을 조성하는 데 필요함을 강조하였다.

물리적 놀이환경: 협의의 의미

물리적 놀이환경의 특성은 놀이형태와 놀이의 질에 영향을 미친다. 첫째, 공간 특성의 한 예인 공간밀도는 놀이 시 한 유아당 필요한 면적을 의미하는데, 이는 혼잡도의 표시이다. 공간밀도가 높을수록 유아의 공격성이나 위축행동이 증가하여 놀이에 부정적인 영향을 미친다는 연구(Hutt & Vaizey, 1966)도 있지만, 공간밀도가 높을수록 유아의 상상놀이가 증가하고 같은 주제를 가지고 놀이하는 경향이 높아진다(Peck & Goldman, 1978)는 연구결과도 있다. 이러한 결과는 어떠한 놀이를 하느냐에 따라 공간 확보가 달라져야 함을 시사한다.

둘째, 공간의 밀도와 크기뿐 아니라 구성도 창의적 놀이환경에 중요 요소이다. 놀이환경은 신체적 · 인지적 · 사회정서적 발달을 촉진시킬 수 있는 다양한 자극을 제공해야 하는데, 이때 연령, 관심사, 주변 환경 등을 충분히 고려하여 다양성, 융통성, 자연환경, 위험과 도전을 제공하는 공간을 구성해야 한다. 창의적이고 좋은 놀이환경의 특성(Jalongo & Isenberg, 2001)은 분위기(놀이환경에서 감지하게 되는 정서적 특징), 구조화 정도(놀잇감이나 교재 교구장의 구조화 정도), 난이도(유아가 흥미를 가지고 조작, 변경할 수 있는 가능성의 정도), 활동성(신체활동 수준), 접촉도(혼자만의 놀이세계와 여럿이 접촉하게 되는 놀이세계의 기회 제공), 도전성(모험심을 기르는 환경과 안전한 환경의 제공), 집단 크기(대집단, 소집단, 단독놀이 간의 균형) 등 일곱 가지 특성 차원의 양면적 특성이 균형 있게 조성된 환경을 의미한다. 예를 들면, 도전성과 관련하여 유아를 위한 놀이 공간은 우선적으로 여러 가지 위험으로부터 안전해야 하지만 안전한 환경 속에서 새로운 것을 시도하고 도전해 볼 수 있는 환경이어야 한다. 놀이에 충분하게 몰입할 수 있는 넓은 공간과 다양하고 흥미로운 공간 구성은 놀이 시간을 스스로 창출하도록 하고 스스로 규칙을 만들어 가면서 공간을 자유롭고 재미있게 활용할 수 있도록 한다.

〈표 4-1〉 놀이환경의 특성

놀이환경 특성	균형		
분위기	부드럽다	↔	단단하다
구조화	개방적이다	↔	폐쇄적이다
난이도	단순하다	↔	복잡하다
활동성	활동적이다	↔	비활동적이다
접촉도	접촉이 많다	↔	혼자 숨어 있다
도전성	도전적이다	↔	안전하다
집단 크기	함께한다	↔	혼자 한다

풍부하고 다양한 구조의 놀이 공간은 놀이와 일의 경계를 넘나들며, 삶의 현장까지도 창의적 놀이 영역으로 확장될 수 있다. 미국 피츠버그에 위치한 발명 회사이자 디자인 회사인 인벤션랜드(Invention land)는 직장 내에 15개의 테마로 이루어진 환경을 제공한다. 테마파크처럼 꾸며진 공간에서 300여 명의 직원은 매일 새로운 것들을 만들어 낸다. 근무 중 나른해질 시간인 오후 3시 경에는 10분간 스펀지 총싸움을 하거나 회사 내에서 이동할 때에는 자유롭게 자전거를 타고 다니기도 한다. 이 회사의 설립정신은 실수를 해도 용납되는 놀이처럼 자유롭게 상상하고 실패도 할 수 있는 회사를 만드는 것이었으며 일도 놀이처럼 해야 한다는 것이 이 회사의 모토이다. 놀이터와 같은 일터는 기존의 틀을 깨는 창의적인 발상의 기초가 되어 이 회사에서는 매일 수십 건의 아이디어를 내고 하루 평균 3개의 특허를 내며, 일 년에 2000건 정도의 특허를 등록한다. 최근에는 세계의 많은 기업에서 놀이터 같은 일터를 표방하고 놀이를 기업 안으로 끌어들이고 있다. 창의력이 곧 경쟁력이 되는 시대가 온 것이다.

다음에서는 물리적 놀이환경을 놀이를 위해 별도로 마련된 구조화된 공간인 어린이놀이터와 성인을 포함한 전 연령층에 재미와 즐거움을 주는 놀이 공간인 어른이놀이터로 구분하여 살펴본다.

놀이터: 어린이놀이터

'놀이터(playground)'라는 용어는 학문적으로 정의되고 있지 않으며 일반적으로 '자유롭고 적극적인 놀이를 위하여 별도로 마련한 고정적인 놀이 공간'으로 정의된다. 보다 보편적으로 사용되는 좁은 의미는 '어린이들이 즐겁고 안전하게 놀 수 있도록 여러 놀이기구를 갖추어 별도로 마련한 장소'이다.

놀이터의 역사적 발달

역사적으로 놀이터의 발달은 도시에서 아파트와 같은 공동주택에서 사는 아이들의 건강과 정서적 문제가 부각이 되면서 첫 등장했다. 1907년, 미국의 루즈벨트(Roosevelt) 대통령은 연설을 통해 "도시는 어린이들에게는 지나치게 위험하다. 어린이들이 마음껏 뛰어놀 수 있는 공간이 필요하다."라고 강조해 놀이터의 중요성이 세계적으로 퍼지는 계기가 되기도 했다. 역사적으로는 1859년 영국의 맨체스터에 처음으로 공공 시설물의 개념으로 놀이터가 등장했고, 1885년 독일에서 '모래 정원(Sand garden)'이, 1887년에는 오늘날 개념의 미끄럼틀, 그네 등의 기구가 들어선 놀이터가 샌프란시스코의 공원에 첫 선을 보였다(오경아, 2015).

먼저, 〈표 4-2〉에서 미국의 시대별 놀이터 변화를 통해 놀이터의 발전과정을 살펴보고, 다음으로 〈표 4-3〉에서 우리나라의 놀이터 발달의 역사를 살펴보고자 한다.

〈표 4-2〉 미국의 시대별 놀이터 발달

1880, 90년대의 놀이터: 모래 놀이터	• 매우 단순한 사각 공간 속에 모래가 있는 놀이터이다.
1900~1940년대: 모델 놀이터	• 회전목마나 쇠로 만든 터널, 그네, 시소 등의 규격화된 놀이기구가 있는 놀이터이다.
1940~1950년대: 모험형 놀이터	• 동굴, 정글짐, 다리 등과 같이 탐험과 모험을 하는 듯한 느낌으로 고안된 놀이터이다. 1943년 조경가 쇠렌센(Sørensen)에 의해 디자인 된 덴마크의 도시, 엠드럽에 등장한 '정크 놀이터'가 첫 선을 보인 후, 런던으로 전해져 전세계적으로 놀이터 디자인의 큰 줄기로 정착되었다.
1950~1970년대: 상상형 놀이터	• 로켓 모양의 구조물, 동물 형태의 미끄럼틀, 독특한 형태의 터널 등으로 구성된 놀이터로 화려한 색상과 어린이들의 상상력을 자극하는 형태로 디자인된 놀이터이다.
1970~1980년대: 플라스틱 규격 놀이터	• 놀이터에서의 안전사고가 급격히 증가함에 따라 모서리를 둥글게 처리하고, 쇠로 된 재료를 플라스틱으로 교체하는 등의 안전을 강조한 놀이터이다.
1980년대 이후: 현대적 복합 놀이터	• 다양한 주제로 구성되고, 플라스틱 외에도 고무, 합성물 등의 새로운 재료를 사용해 안전과 상상력, 학습을 겸할 수 있는 형태로 발전된 놀이터이다.

〈표 4-3〉 한국의 시대별 놀이터 발달

1950~60년대: 놀이터의 등장	• 전쟁 이후 산업화, 도시화 진행으로 도시공간이 재정비되었다. • 경제적 도약기인 1960년대 후반부터 서울시를 중심으로 놀이터 조성이 점차 확대되었다.
1970년대: 표준화 · 획일화된 놀이터	• 급속한 도시화로 대규모 주택공급 정책이 실행되면서 주택건설촉진법에 '생활복리를 위하여 필요한 공동시설'로서 어린이 놀이터가 포함.
1990년대: 어린이 공원 현대화 사업	• 1994년부터 기존 놀이터의 리모델링 사업이 전개되었다. • 놀이시설물의 재료가 기존의 딱딱하고 차가운 느낌의 철재에서 목재로 변화되고 전체적인 시설이 이전보다 다양해졌다. • 주민 참여형 놀이터가 등장하였다.
2000년대 중반: 창의성 유발 놀이터	• 기존 놀이시설을 탈피하여 창의성을 유발할 수 있는 과학놀이시설, 모험놀이터, 숲속놀이터, 생태놀이터 등 다양한 놀이터와 다양한 시설이 등장하였다.

	• 단조로운 체력운동을 벗어나 다양한 놀이를 유발하는 놀이시설로 발전하였다. • 바닥재는 어린이의 안전과 위생을 위해 우레탄이 사용되었다.
2010년 이후: 각기 다른 목적을 지닌 놀이터	• 도전적 놀이 경험을 제공하는 모험놀이터, 어린이 스스로 주도하여 상상력과 창의성을 북돋아 주는 창의놀이터, 흙, 돌, 물 등 자연물을 자유롭게 사용하는 자연놀이터 등이 증가하였다. • 놀이터의 주 이용자인 아이들이 놀이터 설계 과정에 직접 참여하는 아동참여형 놀이터가 등장하였다.

놀이터 유형

놀이를 위해 별도로 마련된 공간인 놀이터 유형을 구분할 때 구조적-비구조적, 인공적-자연적이라는 두 가지 주요 차원으로 설명될 수 있다. 구조적이라는 것은 일정한 설계에 의해 짜인 것을 말하며, 인공적이라는 것은 사람의 힘으로 자연에 대해 가공하거나 작용을 하는 일을 뜻한다. 따라서 구조적인 놀이터는 일정한 설계에 따라 정해진 여러 가지 기구로 만들어진 놀이터를 의미하며, 인공적인 놀이터는 사람의 힘으로 가공되어 만들어진 놀이터를 의미한다.

첫 번째로, 구조적-인공적 차원의 특성을 가진 놀이터는 기존의 어린이 놀이터들을 예로 들 수 있다. 기존의 놀이터는 정형화된 사각형 안에 어린이를 위한 놀이기구들로 구성되어 있다. 이는 어린이들이 놀기에 적합하다고 판단되는 기본적인 설계와 어린이 안전 기준에 맞춰 안전하다고 판단된 놀이기구들을 가지고 사람이 배치하여 만들어진 놀이터이다.

두 번째로, 비구조적-인공적 놀이터는 모험놀이터가 이에 속한다. 모험놀이터는 최초에 쓰레기더미에서 아이들이 모여 놀이를 했던 것에서 시작되었다. 처음부터 놀이터로 설계되지는 않았지만 사람들에 의해 폐자재가 모이고, 아이들이 이에 흥미를 느끼고 다양한 도전과 놀이를 시도하게 되면서 놀이터의 역할로 자리하게 된 것이다.

세 번째로, 구조적-자연적 놀이터는 생태놀이터를 들 수 있다. 생태놀이터는 도심에서도 자연을 느낄 수 있도록 설계에 따라 놀이와 휴식이 가능한 공간을 구성한 것이다. 최대한 자연과 가깝게 만들어져 다양한 생물이 서식하고 보존될 수 있는 공간이며, 어린이들이 관찰하고 체험할 수 있는 공간도 마련되어 있다.

네 번째로, 비구조적-자연적 놀이터는 플레이스케이프(playscape)를 예로 들 수 있다. 일반적으로 인공적인 요소가 적은 놀이 공간으로 정의되며 놀이 공간처럼 보이기도 하고 자연환경처럼 보이기도 한다. 놀이 구조물이 없이 식물이나 지형 변화를 이용하여 놀이할 수 있어서 숲에서 노는 것과 같은 자연을 느낄 수 있다.

다음에서는 앞에서 설명한 네 가지 차원에 따른 네 가지 유형의 놀이터를 자세히 살펴보고자 한다.

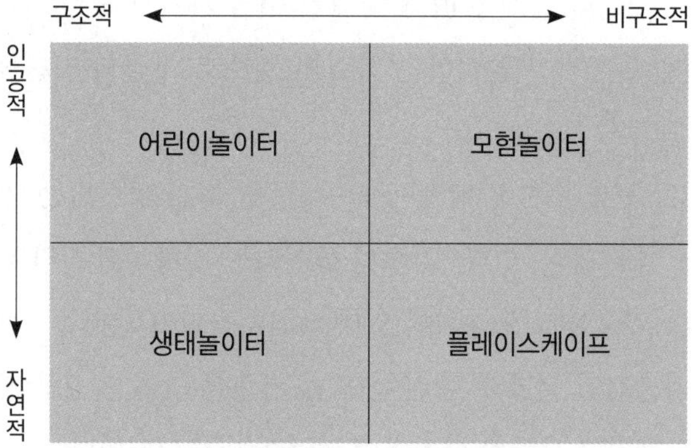

[그림 4-1] 놀이터의 네 가지 유형

○ 인공놀이터

인공놀이터의 발달은 전반적인 우리나라 놀이터 발달의 역사와 맥을 같이 하고 있다. 우리나라에 놀이터가 도입되던 시점에 해외에서는 신체발달 중심의 놀이시설물이 놀이터의 표준으로 자리 잡았기 때문에 우리나라에도 이를 그대로 도입하였다(수원시정 연구원, 2016). 그리고 어린이놀이터의 중요성이 대두되기 전까지는 법규에 명시된 최소한의 규정을 따라 놀이터를 조성하였고, 이로 인해 놀이터의 표준화가 이루어져 왔다. 따라서 우리에게 익숙한 인공놀이터는 전통적인 놀이터의 모습과 유사하다. 그러나 사람들이 모이는 놀이터는 단순히 신체발달에만 영향을 미치는 것이 아니라 심리적·정서적 발달에도 중요한 역할을 한다는 관점이 점차 확대되었다. 그리하여 인공놀이터는 균형 잡힌 아동의 신체적·심리적·정서적 발달을 도울 수 있는 방향으로 점차 발전하고 있다.

놀이터가 계획될 때에는 놀이하는 주 대상이 필요로 하는 것과 원하는 것을 바탕으로 그것을 어떻게 제공할 것인지가 고려되어야 한다. 놀이터를 이용하는 사람들은 각기 다른 욕구들과 관심을 가지고 있으며, 이는 놀이를 통해 나타난다. 예를 들어, 또래와의 연합, 탐험, 사회적 기술의 증진, 신체적 이완 등이다. 즉, 놀이 공간에 대한 계획은 놀이와 놀이 공간의 상호 관계에 대한 체계적인 고려이며, 이러한 욕구들을 반영하는 것이므로 신중하게 여겨질 필요가 있다(Hayward et al., 1974).

어린이놀이터(인공적·구조적)

어린이놀이터는 어린이들이 놀이할 수 있는 고정된 놀이기구가 갖추어진 실내외 놀이터를 말한다. 주택단지 놀이터, 공공개방형 놀이터, 실내 놀이터 등이 있다. 입주민을 위하여 단지 내에 조성된 주택단지 놀이터는 우리나라 어린이놀이터의 주를 이룬다. 입주민이 단지 내 놀이터를 주로 이용하기 때

[그림 4-2] 주택단지 놀이터

문에 어린이들이 가까운 동네 친구를 사귀고 함께 놀이하는 것이 용이하며, 외부인의 출입을 관리하는 아파트에서는 어린이들에게 보다 안전한 환경을 제공할 수 있다. 그러나 지역마다 놀이시설의 격차가 크고 아이들 간에도 같은 단지의 입주민이 아니면 배척하는 분위기가 조성될 수 있어 적절한 균형이 필요하다.

공공개방형 놀이터는 지역사회의 주민들이 자유롭게 이용할 수 있는 어린이 공원, 공공기관의 놀이터 등을 의미한다. 모두에게 개방된 공간이므로 어린이와 부모뿐만 아니라 노인까지도 공원에 함께 모여 놀이하고 쉬는 모습들을 쉽게 살펴볼 수 있다.

[그림 4-3] 공공개방형 놀이터

실내에 다양한 놀이시설을 배치하여 만들어진 실내 놀이터는 날씨에 관계없이 이용 가능하다는 가장 큰 장점이 있다. 1960년대 이후 이른바 '맥도널드 놀이터' 혹은 '쿠키 커터 공원(Cookie cutter park)'이라는 개념의 놀이터가 생겨났는데 이것은 일종의 레스토랑이 만들어 낸 어린이 실내 놀이터의 탄생이었다. 이 놀이터는 무엇보다 안전을 우선으로 하였으며, 실내공간이라는 제약상 뛰거나 지나치게 활동적인 부분을 제한시킬 수밖에 없었다(오경아, 2015). 최근 국내에서는 푹신하고 안전한 소재의 기구들을 활용하여 보다 복잡하고 다양한 형태의 놀이시설을 경험할 수 있는 키즈카페와 직업이나 안전 등을 체험하는 다양한 체험형 실내 놀이시설이 많이 생겨나고 있다. 그러나 이러한 실내 놀이터는 이용 시 별도의 비용이 발생한다. 또한 특별한 날 또는 공휴일에 부모와 함께 방문하기 때문에 아이들이 밀집될 가능성이 높고 환기의 문제, 시설 운영의 문제 등이 발생할 수 있다.

[그림 4-4] 실내 놀이터

모험놀이터(인공적 · 비구조적)

모험놀이터는 비형식적인 놀이터이다. 고정 시설물이 놓인 '제조된' 놀이터가 아니라, 어린이의 손길로 끊임없이 만들어지고 변화를 겪는 놀이 공간이다. 보통 해당 공간의 지형적 · 장소적 특성을 적극적으로 이용하여 흙, 돌, 자갈, 물통, 바퀴, 통나무, 벽돌 등 주변에서 쉽게 구할 수 있는 자연 재료, 폐품과 건축 자재가 다양한 도구와 함께 마련되어서 아이들이 직접 건축물을 만들어 볼 수 있다. 불을 피우거나 물을 이용할 수 있는 시설이 있어 집에서 도통 할 수 없던 온갖 모험을 시도해 보기 좋으며 흔히 '플레이 리더(Play Leader)'라고 불리는 성인 놀이 활동가가 놀이터를 감찰하는 것도 또 하나의 특징이다. 물론 그의 주 역할은 아이들이 원할 때 필요한 도움을 주고 응급상황 발생 시 대처하는 일이며, 감시나 제재와는 멀다.

덴마크가 독일 나치의 지배를 받고 있던 20세기 초, 조경가 쇠렌센(C. Sørensen)은 공사장과 쓰레기장에서 노는 어린이들을 관찰하고 있었다. 놀이기구가 있는 기존의 놀이터는 금세 질려 하던 아이들이 공터의 폐자재를 활용해 신나게 노는 것을 보고, 그는 이러한 환경이 외려 아이들의 모험심과 상상력을 더욱 자극한다고 생각했다. 이에 1931년 그는 아동에게 금지된 이러한 종류의 장소들을 놀이터로서 재고하고 활용하는 방향의 아이디어를 제안했고, 1943년 건축가 펑크(Fink)와 함께 코펜하겐 엠드럽 주택단지를 대상으

[그림 4-5] 엠드럽 단지의 폐지 놀이터(Junk Playground)

출처: froma.co/articles/396

로 '폐지 놀이터(Junk Playground)'를 설계하게 된 것이다. 그의 첫 디자인에는 제안되지 않았지만 이후 주택단지 내 제도상 놀이의 안전성을 보완하기 위해 플레이 리더가 놀이터에 상주하게 되었는데, 이 구성은 이후에도 모험놀이터의 전형이 되어 계속 유지되었다.

국내의 대표적인 모험놀이터의 예로는 최근 순천시에 나타난 '기적의 놀이터'를 들 수 있다. 2016년, 2017년 각각 '기적의 놀이터 1호 엉뚱발뚱' '기적의 놀이터 2호 작전을 시작하~지'가 순천시 연향동과 그로부터 얼마 떨어지지 않은 해룡면 신시가지에 조성되었다. 일찍이 어린이놀이터가 바뀌어야 한다고 주장해 왔던 아동 문학가 편해문 작가가 순천 시장의 의뢰로 총괄 담당자를 맡고, 단계별로 100여 명의 어린이가 낸 아이디어를 반영하며 시민 및 전문가 그룹과 의견을 나누어 완성되었다.

[그림 4-6] 기적의 놀이터 1호 엉뚱발뚱

출처: 건축도시정책정보센터(aurum.auric.kr)

기적의 놀이터 1호는 자연지형을 최대 활용해 잔디 미끄럼틀, 출렁다리, 모래밭, 굴다리 등을 만들어서 아이들이 언덕을 뛰어오르거나, 모래 놀이, 물놀이 등을 할 수 있다. 2호 역시 기존 하천과 언덕을 그대로 살리면서 모래밭, 미끄럼틀, 굴다리, 물놀이시설 등을 설치했다. 여기에서 가장 인기 있는 것은 에펠탑 모양의 네트다. 두 곳 모두 주변에 학교와 주거 지역을 두고 있어 실제 이용률이 높다. 상시 개방되어 누구나 언제든 찾아갈 수 있고, 놀이 활동가가 배치되어 찾아온 아이들의 놀이를 돕는다.

○ 자연놀이터

도시화, 현대화가 급속하게 진행되면서 자연스레 아파트 단지와 동네 곳곳에 화려하고 구조화된 최신 놀이터가 들어서고 있다. 그러나 너무 구조화되어 버린 놀이터는 오히려 놀이 방법을 제한하고 있다. 놀이기구의 종류와 위치가 고정되어 있고 매번 정해진 방법대로만 놀이할 수 있는 구조물들은 새로운 놀이를 창조하거나 상상하는 것을 방해한다.

자연놀이터는 어린이가 식물과 자연환경, 흙, 물, 돌 등과 같은 자연소재를 창의적이고 상호작용적인 방법으로 이용하여 놀이하고 탐험하는 놀이 공간을 말한다.

자연환경은 다양한 디테일과 복잡성으로 가득 차 있어서 아이들이 탐구, 관찰, 이름 붙이기, 기술, 비교, 분류할 수 있는 흥미로운 주제들이 풍부하고 다양하게 제공된다. 자연환경에서 아이들은 다양한 종류의 식물, 새, 곤충, 바위, 토양, 서식지, 풍경을 접한다(Kellert, 2002). 그들은 다양한 냄새, 질감, 소리, 시야를 접한다. 아이들은 자연적으로 제시된 것을 비교하고 대조하고 분류함으로써 자연이 제공하는 감각적 다양성을 이해하려는 동기를 갖게 된다. 몇몇 연구는 자연놀이환경이 어린이의 호기심, 상상력, 집중력, 창의성을 향상시키며, 어린이의 주변 세상에 대한 연결성과 친화력을 길러 준다는 사실을 밝히고 있다(Kirkby, 1989; Moore & Wong, 1997; Taylor, Wiley, Kuo, &

Sullivan, 1998; Wells, 2000).

이처럼 자연환경은 그 자체로 어린이들이 상상력과 상호작용이 풍부한 창의적인 놀이를 할 수 있는 좋은 놀이터인 것이다.

생태놀이터(자연적 · 구조적)

자연놀이터로서 도시의 어린이들이 부모와 함께 집 가까이에서 자연생태를 접할 수 있도록 흙, 물, 풀, 나무, 동식물 등 다양한 자연적 요소와 자연재료를 활용하여 놀이와 생태학습 체험과 휴식을 취할 수 있도록 조성한 자연생태공간을 생태놀이터라고 말한다.

생태놀이터의 역할은, 첫 번째로, 도시의 생태적 건전성 증진이다. 자연지반에의 빗물 침투 등 물 순환 증진, 도시 열섬현상 완화, 야생화 수목 등 식재로 녹지 공간 확충 등 도시의 생태적 건전성 향상과 기후변화에 대응한다. 두 번째로, 자연생태학습 체험 및 정서발달 도모이다. 어린이들이 자연을 주제로 한 놀이와 체험을 통해 자연에 대한 자기주도적 학습을 유도하고, 자연을 직접 보고 만지고 느끼게 하여 정서의 함양, 감수성과 창의성 발달을 도모할 수 있다. 세 번째로, 도시민의 휴식 커뮤니티 공간 제공이다. 어린이와 그 가족, 지역주민들이 모여 자연과의 친밀감, 정서적 안정감, 신체적 건강을 되찾는 힐링, 휴식 및 생태 커뮤니티 공간을 제공한다.

생태놀이터 조성은 자연형 공간, 놀이시설, 생물서식 공간, 휴식 및 커뮤니티 공간으로 구분된다. 자연형 공간은 구릉지(마운딩), 굴(터널), 바위, 모래밭, 자갈밭, 풀밭 등 지형 및 토양을 활용한 놀이 및 체험 공간으로 통나무, 고사목, 막대기, 야생화, 유실수, 낙엽수거장, 주변 숲 등이 포함된다. 또한 식물을 활용한 놀이 및 체험 공간으로 생태연못과 개울, 실개천, 도섭지, 우물(펌프) 등 물을 이용한 놀이 및 체험 공간이 있다. 놀이시설은 목재, 흙, 물, 모래 등 자연재료를 활용한 놀이 기구 및 시설로 부분적으로 재활용 소재를 활용한 놀이시설도 포함된다. 생물서식 공간은 다층숲, 풀밭, 연못, 개울, 수로(유수형), 돌, 나무더미 및 곤충호텔, 새집, 먹이대 등으로 다양한 생물의 이입 여건이 조성된다. 조류, 곤충류 등의 먹이식물을 식재하여 자연적인 이입을 유도하고 국내 자생하는 야생화, 나무 등을 식재하여 공간을 구성할 수 있다. 마지막으로, 휴식 커뮤니티 공간은 조성 규모에 따라 이용자의 휴식과 친교를 위한 의자, 그늘막, 음수대 등의 시설물을 도입할 수 있다. 자연적인 나무그늘이 형성되도록 교목류를 식재하여 다양한 휴식 활동을 도모할 수 있다(환경부, 2014).

플레이스케이프(자연적 · 비구조적)

최근에 시도되고 있는 플레이스케이프(Playscape)는 일반적으로 인간이 만든 요소가 가능한 적은 놀이 공간으로 정의된다. 플라스틱, 쇠 등을 배제하고 가공을 하지 않은 자연의 소재인 흙, 돌, 나무 등의 재료를 사용한다. 놀이터 설계를 할 때에도 흐르는 시냇물, 잔디, 언덕, 진흙 동굴, 나무 그루터기를 숲이나 자연의 상태처럼 자연스럽게 놓이게 구성한다. 플레이스케이프는 창의적으로 상상력을 사용할 수 있도록 제한이 없이 원하는 대로 놀 수 있는 기회를 제공한다. 아이들은 낙엽, 모래, 물 등을 자유롭게 만지며 놀게 된다. 플레이스케이프의 가장 큰 특징은 어린이들이 나무 막대기, 낙엽, 진흙, 물 등을 이용해 스스로 상상하는 것들을 놀이로 만들어 내도록 북돋는다. 플레이스케이프는 아이들의 신체활동 수준을 높이고 소근육과 대근육 운동 기술, 인지발달과 사회성 향상에도 도움이 되었다. 또한 정신적 · 육체적 재활을 위한 원예치료에도 이용된다.

놀이 공간: 어른이놀이터

놀이터에 대한 일반적인 정의는 어린이들이 즐겁고 안전하게 놀 수 있도록 하기 위해 여러 놀이기구를 갖추어 놓은 장소 또는 시설이다. 호모루덴스인 인간은 놀 줄 알고, 놀면서 진화해 온 동물인데 우리 사회에서 어른들의 놀이, 어른들의 놀이터에 대한 관심은 아직 많이 부족하다. 어린이들이 놀이 공간을 방문하는 것과 마찬가지로 대부분의 성인도 내면 아이의 소리에 귀를 기울이며 놀이터, 공원, 사설 놀이 공간 등에 관심을 보이고 있다. 성인들을 위한 놀이 공간은 정신적 · 육체적 건강을 유지할 수 있도록 도와주는 창의적이고 도전적인 활동 모두를 촉진한다.

놀이터는, 첫째, 힘들고 지칠 때 편안하게 쉬고 싶은 쉼터가 되고, 둘째, 친구나 이웃끼리 안전하고 흥겹게 놀 수 있는 삶의 공간이 되어야 하며, 셋째, 오랫동안 깊이 영향을 미칠 수 있는 다양한 경험을 하는 배움터가 되어야 한다(이상욱, 김운삼, 1999). 어른들도 줄어드는 육체 노동 시간, 늘어나는 수명의 과정에서 자신의 삶을 찾는 놀이 시간과 쉼터, 삶터, 배움터가 되는 놀이 공간이 필요하다. 어른들의 놀이터는 오락시설이라고도 부르며 재미와 즐거움을 얻기 위하여 만든 놀이 공간이다.

앞에서 주 대상 연령층인 아동의 놀이터를 네 가지 유형으로 나누어 살펴보았다면, 성인이 주로 이용하는 놀이 공간도 동일한 기준으로 구분하여 살펴볼 수 있다. 성인의 놀이환경 또한 구조적-비구조적, 인공적-자연적의 두 가지 차원으로 나누어 살펴보고자 한다.

첫째, 구조적-인공적 특성을 지닌 놀이시설은 전형적인 놀이 공간인 테마파크와 놀이공원과 특정 놀이를 촉진하는 '○○방'이 있다. '○○방'은 주변에서 흔히 볼 수 있는 노래방, PC방, 멀티방 등이 이에 해당한다. 이 공간을 구성하는 놀잇감이나 공간의 크기에는 차이가 있지만 이 공간들의 공통적인 특징은 놀이를 위해 설계되었다는 것이고 인위적으로 만들어진 공간이라는 것이다.

최근에 우리나라에는 바쁜 현대인을 위해 쇼핑, 레저, 힐링이 한곳에서 이루어져 원데이 트립이 가능하도록 만들어진 복합 놀이시설이 생겨났다. 하나의 공간에서 온 가족이 함께 다양한 쇼핑과 여가 문화를 편안하고 쾌적하게 즐길 수 있으며 일상에서 느끼지 못한 다양한 감정과 색다른 즐거움을 느낄 수 있다. 아이들뿐만 아니라 성인들도 어릴 적 즐겼던 트램펄린, 놀이기구 등의 이용은 물론 다트, 사격, 풋살 등의 각종 스포츠를 할 수 있는 놀이공간과 맛있는 음식을 먹을 수 있는 휴게 공간도 이용할 수 있다.

우리나라는 유독 '방' 문화가 발달하여 노래방, 비디오방, 멀티방, PC방, 찜질방 등 각종 방이 있다. 그중 '놀이'하면 가장 먼저 떠오르는 건 역시 '게임'으로, 최근에는 VR을 통해 게임을 즐길 수 있는 'VR방'이 생기고 있다. 가상현실은 일반적으로 컴퓨터와 HMD(Head Mounted Display)를 통해 구현한 입체적인 가상공간의 제공으로 사용자의 시각을 완전히 장악하여 몰입하게 하며, 오감과의 상호작용 및 음성 동작 인식을 통해 가상공간을 현실처럼 느끼게 한다(송필재, 류희삼, 2016).

스스로 갇히고 스스로 탈출하는 과정을 즐기는 신종 방 문화도 상품이 되었는데 바로 '방탈출게임'이다. 저렴하지 않은 비용까지 지불하면서 친구, 연인, 선후배들끼리 모여 1~2시간가량 정해진 시간 내에 여러 가지 방법을 의논하며 제시된 힌트와 배치된 사물들을 활용해 공간에서 탈출해 가는 창의적인 추론 및 토론 과정을 즐긴다. 사적인 공간을 시간당으로 빌려 공간의 목적을 명분으로 함께 모일 수 있는 문화를 상품으로 소비하고 있는 것이다.

둘째, 비구조적-인공적 특성을 지닌 놀이시설은 '원데이 클래스'와 같은 일일 체험활동 공간이 이에 속한다. 최근에는 딸기 농장, 귤 농장 등 농장체험이나 공방체험도 하나의 놀이문화가 되어 많은 이가 찾는 장소가 되었다. 이러한 환경은 놀이를 위해 설계되지는 않았으나 시대의 흐름에 따라 다양한 체험활동을 놀이문화로 즐기는 세대를 위한 놀이터로 활용되고 있다.

라스베이거스의 'Dig This'는 아이들이 굴삭기 장난감을 가지고 모래놀이를 하는 것처럼 실제 중장비를 가지고 땅을 파며 모래놀이를 할 수 있는 체험형 놀이시설이다. 사람들은 짧은 순간 삶을 잊고 자신감, 성취감, 모험심을 되찾는 특별한 경험을 한다. 3세 이상의 모든 연령이 참여할 수 있으며 어린이 체험, 개인 미션과 그룹 미션 등을 수행한다. 4인 이상 친구, 동료, 단체에게는 4~10개의 장비를 포함하여 팀 맞춤 설계의 과제를 할 수 있는 옵션을 제공한다. 참여자들은 중장비를 운용하는 스릴을 느끼며 팀 임무를 완수하고 더욱 강한 관계와 의사소통을 구축하는 데 도움을 얻을 수 있다.

셋째, 구조적-자연적 특성을 지닌 놀이시설은 지역축제 공간이라고 할 수 있다. 우리나라에는 지역마다 다양한 축제가 열리며, 지역의 특산품과 지역적 특색에 따라 각기 다른 매력을 느낄 수 있다. 지역축제는 보령의 머드축제, 양평의 빙어축제 등과 같이 자연과 어우러지도록 설계되어 자연을 만끽하며 신나는 체험활동과 다양한 먹거리를 즐길 수 있다. 한국의 지역축제는 대표적으로 보령 머드축제가 있다. 머드축제를 즐길 수 있는 공간은 머드 체험관, 머드 광장 체험부스, 머드 셀프 마사지존, 머드 놀이기구로 나누어져 있다. 머드 체험관의 홍보관에서는 보령의 갯벌이 형성되는 과정이나 진흙의 효능 등을 소개하고 있으며, 마사지실, 머드탕 등 진흙으로 즐길 수 있는 여러 시설을 이용할 수 있다. 머드 광장 체험부스에서는 다양한 머드 체험 프로그램을 즐길 수 있다. 진흙을 이용한 핸드 프린팅, 비누 만들기, 도자기 및 캐릭터 만들기 등의 프로그램이 진행된다. 머드 셀프 마사지존에서는 진흙 투성이로 변한 자신의 모습을 오목 거울과 볼록 거울을 통해 보며 즐거운 시간을 보낼 수 있다. 머드탕에서는 부드러운 진흙을 허리까지 담그는 색다른 경험을 할 수도 있다. 머드축제에는 놀이기구도 설치되어 있어서 진흙이 안개처럼 뿜어져 내리는 '머드 포그 터널', 30미터 길이의 '머드 커플 슬라이드'와 같은 다양한 놀이기구를 이용할 수 있다.

넷째, 비구조적-자연적 특성을 지닌 놀이시설은 등산, 서핑 등 취미생활을 즐길 수 있는 모든 자연 공간이다. 아이들이 숲놀이, 모래놀이를 즐기는 것처럼 어른들도 산과 바다에서 다양한 활동을 하며 놀이를 한다. 또한 여행을 다니면서 밤낮으로 자연을 탐방하고 감상하는 것을 즐기고 사진이나 기록으로 남기기도 한다. 이처럼 자연은 그 자체로 좋은 놀이터가 된다.

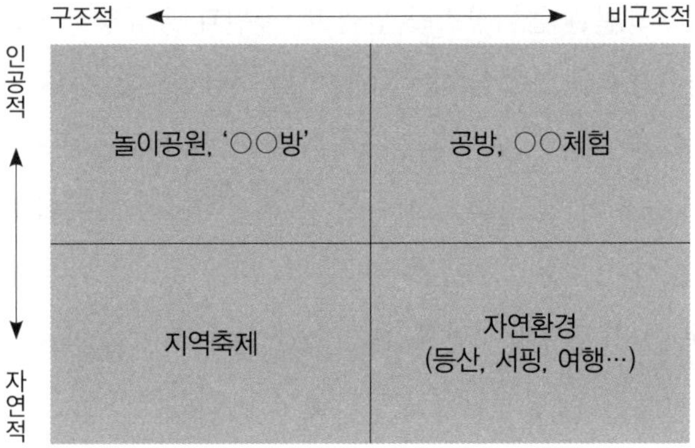

[그림 4-7] 성인의 놀이시설 유형

놀이자원과 놀이문화환경: 광의의 의미

진정한 놀이를 위해서는 필요한 조건들이 있다. 먼저, 놀이 공간이 제공되어야 하며 놀이를 촉진할 수 있는 놀잇감이 있어야 한다. 장난감과 개방적인 자료들(돌, 나뭇가지, 물 등의 자연물, 미술매체, 폐자재 등)은 쉽고 친숙하게 접할 수 있기 때문에 놀이를 지속하고 확장하는 데 중요한 역할을 한다. 놀이를 함께하는 놀이 대상인 또래도 놀이를 촉진시키는 중요한 요소이다. 혼자 놀이를 할 때보다 또래와 함께 사회적 놀이를 할 때 놀이의 주제가 더 다양하고 풍부하며 창의적이다. 적절하고 적합한 놀이 시간도 놀이를 촉진하고 오래 지속시키는 자원이 된다. 자투리 시간이 아닌 놀고 싶을 때 놀 수 있는 충분한 시간이 제공되어야만 놀이에 더욱 몰입할 수 있다(김명순 외, 2017).

물리적 공간과 자원뿐 아니라 놀이에 대한 사회적 인식과 문화도 중요한 놀이환경이 된다. 유엔에서는 「아동권리협약」 제31조에 놀 권리(the right of play)를 명시하며 놀이에 대한 인식의 변화를 도모하였다. 영국의 경우 2008년부터 국가놀이정책(Play Strategy)을 시행할 만큼 국가적 차원에서 놀이를 장려하고 지원하고 있다. 모든 주거 지역의 아동이 무료로 이용할 수 있는 즐겁고 안전한 놀이장소를 만들고, 공원과 공공장소에도 활용도가 높은 아동 놀이장소를 만들어 아동의 놀이를 적극적으로 수용하고 있다. 독일은 지역적 특색이 다른 도시 환경에서 아동의 여가와 놀이 공간을 다양하게 제공하고자 노력하며, 일본은 지역이 함께 참여하여 아동의 놀이를 활성화하려 하고 있다(김명순, 2018)

아동기뿐 아니라 생애 전반에 걸쳐 인간 삶의 질이 높아지기 위해서는 일과 놀이의 균형 원칙이 실현되고 놀이를 통해 건강한 발달을 이루는 함께 놀이하는 사회가 될 필요가 있다. 놀이친화적인 가정과 학교, 사회의 놀이문화 환경은 인간의 바람직한 성장과 발달을 촉진하는 수준 높고 도전적인 놀이를 확산하는 데 기여할 것이다.

놀이자원

놀이를 촉진하여 더욱 풍부하게 하는 놀이자원을 놀잇감, 놀이친구, 놀이시간을 중점으로 살펴보고자 한다.

놀잇감

변형과 창조의 운동성을 가지고 있는 놀잇감은 놀이하는 사람의 의도와 합의에 따라 계속 변화할 수 있다. 놀잇감은 구조성에 따라 놀이의 역동성이 달라진다. 놀이의 역동성은 비구조적인 놀잇감의 무형식적 특성에 의해 놀이하는 과정에서 순간적으로 촉발된 감각적인 아이디어가 놀잇감에 투영되는 것이다. 이런 과정 속에서 놀잇감은 생명력을 가진 다양한 새로운 놀잇감으로 재탄생하고 놀이 활동을 끊임없이 재구성하는 원동력으로 작용한다(임부연 외, 2008)

실제 사물과 유사하거나 세밀하게 묘사된 놀잇감은 구조성이 높은 놀잇감이다(조은진, 2000). 핸드백, 의자, 전화기, 화장품, 옷, 머리빗, 바비인형, 모형과일 등이 구조성이 높은 놀잇감의 예이다. 구조성이 높은 놀잇감은 이미 놀이의 주제가 제시되어 있어 그와 관련된 놀이로 제한되는 경우가 많다. 그러나 유아들은 표상기술이 부족하기 때문에 역할놀이 주제에 맞는 구조성이 높은 놀잇감이 있을 때 보다 효과적으로 역할수행을 할 수 있는 장점도 있다. 유아는 연령이 증가함에 따라 구조성이 낮은 놀잇감을 원하는 사물로 대체하여 놀이를 할 수 있게 된다(Chaille & Bagley, 2000). 주사기 대신 볼펜으로, 청진기 대신 이어폰을 이용해서 병원놀이를 할 수 있게 되는 것이다.

구조성이 높은 놀잇감을 많이 사용하는 유아들보다는 구조성이 낮은 놀잇감을 많이 사용하는 유아들이 창의성 및 문제해결 기술과 능력이 높은 것으로 나타났다. 예를 들어, 구조성이 높은 퍼즐보다는 구조성이 낮은 블록을 가지고 논 유아들의 문제해결능력이 높았다. 이는 구조성이 낮은 장난감인 블록은 확산적 사고를 많이 하도록 유도하는 반면, 구조성이 높은 놀잇감인 퍼즐은 수렴적 사고를 많이 하도록 하기 때문이다(Pepler & Ross, 1981).

구조성에 따라 유아의 놀이 행동을 비교한 연구(지성애, 2005)에 따르면, 구조성이 낮은 모래놀잇감보다 구조성이 높은 역할놀잇감을 가지고 놀 때 '평행놀이'가 더 많이 나타나고 구조성이 낮은 놀잇감을 가지고 놀 때 '협동놀이가 더 많이 나타났다. 이는 구조성이 낮은 놀잇감이 유아의 사회적 행동을 촉진하는 것을 의미한다. 구조성이 낮은 모래놀잇감은 다양한 주제와 방법으로 여러 가지 놀이를 할 수 있기 때문에 의견 교환을 위해 사회적 상호작용을 더 많이 하게 된다(권혜진 외, 2016).

모래, 나무, 물 등 자연환경에서 얻을 수 있는 놀잇감은 구조성이 낮은 대표적인 놀잇감이다. 모래를 손으로 만지고, 가르고, 파는 등 초감각적인 오감을 사용하여 유아 자신의 경험을 마음대로 모래 위에 표현하는 모래놀이는 상상력을 자극하여 창의성을 발휘하고 더 나아가 자기만의 독특한 문제해결력을 표현하게 한다. 여기저기 떨어져 있는 나무 막대기로는 흙바닥에 그림 그리기 놀이, 균형 잡기 놀이, 지팡이 놀이, 창던지기 놀이 등을 할 수 있다. 막대기를 손끝에 올려놓고 누가 더 오래 균형을 잡는지 시합하거나, 여럿이 동그랗게 서서 지팡이를 짚은 것처럼 막대기를 세워 잡고 있다가 '하나, 둘, 셋' 하면 내 지팡이 대신 얼른 왼쪽 사람의 지팡이 잡기, 돌 위에 나뭇가지를 올려놓고 막대기를 던져서 맞히기 등등 나무 막대기 하나로 많은 놀이를 한다(최은혜, 2017). 물은 형태가 정해져 있지 않으며 투명하고 독특한 감촉을 느낄 수 있는 매력적인 자연물이다. 물놀이는 특별한 놀잇감이나 놀이 기술을 필요로 하지 않기 때문에 언제 어디서나 다양한 연령층의 어린이가 참여할 수 있는 놀이이다.

이와 같은 감각적 실물 재료들은 자연스럽게 유아들의 다양한 표상활동을 위한 대상이 되어 유아의 상상력과 호기심을 자극하여 창의적인 표현이 가능할 수 있게 한다. 자연물을 소재로 미술표현을 하는 과정에서 자연물 관찰하기, 자연물에 대한 특징 발견하기, 창의적으로 재구성하기, 다양한 형상 만들어 내기, 자연과 동화되기 등의 과정을 거친다고 하였다(함영숙, 유영옥, 2009). 이처럼 주변에 있기 때문에 익숙하고 활용되기 쉬운 자연놀잇감은 놀이를 위해 고안된 장난감은 아니지만 더욱 풍부하고 창의적인 놀이를 이끌어 내는 힘을 지니고 있다.

놀이친구

놀이를 함께하는 놀이친구는 놀이를 촉진하고 풍성하게 하는 중요한 요소 중 하나이다. 혼자 있을 때 보다 여럿이 함께 놀이를 하면 서로 다양한 아이디어를 주고받을 수 있고, 서로의 역할과 갈등을 해결하기 위해 더 많은 언어적 상호작용과 규칙을 필요로 한다. 놀이친구는 놀이를 활동적이고 즐겁게 하며, 복잡하고 보다 더 도전적인 놀이로 만든다.

놀이친구는 창의성 증진에도 영향을 미친다. 로빈(Robyn)과 그의 동료들의 연구(2015)에서 놀이에 참여하지 않고 옆에서 지켜만 보는 아동과 혼자놀이나 병행놀이와 같이 덜 복잡한 사회적 놀이를 하는 아동의 경우 사회적인 놀이를 즐기는 아동에 비해 창의성 점수가 낮게 나타났다. 이는 혼자서도 놀이할 수 있는 레고와 같은 복잡하고 구조적인 놀잇감을 활용하여 놀이하면 창의력이 증진될 것이라고 생각하는 보편적인 인식과는 달리 또래와 함께하는 상호작용이 창의성 발달에 얼마나 중요한지를 보여 주는 예이다.

친숙한 친구와 놀이하는 경우, 친숙하지 않은 친구와 놀이할 때에 비해 더 많은 사회적 놀이가 이루어지며, 더 높은 수준의 인지적 놀이가 나타난다. 친숙한 친구와 놀이하는 것은 긍정적인 사회적 행동 또한 증가시키는 경향이 있다. 더 많은 사회적 조직과 협동 그리고 높은 열의와 집중력을 발휘한다(Tessier, de Lorimier, & Doyle, 1993). 따라서 충분히 친숙한 또래와의 놀이하는 경험을 제공하는 것은 아동의 사회적 · 인지적 발달에 차등적인 기회가 될 수 있다(Anna-Beth Doyle, Jennifer Connolly, & Louis-Paul Rivest, 1980; Howes, 1980).

함께 놀이하는 친구의 존재 여부, 친구의 숫자 및 구성, 친밀도 등은 놀이에서의 사회적 상호작용의 양과 질을 증가시키고 결국 놀이를 더욱 풍부하고 창의적으로 만든다.

시간

놀이를 하기 위해서는 충분한 놀이 시간이 확보되어야 한다. 놀이는 단순히 교육의 자투리 시간을 활용하는 부수적이고 이차적인 행위가 아니라 교육처럼 주요한 시간에 주어져야 하고, 교육과 동시에 균형적으로 주어져야 하며, 아이들의 일상으로 경험되어야 한다(김명순, 김길숙, 김지연, 신혜영, 정미림, 2017). 그러나 우리나라 아동의 일상 시간의 대부분은 학교나 학원 등 학습과 관련된 활동으로 차지하고 있어 놀이를 위한 시간은 현저히 부족한 실정이다. 서울 4개 지역에서 나타난 아동놀이패턴 유형을 살펴본 연구에 따르면, 하루 1시간 정도 노는 시간을 확보한 아이들은 21%에 불과한 것으로 나타나(최이영, 2018) 아동들이 원하는 시간만큼 충분히 놀지 못함을 알 수 있다.

놀이문화

"놀이는 가장 원초적인 것이고 문화보다 앞선다. 놀이가 곧 문화이다."라고 주장한 하위징아의 견해에 따르면 문화 또한 놀이환경에 포함된다. 놀이는 혼자놀이든 집단놀이든 나와 나, 나와 타인, 나와 자연, 나와 사회 사이에서 서로 접속의 기회를 제공하며(김겸섭, 2015) '집단 정서의 형성'을 통해 '공동의식' 혹은 '공유의식'(sensuscommunis)을 갖게 한다.

가족 놀이문화

놀이는 부모와 자식 간의 깊은 정서적 유대를 일으키는 가교 역할을 할 수 있다. 활기차고 즐거운 놀이 자체가 주는 만족감과 함께한다는 기꺼운 느낌이 아이를 키우는 데서 오는 스트레스를 줄여 준다. 놀이로 아이를 키우는 양육은 친밀감, 자신감을 촉진시키며 자녀의 관점에서 자녀의 세계로 들어가는 방법을 제시한다. 아이들은 즐겁게 참여하고, 협조하며 창의적인 놀이를 통해 자신만의 세상을 만들고 새로운 경험을 탐구하고, 이해하며, 삶의 혼란에서 회복하기도 한다. 그러나 성인은 놀이하는 방법을 많이 잊었기 때문에 성인들에게 놀이가 항상 쉬운 것은 아니다. 때문에 부모와 자녀는 같은 가정에서 살지만 근본적으로 다른 세상에 사는 것처럼 보이기도 한다.

사실 부모들은 재미있게 놀 만큼 여유가 많지 않다. 일상은 스트레스와 의

무, 어려운 업무로 가득하다. 또 어떤 부모는 경쟁심이나 통제 욕구를 쉽사리 포기하지 못한다. 아이는 그냥 공을 주고받으며 놀고 싶은데 부모는 공을 정확히 던지는 법을 가르쳐 주고 싶어 안달이 난다. 아이의 집중력이 너무 짧다고 불평한다. 현대의 많은 육아서적과 육아전문가가 놀이의 중요성을 강조하여 부모들도 아이들에게 놀이가 중요하다는 것은 잘 알고 있다. 인지적 자극을 제공하는 좋은 놀잇감을 사 주고 재미있는 놀이터에 데려가 놀도록 하고 놀이 프로그램에 등록하지만, 부모들은 가족 안에서 아이들과 정말로 함께 놀이하는 것에는 익숙하지 않다. 놀이터나 친구들과 놀게는 해 주지만 부모 자신은 놀이하려 하지 않고 훈육자의 역할에 충실하려고 한다.

양육과 놀이는 모순처럼 보일 수도 있지만 조금만 신경써도 놀이를 통해 부모와 자녀가 서로의 존재를 새롭게 발견하고 함께 즐거운 시간을 보낼 수 있다. 아이들과 놀이를 하면 아이는 마음의 문을 닫거나 문제행동을 하지 않게 된다. 놀이는 부모와 아이를 결합시키고 아이에게 자신감을 주는 가장 좋은 방법 중 하나이다. 놀이육아는 시간을 정해 놓고 하는 것이 아니라 언제 어디서나 이루어질 수 있다. 놀이를 통한 육아는 물론 '놀이'이지만 그 범위는 무궁무진하다. 우는 아기 달래기부터 함께 쇼핑하기, 자전거 타는 법 가르치기, 놀이터에서 놀다가 다쳐서 우는 아이 달래기, 형제 간 싸움 말리기 등 아주 다양하다.

최근엔 코로나가 성행하여 유아부터 노인까지 누구나 마스크 쓰기가 필수인 시대가 되었다. 아이들과 외출하기 위해 부모들이 준비해야 할 필수 사항이 하나 더 추가된 것이다. 마스크가 답답하기 때문에 아이들은 벗으려 하고 안전문제로 부모들을 아이들에게 마스크를 쓰게 하기 위해서 실랑이를 벌이기도 한다. 마스크를 자꾸만 벗는 아이를 혼내 보기도 하고 엄하고 무섭게 소리를 내 보기도 하고, 이해하지 못하는 아이에게 왜 마스크를 써야 하는지 말로 열심히 설명하기도 한다. 심지어는 마스크를 쓰려 하지 않아서 외출을 아예 포기해 버리기도 한다. 이때 아빠는 마스크를 쓰지 않는 아이들만 찾아다니는 코로나 괴물이 되어서 역할놀이를 할 수 있다. 코로나 괴물을 따돌리기 위해서 뛰어 도망가고 다가온 괴물에게 들키지 않기 위해 마스크를 꼭꼭 눌러쓰는 놀이를 통해 짜증으로 가득했던 시간이 즐겁고 유쾌한 시간이 되면서 아이는 자연스럽게 마스크를 쓰게 된다. 놀이로 기분이 좋아진 상태에서 부모가 마스크 쓰기의 중요성을 이야기하면 아이는 보다 잘 이해하게 된다. 놀이는 설교도, 체벌도 없이 문제를 해결할 수 있다.

때로는 우스꽝스럽게, 때로는 유머러스하게 놀이하기 위해서는 부모들도 많은 노력과 훈련이 필요하다. 무엇보다도 우선 아이와 함께하는 놀이의 중요성을 인정하고 놀이를 받아들이는 가족 분위기가 중요하다. 놀이에 허용적인 가족 분위기가 형성될 때 아이들은 놀이를 통해 평소에는 잘 털어놓지 않는 내면의 감정과 경험을 부모에게 보여 준다. 놀이를 함께 하면서 스스로 문제를 해결할 수 있는 힘을 얻고, 무엇보다도 부모와 자녀가 깊게 신뢰하는 관계를 형성하게 된다.

학교 놀이문화

선생님으로서 어떻게 놀이를 바라보는가는 교육방식의 토대가 되고 놀이를 반영하는 것은 사회화와 발전의 과정이 된다. 선생님들이 놀이와 어떻게 연관되어 있는지를 고찰하는 것은 중요한데, 이는 가르침에서 표현되기 때문이다. 선생님들이 놀이를 어떻게 묘사하는지, 학교와 배움에 있어서 놀이의 중요성을 검토하는 것은 적절하고 흥미롭다. 놀이는 일이나 숙제 등 더 중요한 임무를 마치면 하는 일로 여겨져 왔고 놀이는 그 자체로 하나의 현상으로서 연구되어 왔으며 학습과는 관련이 없었다. 놀이를 위한 공간은 학교에서 만들어져야 하지만 아이들을 혼자 내버려두지 말고, 교육과 관련하여 놀이를 이용하고, 또한 놀이를 조직하여 학습적인 측면들이 활용될 수 있도록 해야 한다(Mead, 1995). 조기 학습과 발달에 관한 연구에서는 아이들이 놀이를 할 때 긍정적인 방식으로 학습에 영향을 미치는 것으로 밝혀졌으며

(Pramling & Samuelsson, 2001), 교사들은 학교에서 아이들이 놀이를 통해 배운다고 확신하였다(Bodrova & Leong, 2003).

학교에서 놀이가 중요하다고 하면 초등학생에게 해당되는 이야기로 여겨질 것이다. 그러나 우리나라 고등학교 현장에서 학교의 놀이가 고등학생의 생활에 어떠한 영향을 미치는지를 보여 준 실제 사례가 있다. 아현산업정보학교의 방승호 교장선생님은 국내 1호 모험 상담가이자 노래하는 교장선생님으로 유명하다. 그는 놀이와 노래로 학생들과 소통하며 '학교가 재미있을 수는 없을까?'를 오랫동안 고민해 왔다. 학교에서는 잠만 자고, 지각과 결석을 아무렇지 않게 생각하며, 교내에서 담배를 피우거나 문제를 일으키는 학생들을 보며, 혼내는 대신 기타를 치며 노래를 부르고 함께 놀이하는 것을 선택했다. 호랑이탈을 쓰고 교내를 돌아다니는가 하면 우스꽝스러운 가면, 팔씨름, 노래 등으로 소통하였다. 화장실에서 담배 피우는 학생들이 많아지자 화장실 앞에 기타와 앰프를 들고 가서 노래하였고 학생들과 금연송까지 제작하였다. 그 결과 학교에는 지각과 담배꽁초가 사라졌으며 교장실을 방문하는 학생들은 하루에 100~150명으로 늘어났다. 아이들은 점차 교장선생님에게 자신의 문제를 이야기하기 시작했다.

더 나아가, 학교를 놀이터로 만들기 위해 교장선생님은 학생들이 좋아하는 것을 파악하여 아이들이 학교를 친근하게 여기도록 하였다. 밤새도록 게임을 하고 학교에서는 잠만 잔다는 학생들의 이야기를 듣고 학교에 PC방을 설치하였다. 그리고 대회를 열어 학생들이 프로게이머를 간접 경험할 수 있도록 하며 구체적인 미래를 계획하도록 도왔다. 다양한 게임 분야로 진출할 수 있는 기회를 열어 주고 대학 진학까지 연결시켰다. 학생들은 스스로 좋아하는 게임에서 나오는 영어를 배우고, 게임을 직접 만들어 보기도 하고, 프로게이머 팀을 창단하기도 하였다(EBS, 2017).

참고 동영상: EBS 미래교육 플러스- 창의성, 키울 수 있을까?

https://youtu.be/x-u0uvlhJaA 20분 18초부터 ~

지역사회 놀이문화

놀이는 일상의 질서와는 다른 나름대로의 규칙을 따라 이루어지는 행위이면서 동시에 한정된 공간 내에서 한정된 시간 내에서만 행해지는 것이다. 놀이가 시작되면서 누렸던 자유는 놀이가 끝나면서 동시에 같이 끝나고 일상의 힘이 다시 삶을 지배한다. 놀이의 탈일상성은 축제에서 선명하게 드러난다. 축제에서 벌이는 놀이는 의식적으로 탈일상성의 최대치를 추구하는 경향을 가지고 있다. 그래서 때로는 축제에 참여한 사람들이 선명한 정도를 넘어 더 극렬하게 탈일상성을 표현하기 위한 행위도 삼가지 않는다. 신분의 상하가 뒤바뀐 역할놀이로 거지가 왕관을 쓰기도 하고, 특히 성직자와 같은 높은 지위에 있는 사람들을 조롱하고 욕하는 가치전도적 놀이 행위가 그런 예이다(이태수, 2011).

우리나라는 축제가 매우 발달한 나라로 문화관광부에 등록된 축제만 해도 수백여 가지가 넘으며, 지역별 축제가 매년 개최되고 있다. 지역축제는 광의로 해석할 때 놀이문화의 하위 범주에 속하므로 부담 없이 놀고, 먹고, 즐길 수 있음은 물론, 이와 같은 문화를 직접 체험할 수 있는 기회를 충분히 가지는 것만으로도 성공적인 축제 참여 경험이 또 다른 참여를 촉구하여 놀이문화로 자리하게 되는 것이다(신정아, 2019).

지구촌 세계 곳곳에도 그들의 지역특성과 놀이문화를 나타내는 다양한 축제들이 있다. 스페인의 유명한 축제는 투우 축제인 '산 페르민'과 토마토 축제인 '라 토마티나'가 있다. 산 페르민 축제는 나바라 지역의 팜플로나라는 도시에서 행하는 축제로 3세기 말 지역의 주교이자 도시의 수호 성자였던 산 페르민을 기념하는 데서 시작되었다. 매년 7월 6일 정오부터 7월 14일 자정까지 열리며 매일 아침 8시에 투우장으로 소를 모는 소몰이 행사가 축제의 하이라이트로 불렸다. 그러나 거리에 소가 뛰어다니는 축제의 특성상 안전상의 문제와 동물 보호 단체의 비난도 많았다. 2010년대에 동물학대 논란이 일어난 이후 소 대신 30kg의 커다란 공을 피하는 축제로 바뀌었다. 라 토마티나 축제는 매년 8월 마지막 주 수요일에 에스파냐 남동쪽, 지중해 연안 발렌시아 주의 작은 마을 부놀에서 개최된다. 이 축제가 개최되는 8월 마지막 주에는 내내 음악, 춤 공연, 거리 행진, 불꽃놀이가 펼쳐지며 축제 분위기가 이어지는데, 토마토 던지기는 수요일에 약 1시간 동안만 진행된다.

추운 지방에서는 지역적 특성에 맞추어 눈을 활용한 눈축제가 매년 진행된다. 삿포로의 도심부 오도리 공원에는 약 1.5km에 달하는 눈과 얼음의 세계가 만들어진다. 삿포로 눈축제는 1950년 삿포로의 중 · 고등학생이 6개의 눈조각을 오도리공원에 만든 것을 계기로 시작되었다. 눈싸움, 눈조각전, 카니발 등의 행사가 개최 되며, 세계 각자의 나라와 지역에서 9개 팀이 참가하여 눈조각 작품 경합을 벌이기도 한다. 또한 튜브미끄럼틀, 스노우래프팅 등 다양한 놀이시설이 마련되어 있어 남녀노소 대자연 속에서 뛰어놀 수 있는 축제이다.

제2부

놀이와 창의성

◆

아주 오래전부터 창의성에 대해서 많은 사람이 관심을 가져왔다는 증거는 다양하다. 멀게는 고대 그리스 시대 철학자, 예술가들의 창의적인 예술에 대한 심미적 논의부터 가깝게는 건축이나 공학 분야의 창의적 산출에 이르기까지 그 역사는 길다. 그러나 여전히 창의성이 무엇인지, 그 개념을 정의함에 있어서는 의견이 분분하다. 이 부에서는 먼저 창의성에 대한 이해와 오해, 창의적인 사람과 잘 노는 사람의 특징에 대하여 살펴보고, 놀이와 창의성 그리고 뇌 발달 및 창의성 증진을 위한 다양한 방법을 고찰하여 놀이와 창의성의 관계에 대해 살펴보고자 한다.

Play Revolution and Creativity

제5장

창의성의 이해와 오해

창의성이란

창의성에 대한 관점은 역사적으로 르네상스 이전과 이후 그리고 19세기 이후로 나눌 수 있다. 르네상스 이전의 사람들은 창의성에 대해 '신비스러운 것, 초인적인 것, 신에게 부여받은 선물'이라고 정의내리며(이경화, 유경훈, 2015), 인간의 노력이 아닌 선택받은 누군가만이 가질 수 있는 독특한 초인적인 힘이라는 관점에서 창의성을 논하였다. 이 시기의 창의성에 대한 정의는 당시 문화적 영향을 받은 것으로 다양한 종교적 영향에서 비롯된 것이 많았다. 르네상스 이후의 창의성은 인본주의의 영향으로 인해 '인간이 타고난 재능'으로 보는 견해가 많았으나, 문헌상에 창의성이라는 단어가 직접적으로 사용된 경우는 드물었으며, 근대에 이르러 창의성에 대한 본격적인 논의가 시작되었다.

창의성에 대한 과학적 관심은 1950년 미국심리학회(APA)회장 길퍼드(Guildford)가 수행한 창의성에 대한 기조연설을 시작으로 많은 학자에 의해 연구되면서 시작되었다. 이후 창의성은 심리학, 인지과학, 교육, 철학, 신학,

사회학, 언어학, 경영학, 경제학 등 여러 학문 분야에서 연구되어 왔다.

그러나 1950년 이래 창의성에 대한 연구가 많이 수행될수록 더 많은 개념이 혼돈 속에서 표류하게 되었다. 이런 혼돈을 정리하기 위해 창의성에 관심을 갖는 사람들과 연구하는 학자들은 '창의성'이라는 용어의 실체를 파악해 보려고 노력하고 있다(이윤옥, 2013). 산업혁명 이전과 이후 그리고 현대사회에서의 창의성이란 용어는 시대에 따라 다양하게 해석되고 있다. 21세기에는 더 많은 사람이 문화와 문화 간에 다리를 놓고 다문화를 이해하고 해석하기 위해 창의성이라는 단어를 그 어느 때보다 빈번하게 사용하고 있다.

지금까지 창의성이라는 개념의 혼재 이유는 창의성을 연구하는 사람들의 불분명한 용어 사용, 개념과 정의를 혼동해 사용하는 것에서 기인한다고 볼 수 있다. 아주 오래전부터 인간이 갈망하는 최고의 요소인 창의성이 다양한 사회 및 문화와 충돌하고 격변하면서 나타나는 개념의 혼란은 어쩌면 극히 당연한 일일지도 모르겠다. 이러한 혼동 속에서 사용되는 창의성과 관련된 용어와 개념을 명확히 하여 올바른 창의성 개념을 정립해야 할 것이다.

Worksheet

창의성에 대하여 어떻게 생각하고 있는가?
'창의성'하면 떠오르는 모든 것을 적어 보자.

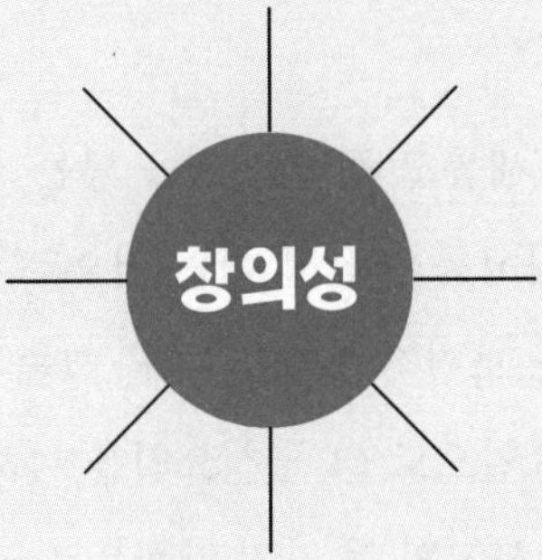

창의성의 개념

창의성(creativity)은 일반적으로 새로운 생각이나 개념을 찾아내거나 기존에 있던 생각이나 개념들을 새롭고 적절하게 조합해 내는 것과 연관된, 정신적이고 사회적인 과정을 의미한다. 여기서 '새롭다'는 것은 지금까지,는 존재하지 않았던 독창적인 것을 의미하고, '적절하다'는 것은 만들어 낸 것이 무엇이든 간에 그 목적이나 의도에 적절해야 한다는 것이다. 이와 같은 개념에 근거하여 학자별로 다양하게 제시된 창의성에 대한 정의를 살펴보면 다음과 같다(박인영, 2018; 전경원, 2010).

길퍼드

길퍼드는 '창의성'이란 '새롭고 신기한 것을 낳는 힘'을 일컫는다고 보았다. 즉, 창의성이란 새로운 사고를 생산해 내는 것으로, 정도의 차이는 있을지라도 모든 사람이 공유하는 보편적인 개념이다. 그는 창의성을 지적 특성으로 이해하고, 창의적 사고 요인으로 그 구성요인을 논하였다. 또한 인간의 사고를 수렴적 사고와 발산적 사고의 두 가지 양식으로 구분하고 창의적 산출물은 특정한 문제에 대한 발산적 사고와 동일한 것으로 간주했다. 그는 창의적 사고에 대한 연구의 결과로 창의적 사고를 유창성, 융통성, 독창성, 정교성, 민감성의 재정의 및 재구성으로 보았다.

그가 말하는 '유창성'이란 문제를 유창하게 대처해 나가는 능력이고, '융통성'이란 다양한 시각으로 볼 수 있는 능력을 의미하며, '독창성'이란 과거의 것과는 다른 새로운 방법으로 문제를 해결할 수 있는 능력을 의미한다. 또한 '정교성'이란 문제를 자세하게 설명하는 능력이다. 길퍼드는 창의적 산물과 사고를 위해서 앞의 것 중 어느 하나도 중요하지 않을 것이 없으며, 이를 실제적으로 창의적인 문제해결을 하는 데 사용하는 것이 중요하다고 하였다.

토런스

토런스(Torrance)는 창의성이란 '새롭고 독특한 아이디어, 다른 관점, 문제를 새로운 시각으로 보는 것'이라고 보았다. 그리고 '창의적 사고'란 '어려움과 문제를 감지하고 정보에서 틈을 찾아내며 빠진 요소나 잘못된 무엇인가를 찾아내, 이러한 결함에 대해 추측하고 가설을 평가하고, 검증하며 이것을 재수정하고 재검증하며 마지막으로 알리는 과정'이라고 논의하였다.

매닉

매닉(Mednick)이 제안한 연합 창의력이론(Theory of associative creativity)에 의하면 창의성이란, 서로 다른 2개의 아이디어를 특정한 요구를 충족시키거나, 유용한 방식으로 새롭게 조합하는 사고과정이다. 이 이론에 의하면 조합된 2개의 아이디어의 연합강도가 낮을수록 더 창의적인 사고라 본다.

매슬로

매슬로(Maslow)는 창의력을 '특별한 재능의 창의력'과 '자기실현의 창의력'으로 설명한다. 전자는 사회적으로 가치를 갖는가의 여부로 평가되며, 과학자, 예술가, 발명가 등의 특별한 사회적 수준의 창의성을 일컫는다. 후자는 그 사람 개인에게 있어 새로운 가치가 있는가의 여부가 기준이 되는 개인적 수준의 창의성을 의미한다.

로저스

로저스(Rogers)는 창의성의 핵심을 새로움으로 보았지만, 새로움을 판단할 절대적인 기준은 없다고 보았다. 로저스가 살았던 시대는 개인의 자발적이고 상상력이 주체적인 사고보다는 다수에의 순응을 더 강조하였는데, 이러한 시대적인 환경 속에서 그는 다양한 선택에 개방적이고, 유연하면서 서로 다른 개인 간의 차이를 존중하는 사람을 창의적인 사람으로 보았다. 창의적인 사람에 대비되는 개념으로서 '순응자'는 닫혀 있고, 사고에 있어 완고하고 융통성이 없으며, 자신의 지식 또는 능력을 이용하여 분별하려 하지 않고 지도자를 따르는 특성을 가지고 있다고 보았다.

이처럼 창의성은 다양한 방식으로 정의되어 왔으나, 이를 종합하여 공통점을 찾아보면 일반적으로 창의성이란 '새롭고 적절한 것을 생성해 낼 수 있는 능력'이라고 정의될 수 있을 것이다.

창의성에 대한 오해*

창의적인 산출물을 만들어 내는 것은 성인이나 신만이 할 수 있는 일인가? 일반인도 할 수 있는 것인가? 서구 문명권에서는 성인이나 신만이 창작을 할 수 있다고 믿었던 시대가 있었는데, 이 시대에 창의성을 발휘하는 것은 신만이 가능한 것으로 간주하였다. 따라서 창의성을 발휘하면 천기를 누설하게 되므로 신의 시샘을 받는다고 생각해 왔다.

이처럼 창의성은 인간의 정신적인 능력 중 하나로 이해되기 시작할 때부

* 이 장의 창의성에 대한 오해에 대한 설명은 전경원(2010)의 『창의력 측정』을 기반으로 작성되었다.

터 신비롭게 여겨졌다. 그 이후 현대로 들어서고 창의성에 대한 연구가 진행됨에 따라 이러한 신비의 베일이 벗겨지기 시작했지만, 아직도 창의성에 대한 오해는 남아 있다. 이삭센(Isaksen), 토런스(Torrance), 르뵈프(LeBoef), 웨이즈버그(Weisberg)는 창의성에 대해 일반적으로 가지고 있는 오해에 대해 정리하였는데, 이들이 공통적으로 언급하고 있는 창의성에 대한 오해는 다음과 같다(전경원, 2003).

창의성은 소수의 영재에게서만 나타나는 것인가

창의성에 대한 또 다른 오해는 창의성이 뉴턴이나 아인슈타인처럼 소수의 영재들에게만 나타난다고 생각하는 것이다. 창의성이란 인간의 매우 자연스러운 부분 중 하나이다. 즉, 모든 인간은 창의성을 가지고 있는데 천재들만이 창의성을 가지고 있는 것처럼 생각하기 쉽다. 창의성이란 인간의 재능으로, 모든 사람에게 필요한 것이고 모든 사람에게 나타나는 심리적 구인이다(전경원, 2010).

읽어 봅시다

천재들의 재능 중에 하나가 IQ 테스트로 측정되는 높은 지능(intelligence)인데, 20세기 초 미국의 심리학자 터먼(Terman)의 학생 콕스(Cox)는 과거의 위인 301명의 IQ를 추정한 결과 그 평균이 160이 넘는다고 주장했다. 독일의 문호 괴테의 IQ가 210으로 가장 높았고 파스칼이 195, 뉴턴과 존 스튜어트 밀의 IQ가 190에 달했다. 위인이나 천재가 되려면 최소한 IQ가 150은 넘어야 한다는 속설이 여기서 나왔다. 그렇지만 콕스의 연구는 이미 사망한 지 오래된 위인의 IQ를 그들이 보인 뛰어난 재능과 창의적 업적을 기반으로 거꾸로 산출했다는 문제가 있었다. 즉, IQ가 높아서 위대한 업적을 낸 것이 아니라, 위대한 업적을 낸 이유 때문에 IQ가 높게 추정되었던 것이다(Cox, 1926).

역설적으로, IQ와 창의성의 관계는 콕스의 연구를 지도한 터먼에 의해서 부정되었다. 그는 IQ 140이 넘는 미국의 청소년 1,500명을 뽑아서 20년이 넘게 관찰했다. 아이러니하게도 이 연구는 1,500명의 대상 중 단 1명도 '창의적인' 사람이 되지 못했다는 결과를 보여 주면서 IQ와 창의성에 대한 논란에 종지부를 찍었다. 반도체를 발명해서 노벨 물리학상을 탄 쇼클리(Shockley)가 소년이었을 때 IQ 140이 안 된다고 터먼의 관찰 그룹에 끼지 못한 일화는 유명하다. 1960년대 미국의 저명한 창의적 과학자 130명을 조사한 결과는 이들의 평균 IQ가 126임을 보여 주었다. 창의적인 업적을 내는 과학자가 되기 위해서 IQ가 140이나 150이 될 필요는 없다는 것이다.

요즈음의 연구자들은 대략 다음과 같은 몇 가지에 동의한다. 첫 번째로, IQ로 측정되는 능력이 수업을 잘 따라가고 주어진 문제를 잘 푸는 지적 능력이라면, 창의성은 새로운 문제를 만들고 이를 찾아내서 해결하는 능력에 가깝기 때문에 IQ 테스트는 개개인의 창의성을 충분히 측정하지 못한다는 것이다. 특히 어린이나 청소년을 대상으로 IQ 테스트만 사용해서 이들의 창의성을 가늠하려 한다면, 우리는 어떤 집합을 잡아도 70%의 창의적인 아이들을 제외하는 결과를 낳을 것이다. 두 번째로, 그럼에도 불구하고 창의적인 사람의 대부분은 평균보다 높은 IQ를 지니고 있다는 것이다. 물론 여기에도 예외가 있지만 대부분의 창의적인 사람이 IQ 120이 넘는 사람들 중에서 발견된다는 것은 밝혀진 사실이다. 세 번째로, 분야에 따라 작은 편차가 있지만, IQ가 120을 넘으면 그 다음부터는 IQ와 창의성 사이에 단선적인 비례나 인과 관계가 없음을 보여 주고 있다. IQ가 150인 학생이 IQ가 120인 학생보다 더 창의적인 사람으로 성장하리라는 근거가 없다는 것이다.

이러한 결과는 IQ 테스트로 모든 학생의 능력과 창의성을 재단하려

하는 우리의 교육 풍토에 시사하는 점이 많다. 최근에 '다중지능이론' 같은 새로운 이론이 사회에 확산되면서 IQ로 모든 가능성을 재단하려는 태도는 조금 수그러들었지만, 아직도 우리 사회에는 IQ를 평가의 준거로 절대적으로 믿는 태도가 만연해 있다. 중요한 것은 IQ가 최고가 아니더라도 사회의 각 분야에서, 심지어 과학 분야에서도 창의적인 사람이 되는 것이 얼마든지 가능하다는 사실을 인식하는 것이다.

출처: 이일하, 주경철, 홍성욱, 김지현(2012). 창의성 함양을 위한 대학 융합교과목 〈대학 창의성〉 개발 [RR1012-17-398]. 서울: 한국교양기초교육원.

창의성은 배울 수 없는 것인가

어떤 사람들은 창의성이란 신비한 것이므로 배울 수 있는 성질의 것이 아니라고 생각한다. 그러나 토런스, 길퍼드 등이 주장한 것처럼 어느 정도의 창의성은 배울 수 있다. 토런스는 다양한 실험 연구를 분석한 결과 창의성은 배울 수 있는 것이고 가르칠 수 있는 것이라고 결론지었다.

창의성은 곧 발산적 사고인가

창의성은 상상력, 지적인 능력, 추론 능력을 요하고 있는 복합적 사고 능력이다. 그래서 학자들은 창의성이 곧 발산적 사고라고 둘은 동일시하는 것에 대해 반대하고 있다. 즉, 창의성을 협의의 의미로 받아들여 발산적 사고로 국한시켜 이해해서는 안 된다. 창의성을 과정 중심으로 정의한 토런스는 창의성의 산출물의 질적인 측면에 대하여 논의할 때는 발산적 사고 그 이상의 요소들을 포함시켜야 한다고 했다. 흔히 발산적 사고의 질적인 측면으로 유창성, 융통성, 독창성, 정교성 등을 말하지만, 이런 요소 이외에 유머, 공상, 심상의 다채로움과 풍요로움, 진기한 시각화, 내적 시각화, 동작, 명료하게 이야기하는 것 등 다양한 질적인 요소를 고려해야 할 것이라고 했다.

완전히 새로운 것인가

'지구상의 어느 것도 완전히 새로운 것은 없다'고 한 것처럼 창의적인 것은 완전히 새로워야 한다는 것 역시 창의성에 대한 오해 중 하나이다. 창의적인 사고라 할지라도 다른 사람의 아이디어나 산출물을 이용하지 않은 것은 없다.

지구상에 완전하게 새로운 아이디어가 있을까? 우리가 지금 브레인스토밍을 비롯한 다양한 창의적 기법을 총동원하여 생각해 내는 모든 아이디어는 이미 누군가 오래전에 생각해 냈던 아이디어일 수도 있다.

창의적인 사람은 대작을 남기는가

[그림 5-1] 에디슨

많은 사람이 창의적인 천재들은 별안간 아이디어가 떠올라 대작을 남기게 되며, 실패는 절대로 하지 않을 것이고, 그들은 무엇을 어떻게 해야 하는지 너무나 잘 알고 있어 요행을 바라지도 않을 것이라고 믿는다. 그러나 실제로 창의적인 천재들도 실수를 한다. 피카소와 같은 천재도 실패를 거듭하면서 대작을 완성하게 되었다고 한다. 에디슨도 전구를 완성하기까지 수많은 실패를 거듭하였고, 심지어 '실패는 성공의 어머니'라는 말을 남기기까지 한 것을 보면, 천재로 평가받는 위인들 역시 실패와 거리가 멀다고는 볼 수 없다.

창의성은 정신이 이상한 것인가

창의성이란 광기 어린 것으로 보이기도 했다. 예컨대, 창의적인 사람을 매우 괴팍한 성격의 소유자로서 신체의 일부를 절단하거나 약물을 복용하거나 심지어 자살을 하게 된다고 보기도 한다. 이렇게 창의적인 사람은 매우 부정적으로 비정상적이라고 보이고 있으나, 실제로 창의성이란 지극히 정상적인 개념으로 정신 건강에 도움이 된다고 할 수 있다. 이런 오해는 프로이트의 정신분석학 연구에서 기인하고 있는데, 정신분석학에서는 창의성을 일종의 노이로제와 관련지었다. 그러나 이러한 오해는 창의성 연구자들에 의해 불식되었다.

노력을 하지 않아도 창의적인 생각이 떠오르는가

창의성은 공적인 수준의 창의성을 발휘하는 천재들조차도 무한한 노력의 결실로 얻는 것이다. 흔히 창의적인 사람들에게서는 마치 마법의 샘처럼 아이디어가 쉽게 쏟아져 나오는 것으로 여기기 쉬운데, 이들도 엄청난 노력을 기울인다. 사실 창의적 사람들에게 번뜩이는 아이디어가 섬광처럼 떠오르는 순간은 창의적인 산출물이 나오는 기나긴 과정에서 매우 짧은 부분을 차지한다고 할 수 있다. 번뜩이면서 스쳐 갔던 아이디어를 창의적인 물건, 연구물들로 구체화시키기 위해서는 오랫동안 뜸을 들이면서 몰두해야 하고, 때로는 평생 동안 매달려 씨름을 하기도 한다.

이런 예들을 종합해 보면 다윈, 에디슨, 피카소 등도 아이디어가 갑자기 떠올랐다기보다는 그 아이디어가 떠오르기 전에 오랫동안 사고를 하는 노력이 필요했다는 것을 알 수 있다. 공적인 수준이나 사적인 수준이나 그 정도의 차이는 있지만 많은 노력을 통해 산출물이 나오게 되는 것이다.

전문가만이 창의성을 발휘하는가

전문가만이 창의성을 발휘하는 것은 아니다. 물론 공적인 수준에서는 어느 정도의 전문 지식과 경험을 요할 수도 있지만, 특히 사적인 수준의 창의성에는 더욱더 그렇기 때문에 아마추어도 창의성을 발휘하게 된다. 역사적으로도 어떤 특정 분야에 전문가가 아닌 사람이 해낸 창의적인 업적이 많다. 브레인스토밍을 창안한 오즈번(Osborn)은 브레인스토밍을 할 때 반드시 주제와 전혀 관련 없는 비전문가나 준전문가를 포함시키라고 제안한다. 이는 전문가들이 지나치게 자신의 분야에 빠져 있어서 참신한 시각으로 문제를 해결하기 어려울 수 있다는 것을 고려한 것이다. 어떤 경우에는 특정 주제에 대해 전혀 모르는 사람이 의외로 문제를 해결할 수도 있다.

창의성은 무엇으로 이루어지는가

앞서 창의성 개념에서 다루었듯이, 창의성은 한 가지로 명확하게 설명될 수 없는 복잡한 특성을 가지고 있기 때문에 많은 연구가 창의성이 어떤 범주에서 접근되는가에 관해 설명하려고 노력해 왔다.

칙센미하이(Csikzentmihalyi)는 창의성이 일종의 정신활동으로서 특정인의 머릿속에서 일어나는 통찰력이지만, 새롭고 가치 있는 사고나 행동으로 창의성을 모두 정의하는 것은 지나친 단순화임을 언급하였다. 어떤 사람이 자신이 낸 아이디어가 스스로 창의적이라고 주장한다고 해서 무턱대고 그 사람의 아이디어가 모두에게 인정받는 것은 아니기 때문이다.

결국 창의성은 사람의 머릿속에서 우연히 생겨나는 것이 아니라, 사람들의 생각과 사회문화적인 배경 사이에 상호관계에 의해 형성되며, 그것은 개인의 능력이라기보다는 하나의 체계인 것이다.

이처럼 창의성이 단순히 하나의 체제로 설명되기 어렵다는 것이 드러나며, 대표적인 연구자인 로즈(Rhodes)는 64개의 창의성 정의를 분석한 후 이들을 개인(Person), 과정(Process), 산출물(Product), 환경(Place)이라는 'P'로 시작하는 네 가지 줄기(strands)로 범주화하였다(Rhodes, 1961). 이는 흔히 창의성의 4P라고 불리며, 많은 연구는 이러한 창의성의 네 가지 줄기에 기초하여 접근되었다(조연순, 정지은, 2012). 이러한 4P는 서로 밀접하게 연결되어 있는 것으로, 창의적인 산출물이란 창의적인 사람이 창의적인 과정을 통해 얻은 결과물이며, 이 모든 것은 창의적인 환경에 의해 지원받을 때 가능한 것이다.

창의성을 구성하는 네 가지 요소는 다음 [그림 5-2]과 같다.

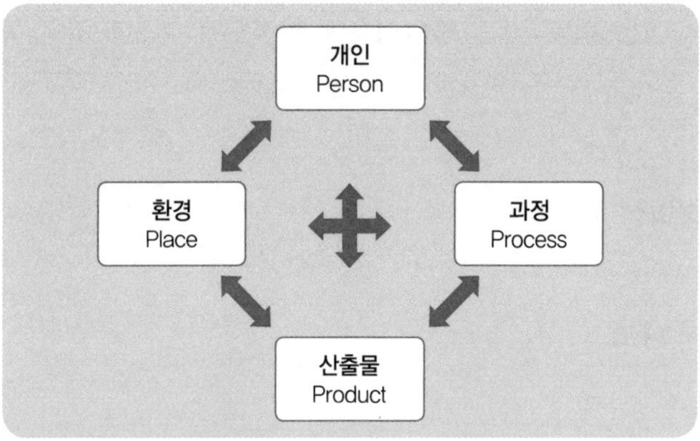

[그림 5-2] 창의성의 구성요소(4P)

출처: 미하이 칙센미하이(2003). 창의성의 즐거움(노혜숙 역). 서울: 북로드.

개인

개인은 창의성을 발현시키는 근원이며 존재이다. 개인은 주어진 영역의 상징을 이용해서 새로운 사고나 양식을 발전시키거나 만들어 낸다. 이러한 개인의 새로운 사고나 양식은 현장에서 평가를 받고 영역에 포함될 때 비로소 창의성이 발현되었다고 말할 수 있다. 새롭게 영역에 포함된 상징체계는 다음 세대가 익히게 되고 새롭게 포함된 영역이 창의적이라면 다음 세대에는 더욱 발전할 것이다.

이처럼 개인적인 측면으로 창의성을 접근하게 되면, 영유아의 유창성, 독창성, 혹은 사고 기술의 신장과 같은 인지적 측면이나 학생들의 호기심, 상상, 인내, 모험심의 정의적 측면에 초점을 둘 수 있다. 개인-인지적 측면으로 창의성을 접근하는 예로는 토런스에 의해 개발된 창의적 사고 검사(Torrance Test of Creative Thinking: TTCT)를 통해 학생의 유창성, 독창성, 추상성, 정교성 등을 측정하는 것이나 브레인스토밍이나 마인드맵과 같은 사고 기술을 활용하는 것을 들 수 있다(Torrance, 1974).

이처럼 개인적인 측면에서의 창의성은 인지적 창의성과 정의적 창의성으로 설명될 수 있으며, 각각의 창의성은 보편적으로 다음과 같은 하위 요소를 지닌다.

인지적 창의성

① 확산적 사고

• 유창성

유창성(fluency)은 문제 상황에서 많은 아이디어를 재빨리 도출해 낼 수 있는 능력을 뜻한다. 선택의 여지가 많을수록 좋은 것을 고를 수 있는 기회가 많아지므로 유창성은 질보다 양의 문제라 할 수 있다. 즉, 창의적 사고의 궁극적인 목적이 독창적이고 질적으로 우수한 사고를 내는 데 있긴 하지만 우선은 사고과정에서 한계를 정하지 않고 가능한 한 양적으로 많은 산출을 내는 것이 선행되어야 한다는 것이다. 그러나 양만 많다고 무조건 좋은 아이디어가 나온다는 보장은 없기 때문에 유창성은 창의적 사고의 비교적 초기 단계에 요구되는 기능이라 할 수 있다.

유창성 기르기

- 특정한 사물과 관련된 것 자유롭게 떠올리기
- 특정한 문제 상황에서 해결방안을 가능한 한 많이 제시하기
- 어떤 대상(도형, 언어)이나 현상들로부터 가능한 한 많은 것을 연상하기

• **융통성**

융통성(flexibility)은 고정된 사고방식이나 시각을 변화시켜 다양한 각도에서 해결책을 찾아내는 능력을 말한다. 즉, 시간적으로는 과거, 현재, 미래를 뛰어넘어 다양한 각도로 현상을 파악할 수 있는 능력으로 고정적인 기존의 경직된 사고의 틀을 벗어나 유연한 사고를 요하는 능력이다. 고정관념에서 벗어나 발상 자체를 전환하는 것은 정답이 있지 않은 일상생활의 복합적인 문제 상황에서 특히 요구되는 것으로 융통성 있는 사고의 관건이 된다.

융통성 기르기

- 결과로부터 거꾸로 생각하기
- 기존과 다른 수단으로 표현하기
- 사물이나 현상의 속성별로 생각하기
- 서로 관련 없는 사물이나 현상들 간의 관련성 찾기

• **독창성**

독창성(originality)은 기존의 것과 다른 새롭고 특별나고 기발한 아이디어를 산출하는 능력을 의미한다. 즉, 남들이 생각하지 못한 참신한 나만의 것을 생각해 내는 것이다. 창의적 사고의 이상적 목표는 이와 같이 사고의 독창성을 추구하는 데 있다. 이러한 사고는 기존의 사고방식이나 다른 사람들의 문제해결방식으로부터 벗어나서 자기만의 독특한 아이디어를 산출하고 문제해결방안들을 구안하려는 의식적인 노력에 의해 가능하다.

독창성 기르기

- 다른 사람과 같지 않은 것을 생각하기

- 기존의 생각이나 사물의 가치를 부정하고 생각해 보기
- 기존의 생각을 새로운 상황에 적용하여 생각해 보기

• **정교성**

정교성(elaborativeness)은 아이디어나 사물을 세밀하고 구체적으로 관찰해서 흥미롭고 유용한 세부 요소들을 가미함으로써 가치 있고 실용적인 것으로 발전시키는 능력을 말한다. 즉, 다듬어지지 않은 기존의 아이디어를 보다 치밀한 것으로 발전시키는 능력이다. 처음에 생각해 낸 아이디어는 정교성이 낮을 수 있지만, 이 아이디어를 보다 새롭고 구체적이고 완벽한 것으로 다듬어 가는 과정을 통하여 유용한 아이디어로 발전하게 된다. 따라서 정교성은 창의적 사고의 마지막 단계에 필요한 요인이라 할 수 있다.

정교성 기르기

- 어떤 일을 하면서 혼잣말하기
- 주변의 사물을 보면서 분류하고 결합해 보기
- 생각이나 아이디어 형성과정을 상세하게 나타내기
- 은연중에 떠오르는 거친 수준의 생각을 구체화하기

② 수렴적 사고

수렴적 사고는 생산해 낸 아이디어를 사용 가능한 구체적인 아이디어로 평가하고 발전시켜 가는 것을 의미하며 다음의 논리 및 추론, 비판 및 평가, 분석, 종합의 요소로 이루어진다.

• **논리 및 추론**

어떠한 사실이나 상황의 옳고 그름과 좋고 나쁨을 가려내는 능력을 의미한다.

• **비판 및 평가**

경험적 증거나 타당한 논리를 근거로 사고의 전개에 있어 선후관계가 일치하도록 하는 능력을 의미한다.

• **분석**

언뜻 보기에 하나처럼 동일해 보이는 개념이나 사물을 그 속성이나 요소로 분해하여 이해하는 능력을 의미한다.

• **종합**

나열되거나 대립되어 있는 사물의 개념을 통일해 하나의 의미로 정립하는 능력을 의미한다.

최근의 창의성 연구자들의 공동된 견해는 확산적 사고와 수렴적 사고가 자전거의 두 바퀴처럼 서로 상보적으로 작용한다는 것이다. 즉, 확산적 사고가 새로운 아이디어 생성을 위해 필요하다면 수렴적 사고는 산출물의 새로움(독특함)과 적절성(유용성)을 판단하거나 평가하고, 문제점이나 부족한 점을 발견하여 더 새롭고 적절한 아이디어를 생성하는 데 필요한 사고라 할 수 있다(곽현주, 박찬옥, 서동미, 엄은나, 조형숙, 지성애, 2017).

Worksheet

나의 확산적 사고를 알아보자. 다음의 그림을 완성해 보자.

몇 개의 칸을 채웠나요? ________

친구들과 서로의 그림을 비교해 보세요.

정의적 창의성

① 성향

• 민감성

민감성은 주변의 환경에 대해 예민한 관심을 보이고 이를 통해 새로운 탐색 영역을 넓히려는 성향이나 태도이다. 동일한 대상을 보고도 사람마다 서로 다른 생각을 갖는 것은 사람마다 각기 다른 인식체계를 가지고 있기 때문이다. 그러나 만약 인식체계가 동일하다면 그 차이는 민감성에 의해 결정된다. 민감성은 일상생활에서 접할 수 있는 문제나 주위 환경에 대해서 세심한 관심을 갖게 하고, 당연히 여겨지는 것에 대해서도 의문을 제기하며 생각해 보는 능력이나 사물 또는 현상에 대해서 호기심을 갖고 끊임없이 질문하는 태도로 새로운 발견의 기초가 된다.

• 개방성

개방성은 경험에 제한 없이 새로운 경험이나 생각을 기꺼이 수용하려는 능력으로, 다양한 경험을 받아들이고 한계나 제한으로부터 벗어나 모든 가능성을 수용하려는 성향이나 태도이다. 열린 마음으로 새롭고 다양한 경험을 접할 때 고정관념에 빠지지 않고 사물을 다양하게 보는 능력이 생긴다. 따라서 개방적인 성향을 가진 개인일수록 융통성이 높아 창의적 사고가 가능해진다.

② 동기

• 호기심

호기심은 실패할 가능성을 무릅쓰고 위험을 감수하며 하고 싶은 것을 하려는 성향이다. 새로운 상황을 회피하기보다 불확실한 결과에 도전의식을 가지고 부딪히는 성향으로 문제 상황에 봉착했을 때 어려움에 좌절하지 않고 도전할 수 있게 하는 원동력이 되며 이는 창의적 사고의 기회를 높여 준다.

• **인내심**

인내심이란 불확실함을 견디며 끝까지 포기하지 않는 성향이나 태도로 자신이 성취하고자 하는 일에 전념하여 몰두하는 것을 의미한다. 애매모호한 상황을 잘 참아 내면서 어려운 상황이나 문제를 피하지 않고 과제가 해결될 때까지 포기하지 않는 태도에서 창의적 사고가 가능하고 새로운 발견에 이르게 된다.

과정

과정과 관련된 창의성 연구들은 창의성이 어떻게 발생하는지에 초점을 맞춘다. 창의성이 매우 특별한 사람들에게서만 발휘되는 것이라 보는 입장에서는 창의적인 과정은 가르칠 수 없는 것인 반면, 창의성이 모든 사람에게 존재한다고 보는 입장에서는 창의적인 과정은 훈련시킬 수 있고, 그에 따라 창의적인 과정이 계발된다고 본다. 특히 오즈번을 중심으로 하는 이러한 창의적 과정 훈련은 대학은 물론 기업체와 군대에서도 널리 보급되고 실시되었으며, 효과가 입증되었다(전경원, 2010).

과정에 초점을 맞춘 대표적인 이론은 문제해결과정을 통찰의 과정으로 설명하면서 준비, 부화, 조명, 검증의 4단계로 제시한 월러스(Wallas, 1926)의 '문제해결과정' 이론이다. 월러스는 창의적 사고를 하는 단계를 제시하면서 창의적인 과정이란 '문제를 지각하고, 자료를 수집하는 준비기를 거쳐, 마음속에 항상 문제에 대해 생각하고 있는 부화기에 이르며, 순차적으로 새로운 아이디어가 떠오르는 조명기에서 최종 아이디어를 검증하는 검증기에 이르는 일련의 단계를 거치는 것'이라고 정의하였다.

이후 창의성과 문제해결의 두 개념을 병합한 '창의적 문제해결(Creative Problem Solving: CPS)'모형 또한 여러 수업에서 사용되고 있다. 이에 따르면 창의적 문제해결력의 과정은 매우 다양하지만 다음과 같은 5단계로 제시될 수 있다.

1단계 사실 발견: 문제와 관련된 사실적인 것들을 인식하기

⬇

2단계 문제 발견: 1단계에서 찾아본 사실을 검토하고, 상황을 다양한 시각으로 보며, 실질적인 문제와 하위문제 인식하기

⬇

3단계 아이디어 발견: 결정을 유보하고, 가능한 한 많은 아이디어를 산출하여 대안 세워 보기

⬇

4단계 해결책 발견: 아이디어를 평가하여 문제를 해결하는 데 가장 가능성이 높은 해결책을 결정하기

⬇

5단계 수용: 행동개시를 위한 구체적인 계획 및 문제 예상하여 검토하기

[그림 5-3] CPS모형의 창의적 문제해결을 위한 5단계

산출물

창의적 산출물을 중요하게 보는 입장에서는 창의성이란 궁극적으로 창의적 산출물을 만들어 내는 데 그 의의가 있다고 여긴다. 따라서 산출물을 중요하게 여기는 연구자들은 만들어진 산출물이 창의성을 드러내는 것으로서 셀 수 있으며, 양적인 객관성을 고려될 수 있고 보거나 판단이 가능하기 때문에 창의성을 대체로 신뢰롭게 측정할 수 있게 해 주는 기준이 된다고 믿는다 (Kozbelt et al., 2010).

이와 같은 산출물은 형체가 있는가 없는가에 따라 유형과 무형으로 구분된다. 유형 산출물은 형체가 있는 것으로 건축물, 책, 조각, 그림 등이 포함되며, 무형 산출물은 과학이론, 리더십, 무용, 음악, 공예 기술 등 물질적 형체가 없는 산출물로 여겨진다.

창의적 산출물을 강조한 초기 연구로는 로즈(Rhodes, 1961)의 독창적 유형의 산출물 연구를 들 수 있으며, 창의성의 평가 부분에서도 다루어졌다. 가장 활발하게 사용되는 산출물 평가인 애머빌(Amabile)의 합의사정기법(Consensual Assessment Technique: CAT)은 전문가들이 창의적이라고 합의한 정도에 따라서 창의성을 평가하는 기법이다(Amabile, 1983).

이처럼 많은 학자는 누군가 만든 유형, 무형의 산출물이 창의적인지 알아보기 위하여 나름대로 산출물을 측정하기 위한 평가 기준을 제시하고 있으며, 학자들의 견해를 정리해 보며 창의적인 산출물의 기준을 주로 신기성(novelty), 적절성(appropriateness), 대중성(popularity)의 정도에 따라 산출물의 창의성을 평가하고 있다(전경원, 2003). 이에 대해 살펴보면 다음과 같다.

- **신기성**

창의적인 산출물의 기준을 분석해 보면 많은 사람이 창의적인 산출물이라고 생각하는 유형, 무형의 결과물에는 보통의 것과 다른 새로움이 있다. 음식을 먹거나 영화를 볼 때도 우리는 작품을 평가한다. 생활 속에서 나름대로의 잣대로 모든 것을 평가한다. 그 평가의 기준은 각기 다를 수도 있지만, 유독 왜 그 특정한 대상이 더 마음에 끌리는지에 대한 이유가 있을 것이다. 과거의 것과 다른 색다른 면이 있기 때문일 것이다.

이러한 신기성은 두 가지 다른 의미를 가지고 있는데, 하나는 사적인 신기성이고, 또 다른 한 가지는 공적인 신기성이다. 사적인 신기성이란 한 사람 개인에게 매우 새로운 것이고, 공적인 신기성이란 모든 사람에게 매우 새로운 것을 의미한다.

• **적절성**

산출물을 평가할 때 새로운 것, 즉 신기성만으로는 산출물의 충분한 기준이 되기는 어려울 것이다. 신기성은 창의적인 산출물의 필요조건일 뿐 충분조건은 되기 어렵다는 것이다. 창의성은 새로운 것을 만들 때 어떤 목적이 있는데, 이러한 목적성뿐만 아니라 창의적인 산출물이 초기의 목적에 부합하는지에 대한 적절성, 타당성 등이 중요하다.

• **대중성**

창의적 산출물의 보급과 지속력을 결정하는 것은 아마 대중성(popularity)일 것이다. 대중성은 일반 대중이 친숙하게 느끼고 즐기며 좋아할 수 있음을 의미한다. 즉, 수많은 사람이 공감하여 널리 부를 수 있는 대중가요, 많은 사람이 감상하기 원하는 영화 등과 같이 많은 사람에게 널리 보급되어 애용되고, 애창되는 그런 산출물이어야 창의적인 산출물이라 할 수 있다는 것이다.

물론 처음에는 신기성만으로도 소수의 사람에 의해 창의적인 산출물로 평가받을 수 있겠지만, 역사 속에서 참된 산출물로 남기 위해서는 대중성이 있어야만 가능할 것이다.

사회 · 환경

창의성을 연구하는 학자들은 창의성을 극대화 시킬 수 있는 환경 조성에 많은 관심을 기울여 왔다. 최근에는 환경적인 요소가 창의적인 사람과의 합류적인 작용에 필수적이라는 연구가 이루어지고 있다.

영유아들의 창의성에 영향을 주고받는 환경으로는 크게 가정환경과 유아교육기관환경을 들 수 있는데, 영유아의 창의성을 발달시키기 위해 유아교육기관이 중요한 역할을 하고 있으며, 영유아의 창의성 신장에 교실환경이 중요한 역할을 하고 있다는 연구가 늘어나고 있다.

그러나 창의적인 환경이란 창의적인 사고과정이 처음으로 자극되고, 또한 창의적인 산출물을 완성하기까지의 사고과정이 유지되도록 도와주는 '총체적이고 복잡한 일체의 상황'을 의미한다. 총체적인 환경이란 한 사람이나 여러 사람의 창의적인 사고과정을 유지하고, 좀 더 창의적인 사고가 번뜩이며 흥미를 불러일으킬 수 있도록 고안된 특별한 교수매체까지도 의미하는 것이다.

이를 종합해 보면, '창의적인 환경이란 단순히 가정, 학교, 사회, 문화의 영향뿐 아니라 광의로는 '지식의 상태'나 새로운 아이디어를 자극할 수 있는 기회, 문화, 다양한 교수매체, 감정적인 분위기, 사회적인 분위기 등을 포함하는 것으로, 창의성을 북돋을 수 있는 가정, 학교, 직장, 문화 등의 물리적 환경을 포함하는 총체적인 환경'을 의미한다.

창의성의 네 가지 수준

일반적으로 창의성의 수준은 한글창제와 같이 누구나 알 수 있는 명백한 창의성을 의미하는 큰 창의성과, 집에서 남은 재료로 새로운 요리법을 개발하는 것과 같은 일상적 수준의 창의성을 의미하는 작은 창의성으로 나누어져 왔다(Kozbelt et al., 2010). 길퍼드가 창의성의 중요성에 대한 기조연설을 하기 전에는 창의성이 모두가 인정하는 위대한 업적, 뛰어난 결과물과 관계되는 큰 창의성의 개념으로 많이 인식되어졌으나, 근래에는 작은 창의성에 대한 관심이 점점 증가하고 있다. 이에 따라 코프먼(Kaufman)과 베게토(Beghetto)는 창의성을 네 가지 수준으로 나누어 제시하고 있는데, 각 수준에 대한 구체적인 설명은 다음과 같다(Kaufman & Beghetto, 2009).

큰 창의성

큰 창의성(Big-c creativity)은 에디슨의 전구 발명이나, 세종대왕의 한글창제 등과 같이 누구나 창의적이라고 보기에 명백하고 저명한 창의성을 의미한다. 많은 창의성 연구는 유명한 개인 또는 창작자와 같은 매우 높은 수준을 지닌 창의적 인물들의 특성이나, 창의적인 수행을 어떻게 하면 영구히 지속시킬 수 있을까에 관하여 연구해 왔다.

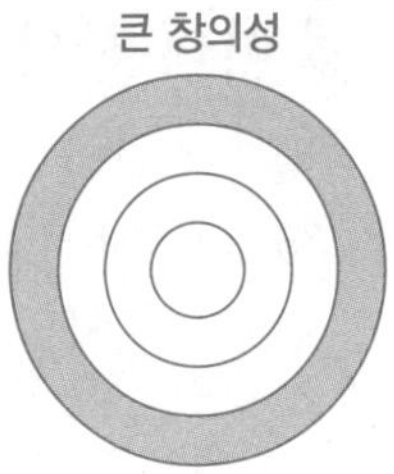

전문적 창의성

전문적 창의성(Pro-c creativity)은 아직 큰 창의성이라고 할 수는 없으나, 각 분야에서 전문가로 인정받는 개인들을 포함하여, 큰 창의성과 작은 창의성의 경계에 있는 애매모호한 부분을 포함하는 창의성을 의미한다.

작은 창의성

작은 창의성(Little-c creativity)은 누구나 접근하기 쉬운 경험이나 표현과 관련된 일상적인 삶 속에서 나타나는 창의성에 초점을 맞춘다. 작은 창의성의 예로는 새로운 방법으로 집에서 요리를 해서 친구들이나 가족들에게 칭찬을 받는다거나, 교실에서 수업시간에 교사가 가르쳐 주지 않은 새로운 방법으로 문제를 해결하는 것 등을 들 수 있다. 창의성을 교육하고자 한다는 것은 누구나 창의적 잠재력을 가지고 있다고 가정하고 있음을 의미하는데, 작은 창의성은 창의적인 가능성이 누구에게나 있다는 주장을

기반으로 하고 있다.

미니 창의성

미니 창의성

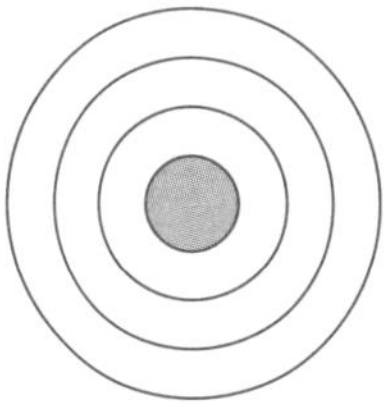

미니 창의성(Mini-c creativity)은 작은 창의성과 달리 개인적이고 잠재적인 성향을 띠고 있다. 작은 창의성이 교실에서 교사에 의해 판단되는 산출물로서의 결과 중심성 창의성이라면, 미니 창의성은 개인의 경험과 행동 그리고 사건이 신선하고 개인적으로 의미 있는 해석을 보일 때 나타나는 과정 중심의 창의성이다.

미니 창의성은 작은 창의성, 전문적 창의성이나 큰 창의성으로 바뀔 수 있지만, 창의성의 시작이 되는 미니 창의성이 적절하게 양육되지 않는다면 이는 없어질 수 있다. 또한 개인적인 의미를 가지고 있던 미니 창의성이 작은 창의성이 되려면 누군가에 의하여 그것이 새롭고 유용한 것이라는 동의를 받아야 한다.

제6장

창의적인 사람과 잘 노는 사람

창의적인 사람들의 특징

"여러분은 창의적인 사람입니까? 아니면 창의적인 사람이 되려고 노력하고 계십니까?" 앞의 두 질문에 답변하는 것은 쉽지 않은 일이다. 왜냐하면 '창의적인 사람'을 정의하기가 어렵기 때문이다. 그럼에도 불구하고 최근 도래한 4차 산업혁명에서는 무엇보다도 창의성을 중요하게 여기며 사회적으로도 창

베토벤

아인슈타인

셰익스피어

[그림 6-1] 창의적인 사람들

의적 인재 발굴이나 육성에 대한 관심이 많아지고 있다.

앞에 제시된 사람들은 어떤 기준으로 재단하더라도 매우 창의적인 산출물을 만들어 낸 창의적인 사람이다. 이처럼 창의적인 사람이라고 하면 보통 사람들과는 달리 뛰어난 예술가나 인류의 발전에 큰 공헌을 한 특별한 사람으로 한정 짓기 쉽다. 이러한 사람은 천재 혹은 영재 위주의 높은 수준의 창의성(high creativity)을 발휘한 사람으로, 역사적으로 유명한 천재 수준의 창의성을 가진 사람이다. 반면, 모든 사람은 실생활에서 개인 수준의 다양한 형태로 일상적 창의성(ordinary creativity)을 발휘할 수 있다. 즉, 창의성은 소수의 특정인에게서만 발견되는 것이 아니라 인간이면 누구나 가지고 있는 특성이라는 것이 최근 연구의 견해이다(임혜진, 2016).

그렇다면 과연 창의적인 사람이란 어떤 사람일까? 창의적인 사람이 되려면 어떤 노력을 기울여야 하는 것일까? 이에 대해 창의적인 사람들이 지니고 있는 성격적 특성에 대해 이야기해 보고자 한다.

배런(Barron), 메키넌(Mackinnon), 토런스(Torrance) 등의 심리학자는 창의적인 사람들이 나타내는 일반적인 특성으로 자신의 창의성에 대한 인식, 독립적인 경향, 자신감 넘침, 위험한 일을 즐김, 넘치는 에너지, 열정적 · 자발적인 높은 호기심, 다양한 부문에 관심이 많음, 장난기 많고 어린애 같음, 이상을 추구하는 경향, 혼자 있는 시간을 즐김, 신기하고 복잡하며 미스터리한 일들을 좋아함을 제시하였다(이신동 외, 2015).

창의적인 사람들의 특성은 부정적인 측면과 긍정적인 측면으로 나누어 볼 수 있는데, 이로 인해 창의적인 사람들에 대해 오해를 하지 않도록 주의해야 한다. 창의성이 뛰어난 사람은 대인관계가 원만하지 못하거나 기이한 행동으로 따돌림을 당하여 소외감을 느낄 수 있다. 그러나 창의적인 사람이라고 해서 윤리와 도덕을 무시하고 제멋대로 행동하는 것을 의미하지 않는다. 창의적인 사람들은 문제를 해결하고 사물을 바라보는 시각이 남과 달라서, 기존의 틀을 깨고 새로운 방법을 찾기 위한 성격적인 특성적 면에서 다른 사람과 다른 특징적인 면을 가지고 있을 뿐이다.

이러한 창의적인 사람이 가지는 성향 및 성격의 특성은 창의성을 바라보는 관점에 따라 매우 다양할 수 있다. 따라서 이 책에서는 특정 학자가 주장하는 창의적 성격이 아닌 일반적으로 이야기하고 있는 창의적 성격의 구성 요소들을 살펴보고자 한다.

창의성과 성격 사이의 관계를 파악하기 위해서는 '성격'에 대한 이해가 필수적이다. 사람들의 성격을 나타내는 형용사는 무수히 존재하지만, 지난 몇십 년간의 심리학 연구를 통해서 성격 형용사는 대개 다섯 가지 그룹으로 구분될 수 있음이 밝혀졌다. 즉, 사람들의 성격 크게 다섯 가지 차원에서 나타낼 수 있다는 것인데, 이 다섯 가지는 비교적 다양한 문화에서 동일하게 나타나기 때문에 심리학에서는 이를 'Big Five'라고 부른다. Big Five의 구체적인 특성은 다음과 같다(장선철, 2011).

[그림 6-2] Big Five의 특성

개방성

Big Five 중에서 창의성과 가장 관련이 높은 특성은 개방성이다. 존(John)과 그 동료들의 정의에 따르면 개방성이란 '한 개인의 정신 세계와 경험 세계의 깊이, 폭, 독창성, 복잡성'을 지칭한다. 창의성과 성격에 관한 많은 연구에서 반복적으로 유일하게 발견되는 상관관계는 창의성과 개방성에 관한 것이다. 개방성이 높은 사람들은 상상력이 풍부하고 호기심이 많은 것으로 밝혀졌다.

개방성이 높은 사람들은 과제 자체가 상상력을 요구하는 과제일수록 창의성을 보이는 것으로 밝혀졌다. 상황이 애매하고, 문제 자체가 잘 정의되지 않아서 개인의 상상력이 요구되는 상황에서 개방성의 효과가 강하다는 것이다. 또한 개방성이 높은 사람들은 창의적인 취미를 보유하고 있는 것으로 밝혀졌다.

외향성

외향성과 창의성의 관계 역시 비교적 강한 편이다. 창의적인 생각을 하기 위해서는 낯선 사람들과의 상호작용에 불안해해서는 안 되며, 타인의 의견에 대하여 반론을 제기하는 것에도 주저하면 안 되므로 외향성이 창의성에 도움이 되는 것으로 생각할 수 있다.

그러나 외향성을 조금 더 자세히 들여다보면 사교성이라는 하나의 측면과 자신감과 자기 주장이라는 또 다른 측면이 있음을 알 수 있다. 흥미롭게도 창의성에 더 결정적인 외향성의 요소는 사교성보다는 자신감과 자기 주장임이 밝혀졌다. 비록 아주 사교적이지는 않더라도 독립적이고 자기 생각에 대한 확신이 있고, 자기 주장성이 강하다면 창의적일 수 있다는 것이다.

성실성

성실성이 높은 사람은 규칙과 법을 중시하며 파격과 예외, 즉흥성을 좋아하지 않는다. 따라서 성실성이 높은 사람들은 창의성이 낮은 것으로 알려져 있다. 전통과 권위를 중시하고, 규범에 대하여 저항하거나 의문을 제기하지 않는 행동, 지나친 보수성 등은 성격 변인으로서 성실성과 관련 있으며, 이 모든 것은 창의성에는 부정적인 영향을 주는 것으로 밝혀졌다. 흥미롭게도 규범을 중시하고 권위를 따르는 성격 특징은 직업이나 전공 선택과도 상관이 있어서, 예를 들면 법학 전공 학생들이 사회과학 전공 학생들보다 더 권위주의적이며, 사회과학 전공 학생들은 디자인 전공 학생들보다 더 권위주의적인 것으로 나타났다. 또한 정치적으로 보수적인 대학생들일수록 덜 창의적인 취미를 즐기며, 그들이 작성한 글이나 그린 그림은 더 진보적인 학생들의 글이나 그림보다 덜 창의적인 것으로 밝혀졌다.

기타 성격 변인

원만성과 창의성 사이에는 뚜렷한 강한 관계가 발견되지 않았다. 창의성과 신경증 성향 사이의 관계는, 최근 들어 활발히 진행되고 있는 창의성과 정신장애(mental illness)의 관계에 대한 연구 맥락에서 자세히 살필 수 있다.

Worksheet

나의 '창의성'은 어떠한가? 나의 성격 특성을 바탕으로 생각해 보자.

	내향성				대			외향성		
	매우	어느 정도		둘 다 아님			어느 정도		매우	
조용한	1	2	3	4	5	6	7	8	9	말 많은
주장이 약한	1	2	3	4	5	6	7	8	9	주장이 강한
모험적이지 않은	1	2	3	4	5	6	7	8	9	모험적인
정력적이지 않은	1	2	3	4	5	6	7	8	9	정력적인
소심한	1	2	3	4	5	6	7	8	9	대담한
	적대성				대			우호성		
불친절한	1	2	3	4	5	6	7	8	9	친절한
비협조적인	1	2	3	4	5	6	7	8	9	협조적인
이기적인	1	2	3	4	5	6	7	8	9	이타적인
잘 믿지 않는	1	2	3	4	5	6	7	8	9	잘 믿는
인색한	1	2	3	4	5	6	7	8	9	관대한
	방향의 결여				대			성실성		
비조직적인	1	2	3	4	5	6	7	8	9	조직적인
무책임한	1	2	3	4	5	6	7	8	9	책임감 있는
실제적이지 않은	1	2	3	4	5	6	7	8	9	실제적인
부주의한	1	2	3	4	5	6	7	8	9	철저한
게으른	1	2	3	4	5	6	7	8	9	근면한
	정서적 안정성				대			신경증 성향		
이완된	1	2	3	4	5	6	7	8	9	긴장된
마음 편한	1	2	3	4	5	6	7	8	9	불안한
안정된	1	2	3	4	5	6	7	8	9	불안정한
만족한	1	2	3	4	5	6	7	8	9	불만족한
냉정한	1	2	3	4	5	6	7	8	9	감정적인

경험에 대한 폐쇄성				대			개방성			
	매우	어느 정도		둘 다 아님			어느 정도		매우	
상상력이 빈약한	1	2	3	4	5	6	7	8	9	상상력이 풍부한
창의적이지 않은	1	2	3	4	5	6	7	8	9	창의적인
호기심이 없는	1	2	3	4	5	6	7	8	9	호기심이 많은
생각이 얕은	1	2	3	4	5	6	7	8	9	생각이 깊은
단순한	1	2	3	4	5	6	7	8	9	세련된

출처: 장선철(2011). 21세기 현대사회와 정신건강. 서울: 동문사.

이 외에도 창의적인 사람이 가지는 특징은 다음과 같다(이경화, 유경훈, 2016).

① 자신이 창의적인 사람이라고 믿는다

자신이 창의적이라고 굳게 믿으며, 일상생활에서 창의적인 활동을 하는 습관을 갖는다. 그리고 그러한 활동을 통해 자신의 창의력에 강화를 받는다. 그들은 창의적인 활동을 취미로 하고 있으며, 자신의 창의력에 강한 자신감을 보였다. 우리는 마음에 품은 이미지 이상으로 성공할 수 없다. 우리는 우리가 얼마나 창의적일 수 있는지 늘 생각하며 자신감을 가질 필요가 있다.

② 유머감각이 있다

창의적인 사람은 위트와 유머 감각이 있다. 이러한 특성은 문제를 새롭고 순진하게 접근하는 능력과 관련이 깊다. 유머는 자신뿐만 아니라 주변 사람들을 기분 좋게 만들며, 다소 어린아이와 같은 순진한 기분을 들게 한다. 많은 위대한 발견이나 발명, 문제해결, 창작 등은 여러 가지 아이디어를 가지고 논 결과이며, 엉뚱한 가능성을 자유롭게 생각해 보고 사물이나 대상을 뒤집어 보는 등 놀이하는 것과 같은 즐거운 상황에서 이루어지는 것이 많다. 아무런 제약 없는 놀이와 같은 상황에서 사고하는 것이 창의적인 아이디어를 얻는 좋은 방법이라 할 수 있다.

③ 개방적이고 독창적이다

창의적인 사람은 관습에 얽매이지 않고 유연하게 사고하며, 습관적으로 사물을 새롭게 다른 각도에서 보는 성향이 있고, 자신과 견해를 달리하는 사람과도 잘 어울린다. 그러나 이러한 개방성으로 섣불리 판단하지 않으며, 다른 사람들의 생각이나 입장에 서 보는 것에 익숙하고 그들의 요구를 잘 파악할 수 있다. 다른 사람의 작품에 자신의 아이디어를 추가하여 자기만의 작품을 만들려는 노력을 보이는 독창적인 태도야말로 창의적인 사람들의 핵심속성이라고 할 수 있다.

④ 독립적이다

창의적인 사람은 다른 사람과 구별되는 것을 두려워하지 않고 불필요하다고 생각하는 규칙은 위반할 수 있으며, 외부의 의견이나 평가보다는 자신의 내적 기준으로 판단하고 평가한다. 이러한 특성과 연관된 것으로 창의적인 사람은 혼자만의 시간을 강박적으로 가지려고 한다. 창의적인 사람은 다른 사람들과 차단된 개인적인 시간을 가짐으로써 새로운 아이디어를 탐색하고 그것의 실현가능성을 철저하게 검토하고 실험한다.

⑤ 상상력이 뛰어나며 모험을 즐긴다

과거나 미래에 대한 상상을 자주하며, 그러한 상상에서 자신이 주인공이 되는 상상을 많이 한다. 또한 현실적으로 불가능한 것에 대해 '만약 ~라면 어떤 일이 벌어질까?'와 같은 질문을 던지는 특성을 보인다. 한편, 창의적인 사람은 실패나 비난을 두려워하지 않으며, 실패를 한 경우에도 크게 좌절하지 않고 재빨리 회복하는 복원력을 가진다. 또한 불확실하고 모호한 상황에서도 잘 견딘다.

⑥ 에너지 수준이 높다

무엇이든지 자발적으로 행동하며, 자신이 하는 일에 높은 열정을 보인다. 자신에게 흥미로운 일에 대해서는 밤새 몰입하는 모습을 보이고 쉽게 포기하지 않는 끈기를 가지며, 끝나기 전까지 휴식하지 않는다. 또한 이들은 감각 추구나 스릴 추구의 특성을 보이는데, 이것은 높은 에너지 수준과 모험을 즐기는 특성이 결합된 것이다.

⑦ 호기심이 많다

창의적인 사람은 어린아이처럼 매사를 경이롭게 생각하고 관심이 많다. 어릴 때 다락방을 뒤진 경험이나 기계를 분해하여 부품을 관찰한 경우나, 도서관이나 박물관에서 하루 종일 보낸 경험 등이 모두 호기심을 가지고 하는 행동들의 예이다. 호기심은 폭넓은 관심이나 취미생활과 연결되고, 여러 다양한 실험과 탐험을 가능케 한다. 심리학자 캠벨(Campbell)은 새로운 발견을 하는 학자와 그렇지 않은 학자의 차이는 호기심의 차이라고 강조했다.

⑧ 복잡하고 모호한 것에 끌린다

단순하고 명확한 것보다는 다소 복잡하고 모호한 것에 끌리는 경향이 있다. 창의적인 사람은 일반적으로 새로운 것을 보게 되면 그 자체에 흥분을 느끼게 되고 그것의 잠재력에 대해 탐색하고 몰입하는 경향이 있지만, 창의적이지 않은 사람들은 그것의 결점을 찾아내고 분석하는 데 더 주의를 기울이는 경향이 있다. 스텐버그(Stenberg)는 이러한 모호성에 대한 인내가 창의적 성과를 내는 데 필수적인 역량이라고 하였다.

⑨ 예술에 대한 관심과 미적 감각이 있다

창의적인 사람은 자신이 실제로 특정 예술 분야에 재능이 있든 없든 간에 예술에 대한 관심과 어느 정도의 심미안을 가지고 있다. 그래서 음악이나 공연, 연극, 그림이나 사진 전시회, 유물 전시, 아름다운 석양이나 전망 좋은 장소를 좋아하고 자주 들른다. 이러한 특성은 최근 기업제품의 디자인이 매우 중요해지는 것과 연관되어 주목할 만하다.

놀이하는 사람들의 심리적 특징

메이저리그의 투수로 활약하는 박찬호가 슬럼프를 겪었을 때 그의 멘토 역할을 했던 고참 투수 오렐 허샤이저(Hershiser)는 박찬호에게 "너는 기량 면에서는 뛰어난데 야구를 즐길 줄 모른다."라는 충고를 한 적이 있다. 아닌 게 아니라 당시 마운드에 선 박찬호의 표정은 진지하다 못해 비장할 정도였다. 승부를 업으로 삼는 프로선수가 승부에 진지하게 임하는 게 어찌 허물이 되겠는가? 문제는, 지나친 집착이 오히려 승부에도 역효과를 가져올 수 있다는 것이다. 한국을 대표한다는 지나친 엄숙주의 때문인지 그는 언제나 승부를 의식하며 경직되어 있었다. 그런 상태가 지속되면 결국 그는 승부의 주인이 아니라 승부의 노예가 될 것이다.

"야구를 즐길 줄 알아야 한다."라는 허샤이저의 말은 단순히 긴장을 풀고 즐겁게 살라는 뜻이 아니다. 그는 후배의 정신적 건강과 행복한 삶을 위해 충고한 게 아니라 더 좋은 성적을 내도록 하기 위해 충고했다는 점에 유의할 필요가 있다. 기량이 어느 정도의 선에 오르기 위해서는 집착에 가까운 집념이 필요하지만 그 이상이 되기 위해서는 즐길 줄 알아야 한다. 재능 있는 자가 노력하는 자를 따르지 못하고 노력하는 자가 즐기는 자에 미치지 못한다는 말이 있지 않은가? 이 점에서는 스포츠든, 예술이든, 학문이든, 비즈니스든 마찬가지다(한국경제매거진, 2019.12.13.에 인출).

이처럼 일과 놀이의 연장선에서 놀이의 방법을 택하는 사람들은 자신의 일과 건강 모두를 지킬 수 있다. 놀면서 일한다는 말과 같이, 놀이를 즐기는 사람들은 자연스럽게 좋은 결과물을 얻는다.

다음은 놀이하는 사람들의 특징이다. 놀이하는 사람들은 의외로 창의적인 사람들과 밀접하게 연결되어 있다. 다음에서 자세히 다루어 보자.

긍정적 정서

놀이를 하는 사람들은 보통 즐겁고 유쾌하다. 놀이의 과정에서는 일반적으로 미소와 웃음이 함께 나타난다. 심각하고 격렬한 놀이에서도 사람들은 여전히 그 활동에 가치를 둔다. 때때로 놀이에는 높은 곳에서 다이빙을 한다거나, 준비할 때처럼 약간의 불안이나 공포가 동반되기도 한다. 그러나 한번 다이빙을 해 본 사람이 계속 다이빙을 하는 것을 보면 이러한 걱정조차도 매우 만족스러운 속성 안에서 이해될 수 있을 것이다.

내적 동기

놀이를 즐기는 사람들은 타인의 지시에 의해 놀이를 하지 않는다. 그들은 스스로 놀이에 참여하며, 그 동기 역시 내부에서 나온다. 놀이 활동은 일반적으로 자신을 위해 하는 것이며, 외적으로 동기화(예: 권력 추구, 부 축적)될 필요가 없다.

자유선택

놀이를 즐기는 사람들은 스스로 놀이를 선택한다. 자유선택은 놀이에서 매우 중요한 요소이다. 예를 들어, 젠가와 같은 활동을 자유롭게 선택하였다면 이를 놀이라고 생각하는 반면, 동일한 활동일지라도 교수나 부모에게 지시받으면 일이라고 생각한다는 것이다. 이러한 자유선택의 중요성은 영유아일수록 매우 중요한 개념이며 성장함에 따라 그 중요성이 차츰 줄어든다.

과정지향성

놀이를 즐기는 사람들은 놀이를 수행하는 동안 목표보다는 활동 그 자체에 초점을 둔다. 즉, 결과보다는 과정을 더 중시한다는 것이다. 목적 달성의 압박이 없기 때문에 놀이를 하는 사람들은 다양한 가능성을 자유롭게 시도하게 된다. 바로 이 점이 놀이가 목표지향행동보다 더 융통성 있는 특성을 가지는 주된 이유이다.

비실제성

놀이를 즐기는 사람들은 놀이의 비실제성을 인지하고 스스로 조절할 수 있다. 놀이는 일상으로의 경험으로부터 놀이를 구분하려는 놀이틀에 의해 특징지어진다. 이 핵심적인 특징은 모든 종류의 놀이에 적용되며, 유아들은 이러한 비실제성을 가작화와 연결시켜 놀이에 적용하고, 나아가 성인들 역시 놀이에 몰입하고 있는 상황이더라도 스스로 놀이틀을 깨고 언제든 놀이상황에서 나올 수 있다. 따라서 놀이를 즐기는 사람들은 놀이의 비실제성에 대해 이해하고 자신을 조절할 수 있는 특성을 지닌다.

Worksheet

주변에서 가장 놀이를 즐기며 창의적이라고 생각되는 인물의 심리적 특성을 분석해 보자.

인물:

심리적 특성:

긍정적 정서	
내적 동기	
자유선택	
과정지향성	
비실제성	

인물:

심리적 특성:

긍정적 정서	
내적 동기	
자유선택	
과정지향성	
비실제성	

Play Revolution and Creativity

제7장

놀이와 창의성 그리고 뇌 발달

이 장에서는 놀이와 뇌 발달, 창의성과 뇌 발달로 각각 나누어 설명하고자 한다. 놀이, 창의성과 관련하여 최근에 이루어지고 있는 뇌 발달 연구들과 연관 지어 살펴보면서 놀이와 창의성의 뇌 과학적 근거를 살펴보고자 한다.

놀이와 뇌 발달*

동물의 놀이와 뇌 발달

볼링그림 주립대학교에서 쥐와 다른 동물들의 놀이 행동을 폭넓게 연구했고 워싱턴 주립대학교에서 놀이연구센터를 운영한 신경과학자 판크셉(J. Panksepp, 2009)은 인간의 놀이가 뇌간에서 처음 발생한다고 주장한다([그림 7-1] 참고). 뇌간은 뇌의 세 가지 층 중 가장 속에 동물적 · 본능적 뇌에 해

* 이 부분의 내용은 대부분 브라운과 본, 한글로 동시 번역된 베스트셀러 플레이, **즐거움의 발견**(2010)을 인용하여 설명하고자 한다.

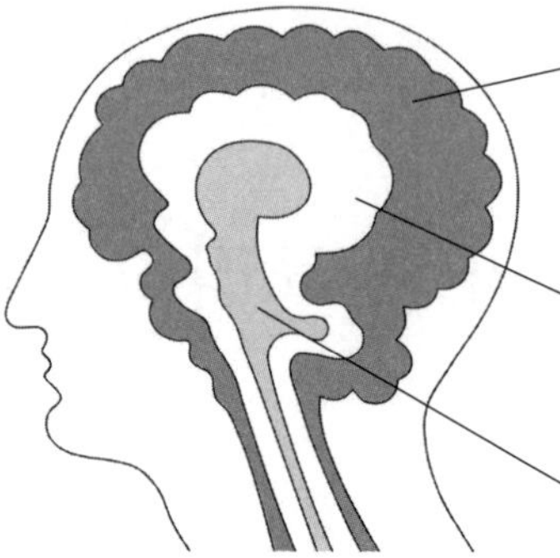

[그림 7-1] 삼중뇌 이론에 근거한 뇌의 3단 구조

당하는 곳으로, 호흡, 의식, 꿈, 수면 같은 생존 매커니즘이 이루어지는 곳이다. 이렇게 뇌에 고정되어 있는 최초의 작동 시스템은 놀이 활동에 동반되는 즐거운 감정과 연결되고, 그런 감정을 활성화시킨다. 다시 말해, 뇌간에서 시작된 놀이가 감정적인 연결이 없으면 놀이가 아니다. 또한 판크셉은 활동적인 놀이가 편도체(감정처리 기능담당)와 배외측 전전두피질(고차원적인 관리 기능 담당)에서 신경세포 성장인자인 BDNF 단백질을 선택적으로 자극하는 것을 보여 주었다. 즉, 활동적인 놀이를 통해 정서적 뇌와 이성적 뇌가 활성

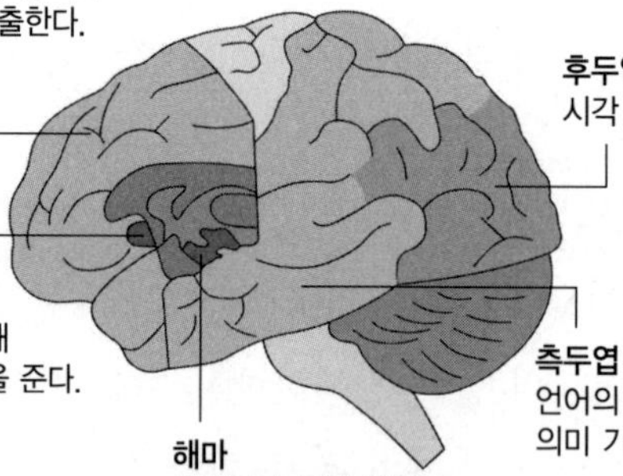

[그림 7-2] 대뇌피질 구조

화되는 것을 알 수 있다([그림 7-2] 참고).

놀이하는 동물은 세상을 탐험하고 세상에 적응하는 법을 훨씬 빨리 배운다. 놀 줄 아는 동물이 더 똑똑하다. 따라서 생존확률이 더 높아진다. 펠리스(Pellis), 넬슨(Nelson), 이와뉴크(Iwaniuk)는 일반적으로 놀이와 포유동물의 뇌 크기가 밀접하게 관련되어 있음을 발견했다. 신체 크기와 무관하게 뇌가 큰 종은 놀이를 많이 하고 뇌가 작은 종은 놀이를 적게 하는 것으로 나타났다. 놀이 행동의 진화를 연구한 바이어스(Byers)는 놀이의 양이 인지능력의 상당 부분을 책임지는 전두피질의 발달과 관련이 있음을 발견했다. 전두피질은 관련 있는 정보와 관련 없는 정보를 구별하고 생각과 느낌을 검토 및 조직하며 미래를 계획하는 중요한 부분이다. 게다가 모든 종에서 놀이의 양이 극대화되면 소뇌의 성장 속도가 빨라지고 크기도 더 커지는 것으로 나타났다. 소뇌는 대뇌 뒤쪽 아랫부분에 위치하는데 뇌의 다른 부분보다 뉴런이 더 많다. 소뇌는 운동근육을 제어하고 조정할 뿐만 아니라 집중력, 언어 처리, 음악적인 리듬 감지 등 중요한 인지적 기능을 한다. 바이어스는 놀이를 할 때 우리 뇌가 시뮬레이션과 테스트를 통해 상황을 파악한다고 주장한다. 실제로 놀이 활동은 뇌 기능의 틀을 잡는 데 도움이 된다. 놀이를 할 때 대개 여러 가지를 시도해도 신체적이나 감정적으로 위험에 처하지 않는다.

가상현실, 상상놀이와 뇌 발달

인간에게 가장 의미 있는 놀이의 혜택은 이런 가상현실을 제공하는 것일지도 모른다. 놀이를 할 때 우리는 전에 한번도 겪은 적이 없는 상황을 상상하고 경험할 수 있으면 그런 경험을 통해 배운다. 신경과학자로서 노벨상 수상자인 에덜먼(Edelman)은 새로운 정보가 뇌에 기능적으로 통합되는 방식에 대한 이론을 발표했는데, 에덜먼은 우리의 지각 경험이 지도처럼 코드화된 형태로 뇌 속에 흩어져 있다고 설명한다. 각각의 지도는 서로 연결된 뉴런들의 복잡한 네트워크다. 예를 들어, 세상에 존재하는 나무들의 다양한 모양과 크기는 나무라는 것이 무엇인지 나타낸 공통의 지도에 코드 형태로 표현되어 있다. 따라서 우리는 특정한 나무를 전에 본 적이 없더라도 그게 나무라는 것을 인식할 수 있다. 이런 식으로 뇌 안에는 수많은 종류의 사물, 소리, 색상, 사회 환경을 인식할 수 있게 해 주는 방대하고 유연한 지도들이 들어 있다. 이런 지도들은 정적이지 않고 끊임없이 움직이고 변화하며 정서적인 의미를 함축하고 있다. 지도의 효력은 무수한 디테일이 끊임없이 조정되고 편성되는 양상에 따라 다양하게 나타난다. 이러한 과정은 놀이를 통해 가장 완전하게 일어나는 듯 보인다.

상상의 이야기와 놀이환경에서의 실제 경험을 통합하는 놀이 과정을 통해서 우리는 세상이 돌아가는 원리를 이해하게 된다. 적어도 어린 시절에는 세상을 이해하는 가장 중요한 통로가 놀이다. 처음에는 가능성을 상상하는 것으로 시작해서 어떻게 진행될지를 시뮬레이션하고 그 다음에는 실제 현실에서 테스트한다. 놀이의 특이한 점은 우리가 놀이를 할 때 상상을 통해 새로운 인지회로를 만들어 낸다는 것이다. 그리고 그런 새로운 연결을 만들어 내는 과정에서 우리는 무엇이 효과적인지를 알게 된다.

놀이의 종류와 뇌 발달

1960년대의 여성 신경과학자 다이아몬드(Diamond)는 풍요로운 환경에서 자란 쥐들이 더 똑똑할 뿐 아니라 뇌가 더 크고 복잡하며 피질(회색질)도 두껍고 더 많이 발달했다는 것을 보여 주는 실험을 실시했다. 여기서 의미하는 환경이란 단순한 자극에 대한 노출이 아니다. 다시 말해, 색채가 화려한 환경과 흥미로운 소리를 접했기 때문에 발달하는 것이 아니라 끊임없이 달라지는 다양한 장난감과 다른 쥐들과 상호작용을 의미한다는 것이다. 다이아몬드는 다양한 장난감과 끊임없이 변화하는 친구와의 상호작용의 중요성을 강조한다. 다이아몬드의 실험은 놀이가 건강한 뇌 발달에 배우 중요하다는 것을 보여 주는 유명한 연구들 중 하나일 뿐이다. 놀이는 복잡한 뇌가 스스로를 창조할 수 있도록 자연이 발명한 최첨단 시스템으로 보인다.

놀이는 생후 그 어느 때보다도 뇌가 가장 빨리 발달하는 아동기에 제일 많이 나타나는데, 신경계의 진화 과정을 지속시키는 것으로 보인다. 놀이는 신경계의 진화를 한 단계 더 끌어올린다. 놀이는 뉴런들을 연결하고 따로 떨어진 뇌 중추들을 연결해 이전에 존재하지 않았던 새로운 회로를 만들어 낸다. 놀이는 새로운 회로의 생성을 촉진하고 이렇게 만들어진 회로에 신호를 보내 테스트한다. 놀이는 생존과 직결된 활동이 아니기 때문에 생사의 부담 없이 안전하게 테스트를 할 수 있다. 놀이는 뇌의 지속적인 성장과 발달의 원동력이다.

영유아의 놀이와 뇌 발달

뇌 발달과 연관된 영유아 놀이를 구체적으로 제안한 학자도 있다. 제닝스(Jennings, 2011)는 『Healthy Attachments and Neuro-Dramatic-Play(NDP)』를 통해서 다음과 같이 NDP를 소개하고 있다(고선옥, 김경신, 임경계, 한성민, 2018에서 재인용).

NDP는 엄마와 태아 그리고 엄마와 신생아 사이의 임신에서 출생 후 6개월에 걸쳐 일어나는 감각적이고 율동적이며 극적인 놀이다. 이는 영아의 두뇌 발달과 관련이 있고, 놀이를 할 수 있는 능력과 관계되며, 극적 모방 반응도 포함한다. 영아는 '~인 것처럼' 극적 현실 놀이를 통해 실제 삶을 구별할 수 있는 능력이 생긴다.

신체로 생각하기, 신체적 지능, 신체적 기억으로 이루어진 신체 학습을 통해 영아는 자신의 신체 안에 만족스럽게 거주하고 있음을 느끼는 '신체 자아'(body self)를 발달시킨다. 이러한 신체적 경험은 신체적 기반으로서 균형이 유지되어야 하는 신뢰, 보호, 자각, 자신감, 자존감 그리고 자아상 등에 영향을 주며, 영아에게 신체의 정체성에 대한 안전한 느낌을 갖게 해 주어 독립적으로 탐험할 수 있는 능력을 갖게 한다. 신체를 통해 얻은 신뢰와 안정감의 경험은 회복력, 정체성, 자존감 그리고 사회통합이 이루어지기 위한 과정에 필수적이다.

NDP는 놀이를 통해 모든 두뇌층에 작용한다. 예측 가능한 놀이는 본능적인 두뇌를 안심시키고, 감각적이며 율동적인 놀이는 정서적 두뇌에 영향을 준다. 극적인 놀이와 이야기는 이성적인 두뇌의 발달에 기여한다. 정서의 뇌는 변연계에 위치하는데 정서, 학습기억에 관계한다. 만지기, 소리 내기, 응시하기 등과 같은 사랑에 기초한 상호작용은 양방향 소통으로 영아의 사회적 두뇌 발달에 영향을 준다. 만지기, 문지르기, 어르기, 사랑스러운 몸짓과 말 같은 감각놀이는 정서의 뇌를 강화시킨다. 율동놀이는 항상성과 예측가능성을 통해 안심시키고 신뢰감을 주며, 극적 놀이와 이야기는 호기심과 사고의 구조화를 증진시키며, 감정이입 능력을 잠재적으로 발달시킨다. 극적 놀이와 역할놀이는 자신의 현실에서 나와 타인으로 들어갈 수 있는 능력을 향상시킨다. 두뇌의 발달과 정서의 성숙은 생애 초기 애착에 달려 있다. 이것이 결여될 때 두뇌가 완전히 발달하지 않는다.

창의성과 뇌 발달

창의성을 담당하는 뇌의 특정 부위가 있는 것이 아니라 서로 다른 부위, 멀리 떨어진 부위의 연결과 연상이 중요하다는 것이다. 뇌 전체가 활성화되는 것이 중요하다는 것이다. 즉, 창의성을 대표하는 우연적 발상은 갑자기 하늘에서 떨어지는 것이 아니라 다각도로 고민하며 고민의 끝을 놓지 않을 때 이루어질 수 있다는 것이다. 서로 전혀 다른 것의 연결, 일상적인 것들을 새롭게 생각하고 다른 것과 연결하는 연상의 중요성을 뇌 연구결과를 통해 보여 주고 있다. 글로벌 창의포럼 강연에서는 더 나아가 이와 같은 뇌 연구결과에 바탕을 두고 우리 현재 교육의 문제점을 지적하고 있다. 정형화된 답만 추구하는 입시제도, 교육에서 벗어나 자유로운 연상과 연결이 가능한 확산적 사고, 즉 뇌 전체를 활성화시킬 수 있는 사고 교육의 중요성을 강조한다.

이와 같은 맥락에서 교육학자 로빈슨(Robinson)도 TED 강연, 〈학교가 창의력을 죽인다〉(2006)를 통해 현재 교육 제도가 지성을 매우 한정적으로 정의하며 지성을 학습 능력에 중점을 두고 있다는 점을 비판하였다. 지성을 다시 정의하길 첫 번째로, 지성은 다양해야 한다고 주장한다. 우리는 각자의 경험을 바탕으로 세계관을 가지게 되고 각자의 시각, 청각과 운동 감각으로 생각한다. 추상적으로 생각하며, 동적으로 생각을 한다. 둘째, 지성은 역동적이어야 한다고 한다. 이 부분이 뇌 과학과 연결될 수 있는 부분인데 우리의 뇌 작용을 살펴보면 지성은 뛰어난 상호작용성을 가지고 있다. 우리의 뇌는 작은 구역들로 구획되어 있지 않고 다양한 부분이 연계되면서 독창적인 아이디어를 생각해 낸다. 이와 같은 프로세스가 상호작용이며 지성의 모습이다. 즉, 창의력은 서로 다르게 발달된 관점들의 상호작용에서 일어난다. 이렇듯 로빈슨도 정재승 교수와 같은 주장을 하고 학교 교육의 변화를 촉구하고 있다.

교육학자 박선형(2018)이 과학창의재단에서 창의인성교육 플랫폼 '크레존'에 기고한 글을 인용하여 전체적인 뇌의 활성화롤 창의성을 정의하게 된 뇌 연구 과정을 소개하고자 한다. 이 연구들에서는 창의성을 대표하는 확산적 사고과정을 연구하였는데 확산적 사고 중 뇌 활성화 과정을 fMRI를 통해 살펴보았다. 이와 같은 연구결과는 정재승과 로빈슨(2006)의 주장에 명확한 근거를 제공하였다. 본 기고문은 뇌 연구 방식의 변화와 그 자세한 방식을 일반인에게 적합하게 잘 설명하고 있어 인용하였다.

1) Fink 등(2009)이 성인 21명(18~32세)을 대상으로 확산적 사고 측정을 위해 4개 과제(물건용도에 대한 대안적 활용제시, 물건용도의 전형적 특징 제시, 무작위 알파벳으로 시작되는 이름 작명)를 제시하고 fMRI를 진행하였다. 확산적 사고 과제를 수행하면서 좌반구의 전두회, 중심 앞이랑 전측대상피질, 하전두회, 상두전소엽, 하측두이랑이 보다 높은 활성화를 보였다. 물건의 대안적 용도활용 과제의 경우는 양쪽 해마, 좌측 각회, 좌측 시상부위가 보다 활성화되었다. 반면에, 물건의 일상적 용도 활용 제시 과제의 경우는 우측중전두회, 하후두이랑, 하측두이랑이 활성화되었다.

2) Ellamil 등(2012)은 15명 예술디자인 전공 대학생을 대상으로 이민, 종교, 전쟁 등의 공공 문제 등에 대한 요약본을 참조하여 작성된 서책 설명서에 근거하여 책표지를 디자인하는 확산적 사고(아이디어 생성과 평가 과정 비교)를 fMRI로 측정하였다. 기준선과 비교해 볼 때, 양쪽 아래마루소엽, 좌반구 하전두이랑, 양쪽 상측 두정소엽, 양쪽 중간측두이랑, 좌측 소뇌가 아이디어 생성 과제에서 보다 활성화되었다. 반면에, 아이디어 평가 과제에 있어서는 전대상피질, 배외측전전두엽, 내측전전두엽, 후대상피질이 양쪽 좌우반구 모두에서 기준선보다 활성화되었다.

3) Huang 등(2013)은 28명 의과대학생 대상으로 TTCT 도형형 과제에 근거하여 그림단서를 활용해서 독창적이 그림 상상을 유도하는 과제와 일상적인 공통패턴을 완성하는 과제를 부과하여 fMRI를 측정하였다. 평범한 아이디어 생성과제와 비교해서 확산적 사고과제 동안에 좌중전전두엽피질, 하전두회, 우중후두엽이 보다 많은 신경활성화가 나타났으며, 좌두정엽에서의 신경활성화가 훨씬 낮게 나타났다. 한편, 확산적 과제를 수행하는 동안 좌중전전두엽피질과 하전두회에서의 신경활성화는 증가되었지만 우중전전두엽피질과 좌하두정소엽의 신경활

성화는 감소하였다.

4) Benedek 등(2014)은 35명 성인(18~29세)을 대상으로 확산적 사고과제로서 일상 물건(예: 자동차 타이어)의 대안적인 활용 용도 제시하는 과제를 진행하고 이를 fMRI를 측정하였다. 확산적 사고와 좌하전두회, 상전두회, 하측두이랑, 상측두이랑, 양쪽 중심앞이랑에서의 신경 활성화가 연관되어 있는 것으로 나타났다. 반면에, 우측두두정부 설정부와 후대상피질에서의 두뇌활성화는 확산적 사고과제 동안에 감소되었다. 새로운 아이디어가 생성될 때 좌하측두정엽에서 유의미한 활성화가 관찰되었다. 오래된 아이디어가 기억으로부터 인출될 때는 어떠한 의미 있는 활성화도 발견되지 않았다.

앞의 네 가지 fMRI실험에 의한 연구결과는 대뇌의 외측 표면에서 관찰되는 여러 주름과 고랑, 이랑 등의 부위를 나누어 설명하고 있다. 비전문가로서 모든 부위를 세부적으로 이해할 수 없지만 이름에 명기된 상하좌우, 전후 중의 내용만으로도 확산적 사고는 한정된 부위에 이루어지는 것이 아니라 다양한 부위에서 이루어진다는 것을 알 수 있다. 또한 박선형(2018)이 밝혔듯이 확산적 사고 관련 다양한 실험에 따른 연구결과가 아직 일관성을 보이는 단계가 아니다. 그러나 종합적으로 이 결과는 창의성은 뇌 전반의 활성화와 관련 있다는 것은 입증해 주고 있다. 정재승 교수의 결론과 마찬가지로 박선형이 살펴본 fMRI 활용한 선행연구도 창의성이 뇌 전반에서 활성화된다는 것을 밝히고 있다. 입증된 결과에만 집중하는 것이 아니라 이렇게 그 과정을 살펴보면서 근거를 이해하는 과정은 우리의 창의성, 새로운 생각으로의 연결을 제공해 준다고 할 수 있다.

Play Revolution and Creativity

제8장

창의성 증진을 위한 다양한 기법*

창의성 기법(Creativity techniques)은 창의성 훈련에서 널리 사용되고 있는 방법이다. 창의성의 중요성을 인식한 이후, 그 동안 창의성을 신장시키기 위한 다양한 방법 중 하나로 고려되어 온 것은 다양한 창의적 사고 기법을 활용한 창의성의 직접적 계발이다(박인영, 2018; 전경남, 2011). 창의성 기법이란 크고 작은 사적 · 공적 문제들을 해결하거나 창의적인 태도를 갖기 위해 사용하는 일종의 창의성 훈련 도구라고 할 수 있다(박인영, 2018; 전경원, 2003).

지금까지 개발된 창의성 기법은 약 삼백 가지 이상으로(전경원, 1997), 다양한 문제를 새롭게 해결하기 위해서는 어떤 한 가지 기법만이 도움을 주는 것이 아니기 때문에 문제와 상황에 따라 적절한 기법을 선택하여 사용하는 것이 좋다.

* 이 장의 내용은 전경원(1997, 2003, 2010)이 제시하고 있는 다양한 창의성 기법을 기반으로 서술하고자 한다.

브레인스토밍

개념

브레인스토밍은 어디서 유래되었을까? 이는 정신분석학자인 프로이트가 1900년대 초 치료의 일부분으로 의뢰인의 머릿속에 떠오르는 아이디어를 '자유 연상'하도록 한 심리학적인 기법에서 유래되었다고 볼 수 있다. 그 이후 브레인스토밍이란 용어를 사용하여 광고 회사의 부사장으로 있던 오스번이 창의성 기법으로 일컬었다. 이는 다양한 창의성 기법 중에서 가장 널리 알려진 기법으로, 처음에는 광고 회사와 같이 아이디어를 양산해야 하는 곳에서 '조직적인 아이디어의 창출 기법'으로 사용했으나, 그 이후 산업계와 교육계에서도 널리 사용되었다(전경원, 2003에서 재인용).

브레인스토밍은 '두뇌'라는 뜻의 브레인과 '폭풍'이라는 뜻의 스토밍이 결합된 단어로 '두뇌 폭풍(Brainstorming)'을 의미한다. 이는 집단 발상 방법으로 문제해결의 단계 중 빠른 시간에 많은 아이디어를 낸다는 것에 역점을 둔 아이디어 발상법이다. '두뇌 폭풍'이라는 말 뜻과 같이 특정한 문제나 주제에 대해 두뇌에서 마치 폭풍이 몰아치듯이 생각나는 아이디어를 모두 내놓는 기술이다.

브레인스토밍은 창의성 기법 중에서 가장 기본적으로, 이를 잘 익혀서 다른 기법을 이해하는 데 도움이 되도록 한다. 특히 브레인스토밍은 유창성과 융통성 신장에 도움을 주며, 민주시민으로 성장하고 활동하기 위해 필수적인 토론과 대화 기술을 배울 수 있다.

규칙

브레인스토밍을 실시할 때에는 다음과 같은 네 가지 기본 규칙을 기억해야 한다.

창출된 아이디어를 비난하거나 평가해서는 안 된다

아이디어의 창출을 저해하는 비판, 평가 또는 판단을 마지막까지 피해야 한다는 것이다. 이 규칙은 비판 엄금, 비판 금물, 평가 보류, 평가 유보라는 단어로 사용되기도 하는데, 사용하는 사람에 따라 약간의 차이는 있지만 '평가 유보'의 개념으로 받아들이면 된다.

아무리 우스꽝스러운 아이디어라도 수용되어야 한다

창의적인 사고는 자유로운 분위기에서 일어난다. 자유로운 느낌이나 생각을 표현하게 함으로써 두뇌 활동은 더욱 촉진되고, 더 많은 양의 아이디어를 낼 수 있다. 즉, 약간은 어리석어 보이고 엉뚱하거나 우스꽝스러운 아이디어도 수용해야 한다는 것이다.

아이디어는 많을수록 좋다

질 높은 아이디어보다는 많은 양의 아이디어가 중요하다는 것인데, 많은 양의 아이디어 속에서 질 높은 아이디어가 나올 수 있다고 보기 때문이다. 그러므로 어떤 평가도 내리지 않고, 생각할 수 있는 모든 아이디어는 떠올려보는 것이 중요하다.

이미 제안된 아이디어로부터 다른 아이디어를 이끌어 낼 수 있도록 한다

이 규칙은 남의 아이디어에 편승한다는 의미로, '히치하이크'나 '무임승

차'라고도 한다. 타인의 아이디어에 착안하여 자신만의 아이디어를 생각해 내거나, 2개 이상의 아이디어를 결합하여 제3의 아이디어를 내놓는 것을 의미한다.

진행방법

브레인스토밍은 혼자서 해도 무방하고, 소집단, 또는 때에 따라서 수백 명이 함께 참여할 수도 있어 인원수에 규제를 둘 필요는 없지만, 적정 인원은 12명 내외라 할 수 있다. 처음 브레인스토밍을 경험해 볼 때에는 4~6명의 소규모 그룹에서 경험하도록 하는 것이 좋으며, 짝수보다는 홀수가 좋다. 그 이유는 브레인스토밍이 끝난 후에 아이디어를 평가할 때 찬성과 반대의 수가 동일한 경우를 피하기 위해서이다.

브레인스토밍을 할 때에는 가능한 한 모든 참가자가 원형으로 앉는 것이 바람직하나, 원형배치가 불가능할 경우, 구성원이 서로 마주 볼 수 있는 형태를 취하는 것이 좋다. 또 그룹의 구성원을 남녀노소, 전문가와 초심자 등이 섞이도록 할 경우, 문제에 대한 폭 넓은 시각으로 인하여 좀 더 다양한 아이디어를 산출하는 데 도움이 될 수 있다.

브레인스토밍을 하는 과정에서 시간 제한은 없으나, 보통 1시간 정도 진행할 수 있으며, 브레인스토밍에 대한 경험의 유무, 주제, 연령 등에 따라 융통성 있게 조정하는 것이 필요하다. 브레인스토밍의 진행과정은 사전 활동, 본 활동, 사후 활동으로 나누어 좀 더 자세히 살펴보면 다음과 같다.

사전 활동

- ✔ 토의 진행자인 리더와 토의 내용을 받아 적을 기록자를 한 명씩 선정한다. 하지만 경우에 따라 기록자를 2명으로 하여 교대로 적을 수 있다. 또 아이디어를 빠뜨리지 않고 기록하기 위해 녹음이나 칠판, 또는 커다란 기록지를 준비하는 것이 바람직하다.
- ✔ 브레인스토밍 시작 전 5분 정도 워밍업을 하여 두뇌 회전 준비운동을 하는 것이 좋으며, 워밍업에 사용되는 주제는 간단하고 금방 떠올릴 수 있는 것이 효과적이다.

  ex) 워밍업 주제: 1. 동그랗고 길쭉한 것?

  2. 파란색 하면 떠오르는 것?

본 활동

- ✔ 토의할 주제를 모든 사람에게 알려 준다. 구성원이 머리를 맞대고 그 자리에서 주제를 정해 보는 것도 좋은 방법이다. 또는 토의주제를 며칠 전에 공고할 수도 있다.
- ✔ 토의가 시작되면 손을 들어 의사표시를 하고 리더의 허락을 받은 뒤 한 번에 한 사람씩 발언한다. 만약 히치하이킹의 경우라면 '히치하이크'라고 말하고, 즉시 발표할 수 있도록 한다.
- ✔ 리더는 발언자의 아이디어에 대해 비난하거나 비웃는 사람이 있을 때 호루라기, 종, 빨간 깃발 등을 사용하여 주의를 준다.
- ✔ 10~15분가량 지났는데 아이디어가 계속해서 나오지 않을 때는 리더가 그때까지 나온 내용을 읽어 주고, 그것을 바탕으로 새로운 생각을 떠올릴 수 있도록 도와준다.
- ✔ 어느 정도 토의가 진행되고 나서는 아이디어를 내는 사람이 더 이상 없다면 리더는 토의를 마쳐도 좋을지 물어보고, 모든 사람이 동의할 경우에는 발표된 아이디어들을 모아서 정리해 본다. 그리고 추가하

고 싶은 내용이나 의문이 생기는 내용이 있으면 더 발표하도록 한 후 토의를 끝낸다.

사후 활동

브레인스토밍 후에는 반드시 평가 시간을 갖는 것이 좋다. 다음은 평가 방법의 예이다. 브레인스토밍 시간이 끝난 후에 구성원들은 모든 아이디어를 기록한 복사물을 받는다. 이것은 나중에 더 깊이 탐구하여 생각을 결합한 후 유용한 아이디어의 최종적 선택을 위해 사용될 수 있다. 이러한 평가와 선택은 브레인스토밍 시간 후에 각각의 구성원이 하도록 한다. 뒤늦게 떠오른 아이디어나 사고에 대해서는 브레인스토밍 후에 재정리의 시간을 갖는 것도 좋은 생각이다. 평가되거나 최종 선택된 아이디어를 실행하기 위해 계획을 세우고, 아이디어를 발전시키고 이행하도록 소집단이나 대집단 활동을 하게 된다. 이를 위해 제2차 브레인스토밍이 진행될 수도 있다.

Worksheet

다음의 주제 중 하나를 선택하여 브레인스토밍을 해 보자.

1. 돈 없이 노는 방법

2. 스트레스 받지 않고 팀플하는 방법

리 더	
기록자	
참가자	
주 제	

1. ______
2. ______
3. ______
4. ______
5. ______
6. ______
7. ______
8. ______
9. ______
10. ______

11. ______________________________

12. ______________________________

13. ______________________________

14. ______________________________

15. ______________________________

16. ______________________________

17. ______________________________

18. ______________________________

19. ______________________________

20. ______________________________

21. ______________________________

22. ______________________________

23. ______________________________

24. ______________________________

25. ______________________________

26. ______________________________

27. ______________________________

28. ______________________________

29. ______________________________

30. ______________________________

브레인스토밍 아이디어 평가

브레인스토밍을 할 때는 아이디어를 평가하지 않는다. 브레인스토밍이 다 끝난 뒤에 평가를 하면 된다. 새로운 아이디어를 평가하는 방법은 다양한데, 그 중에서도 육색모자기법과 PMI(Plus-Minus-Interesting)기법이 가장 널리 사용되고 있다.

① 육색모자기법

육색모자기법은 여섯 가지 유형의 관점으로 아이디어를 평가하는 방법이다. 개인과 집단 모두가 이 방법을 이용하면 거의 모든 유형의 아이디어를 빠르게 평가할 수 있다. 이 기법은 단순하지만 강력하다. 여섯 색깔 모자를 사용하면 논쟁에서 벗어나 생산적인 토론을 할 수 있다. 이 기법을 사용할 때 평가자는 각각의 색깔 모자에 아이디어를 넣고 상상하고 아이디어를 평가하는 것이다. 각각의 색깔 모자는 서로 다른 사고 유형이나 아이디어를 평가하는 관점을 나타낸다. 한 사람은 보통 한 가지 측면만을 보기 마련이다. 이 방법은 평소 생각하지 않는 방식으로 사고할 수 있도록 도와준다는 점에서 사고력 확장에 큰 도움이 되는 기법이다. 지혜로운 결정을 하기 위해서는 한 가지 모자만 사용해서는 안 되고, 다양한 색깔의 모자를 써 봐야 한다. 그러면 각각의 색깔 모자가 무엇을 나타내는지, 특정 모자를 썼을 때 어떻게 해야 하는지 알아보자.

〈표 8-1〉 여섯 색깔 모자의 역할

	개념	필수질문
 파란모자	• 사고과정을 관리하면서 현재 진행중인 사고를 의미한다. • 아이디어를 분석하면서 평가 과정을 제어하고 가장 좋은 길을 선택하기 위해 사용한다.	• 다음에 해야 할 일은 무엇인가? • 지금까지 어떻게 해 왔는가? • 우선사항이 무엇인가?
 노란모자	• 직관주의, 논리에 바탕을 둔 긍정적인 사고를 의미한다. • 긍정적인 생각을 촉진하기 위해 사용한다.	• 이 아이디어의 장점은 무엇인가? • 누가 이익을 얻는가? • 이익은 무엇인가?
 빨간모자	• 자신의 직관, 느낌, 육감, 감정과 관계가 있다. • 자신의 느낌이나 감정 및 직관을 표출하도록 한다.	• 이것에 대한 나의 느낌은 무엇인가? • 이것에 대한 나의 직관은 무엇인가?
 검은모자	• 주의나 경고를 의미한다. • 논리적 사고와 더불어 판단력 및 신중함을 촉진하므로, 아이디어를 평가할 때 이 모자를 활용하면 성급한 판단과 비상식적인 일을 하는 것을 막아 준다.	• 어떤 문제가 있는가? • 어떤 면에서 아이디어가 실현 불가능하다고 생각하는가?
 하얀모자	• 하얀모자는 중립적이며 정보를 담고 있다. • 연구조사 데이터와 같은 사실과 수치의 필요성을 반영한다.	• 우리에게 있는 정보는 무엇인가? • 우리에게 없는 정보는 무엇인가? • 추가적으로 어떤 정보가 필요한가? • 필요한 추가정보를 어떻게 얻을 것인가?
 녹색모자	• 창의적인 노력을 요구하고 대안을 찾기를 의미한다. • 창의성에 초점을 맞추고 아이디어 생산과 나아가 확장을 촉진한다.	• 새로운 아이디어가 필요한가? • 대안은 무엇인가? 다른 해석이 있을 수 있는가? • 다른 방식으로 이 일을 할 수 있는가? • 잠재력은 무엇인가?

② PMI(Plus-Minus-Interesting)기법

이 기법은 아이디어의 장단점을 측정하는 데 사용한다. 이 기법을 사용하기 위해서 종이에 3열로 된 표를 그리고 더하기(Plus), 빼기(Minus), 결과(Implication)를 적어 넣는다. 더하기 열에는 아이디어를 실행했을 때 긍정적인 면들을 기록하고, 빼기 열에는 부정적인 면들을 기록하며, 마지막 결과 열에는 긍정적인 면과 부정적인 면의 결과를 적어 넣는다.

기록을 한 후에 더하기 열과 빼기 열 중에 어느 쪽이 더 많은지 비교해 본다. 한눈에 알아보기 어렵다면 각각의 항목에 1점(전혀 중요하지 않음)에서 5점(매우 중요함)까지의 점수를 매겨서 합산한 후에 점수를 비교하여 더 높은 쪽을 채택하면 된다. 브레인스토밍 활동에서 생산된 아이디어 중에서 좋은 아이디어를 가려내어 선택할 수 있다.

〈표 8-2〉 PMI 작성표

+ 더하기(Plus)	− 빼기(Minus)	결과(Implication)
합계 점수:	합계 점수:	

SCAMPER

개념

브레인스토밍에 관한 네 가지 규칙을 보완하기 위해 창의성 체크리스트를 사용할 수 있다. 대표적인 체크리스트 중의 하나인 스캠퍼(SCAMPER)는 오스본이 제안한 동사 체크리스트를 보완하여 애버를(Eberle, 1971)이 고안하였다. 스캠퍼의 각 내용은 외우기도 쉽고 실생활에 많은 도움을 주기 때문에 창의성 함양에 널리 사용되어 왔다. 그는 자신의 저서에서 이러한 스캠퍼 아이디어를 정교하게 설명하고 있으며, 이 활동을 통하여 창의를 내는 성격과 능력을 신장하도록 권장하고 있다. 스캠퍼는 일곱 단어의 약자로 구성되어 있으며, 특정 대상이나 특정 문제에서 출발해서 그것을 변형시키는 방법으로, 아이디어와 상상력을 동원하도록 도와주는 체크리스트이다. 이 기법을 활용하면 용도를 개발하거나, 품질을 개선하거나, 실용성을 증진하는 등의 아이디어 계발에 유용하다.

진행방법

스캠퍼를 진행하기 위해서는 다음 7개의 약자에 대한 의미를 정확하게 이해할 필요가 있다.

S	Substitute 대치	✔ 성분, 재료, 방법, 과정을 바꿔 보면 어떠한가?
C	Combine 결합	✔ 물건과 물건을 더하거나 방법과 방법, 물건과 방법을 조합해 보면 어떠한가?
A	Adapt 적용	✔ 모양, 재료, 방법, 원리 등을 다른 아이디어를 빌려 응용해 보면 어떠한가?
M	Modify, Magnify, Minify 수정, 확대, 축소	✔ 수정하거나, 확대하거나, 축소시켜 보면 어떠한가?
P	Put to other uses 다른 용도	✔ 다른 용도로 사용하면 어떠한가?
E	Eliminate 제거	✔ 제거하거나 수를 줄이거나 압축시켜 보면 어떠한가?
R	Reverse, Rearrange 반대, 재배열	✔ 반대로 하는 것은 어떠한가? 순서를 바꾸는 것은 어떠한가?

[그림 8-1] 스캠퍼(SCAMPER)의 의미

S	Substitute 대치	✔ 연필 대신에 무엇을 사용할 수 있는가?
C	Combine 결합	✔ 연필에 무엇을 더하면 좋은가?
A	Adapt 적용	✔ 연필을 조건이나 목적에 맞도록 어떻게 조절할 수 있는가?
M	Modify, Magnify, Minify 수정, 확대, 축소	✔ 색, 모양, 형태를 어떻게 바꾸면 좋은가? ✔ 연필을 크게 만들면 어떠한가? ✔ 연필을 작게 만들면 어떠한가?
P	Put to other uses 다른 용도	✔ 연필을 다른 용도로 사용한다면 어떠한가?
E	Eliminate 제거	✔ 연필 중 나무를 제거하면 어떻게 되는가?
R	Reverse, Rearrange 반대, 재배열	✔ 연필을 어떻게 하면 원 위치와 반대로 되는가?

[그림 8-2] 스캠퍼를 연필에 적용한 예

스캠퍼를 진행할 때에는 문제나 주제를 먼저 확인하고, 문제나 주제를 스캠퍼 목록에 맞추어 어떤 새로운 아이디어가 나올 수 있는지 살펴본다. 가능한 한 모든 아이디어를 떠올려 본 후, 창의적인 생각을 표현해 볼 수 있도록 한다.

스캠퍼는 주어진 질문의 패턴에 따라 사고를 전개시키므로 초보자도 쉽게 활용할 수 있으며, 문제 인식을 습관화할 수 있다. 주변에서 나타나는 불편한 점을 볼 때마다 '조금 더 크게 하면?' '조금 더 작게 하면?' 하는 식으로 질문을 던져 봄으로써 인류의 생활을 편하게 해 줄 수 있는 물건들을 만들어 낼 수 있을 것이다.

주의점 및 활용법

스캠퍼 목록은 바로 사물을 개선해 보는 활동으로 시작하기보다 각 목록에 해당되는 내용을 주변에서 찾아보는 경험을 갖는 것이 필요하다. 이는 스캠퍼에 대한 충분한 이해를 도울 수 있을 뿐 아니라, 스캠퍼 기법이 생활 속에서 어떻게 적용되고 있는지 쉽게 알 수 있는 기회가 될 것이다.

Worksheet

이어폰을 스캠퍼 요소에 따라 바꿔 보자.

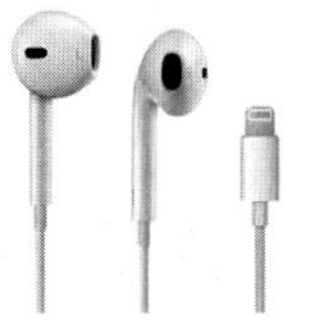	S 대치	C 결합	A 적용
M 수정	P 다른 용도	E 제거	R 반대, 재배열

속성열거법

속성열거법(Attribute listing)은 주어진 문제를 속성 수준에서 분석하여 새로운 아이디어를 산출하는 기법이다. 속성은 다양한 방식으로 추출 가능한데, 이것을 이용하여 기존의 아이디어와는 다른 개념이나 원리를 색다르게 결합하거나 수정하여 새로운 아이디어를 산출할 수 있게 된다. 어떤 대상(형태, 사물, 아이디어, 방법, 과제 등)의 전체나 각 부분들에 대해 그 대표적인 성질이나 형태의 특성을 기술하고, 그것을 개선하고 변형하고 대치하는 등의 발상을 하는 방법이다.

속성열거법을 사용하여 새로운 아이디어를 산출하는 유창성과 고정관념에서 탈피하여 참신한 해결책을 만들어 내는 독창성을 기를 수 있으며, 기존 사고의 틀에서 벗어나 새로운 가능성을 탐색하는 개방적인 태도를 기를 수 있다.

이 기법은 다양한 재료로 사물의 문제점이나 속성을 생각하여 개선된 물건을 만드는 활동에 적용할 수 있다. 예를 들어, 가방이 주제라면 손잡이, 잠

〈표 8-3〉 속성열거법의 예: 내가 살고 싶은 집 구상하기

집의 속성 찾기	• 움직이지 않습니다. • 지붕과 벽이 있습니다. • 방이 여러 개 있습니다.
집의 속성을 새롭게 결합하거나 수정하기	• 움직이지 않는다: 바퀴를 달면? 날개를 달면? • 지붕과 벽이 있다: 지붕이 열린다면? 벽이 투명하다면? • 방이 여러 개 있다: 벽이 없이 모든 방이 열려 있다면? 방이 1개라면?
내가 살고 싶은 집 구상하기	• 투명한 벽에 색깔을 넣어서 집 안에서는 밖이 보이지만 밖에서는 집 안이 보이지 않는 집을 만듭니다. • 벽 안에 침대, 화장실, 부엌 등이 들어가 있어 필요할 때는 열어 쓰고 평소에는 닫아 놓을 수 있는 집을 만듭니다.

Worksheet

'더 나은 핸드폰'을 주제로 속성열거법에 따라 바꿔 보자.

핸드폰의 속성 찾기	• • • • • •
핸드폰의 속성을 새롭게 결합하거나 수정하기	• • • • • •
더 나은 핸드폰 구상하기	• • • • • •

금장치, 안감, 겉감, 색상, 디자인, 주머니 등 주요 부분 및 전체의 대표적인 속성을 기술하고 그것을 하나하나 재검토, 변형, 개선하는 발상을 한다.

강제결합법

개념

화이팅(Whiting)이 창안한 강제결합법은 억지로 관계를 맺는 방법으로, 어떤 사물이나 아이디어를 색다르게 생각해 보는 능력을 개발하도록 돕는 연합 사고 활동이라고 할 수 있다. 즉, 겉으로 보기에는 전혀 관계가 없어 보이는 두 가지 아이디어나 사물을 억지로 결합시키는 활동을 통해 창의적 사고력을 신장시키는 데 그 의의가 있다.

종류 및 진행방법

강제결합법에는 목록표 작성법, 카탈로그 기법, 임의의 강제결합법 등 세 가지 유형이 있다. 이를 살펴보면 다음과 같다.

목록표 작성법

목록표 작성법을 진행할 때는 다음과 같은 순서에 따라 진행한다.

첫째, 문제를 제시하고 목록을 만든다. 이 방법에서는 먼저 문제를 제시한 후, 여러 가지 사물이 목록화된 표를 나누어 준다. 이 표는 진행자가 미리 준비해 온 것일 수도 있고, 참가자와 진행자가 함께 만든 것일 수도 있다. 이러한 목록은 제시된 문제와 아무런 관계가 없는 것이 좋다.

둘째, 제시된 목록을 문제와 연결시킨다. 참가자들은 표에 제시된 사물을 차례로 문제와 연결시켜 본다. 이때 사물들끼리 연결지을 필요는 없다. 자유 연상법을 사용하여 처음 떠오르는 생각에 의해 관계를 지으면 된다. 이렇게 관계 지어진 것에 대한 평가는 아이디어를 결합하는 과정에서는 하지 않도록 한다.

셋째, 아이디어를 평가한다. 관계 지은 아이디어를 모두 기록한 다음에 그것을 보고 수정이 가능한지, 혹은 그 아이디어를 발전시킬 수 있는지, 또는 실행에 옮길 수 있을 것인지 평가해 본다. 이때 평가는 + 또는 -로 기록할 수 있다.

- **문제:** 지각을 하지 않으려면 어떻게 해야 할까?
- **목록표**

왕	고무줄	지갑	신문	피아노

목 록	연결 내용	평가
왕	지각을 하지 않을 때마다 '왕'이라고 불러 준다.	+
고무줄	지각을 하지 않을 때마다 예쁜 고무줄을 선물한다.	+
지갑	지각할 때 지갑에서 지각비를 내도록 한다.	+
신문	지각할 때 신문으로 모자를 만들어 씌워 준다.	+
피아노	지각을 하면 피아노로 시끄러운 소리를 만들어 들려준다.	+

[그림 8-3] 목록표 작성법 예시

카탈로그 기법

앞의 목록표 작성법과 매우 유사하다. 첫째, 문제의 진술이 이루어져야 한다. 둘째, 문제해결책과 연결해서 생각해 볼 사물을 무작위로 카탈로그로부터 뽑아 관계를 구성해 본다. 이때 카탈로그의 페이지를 무작위로 펼쳐 보고 어떤 사물이든 임의로 뽑아 쓸 수 있다. 그리고 이 사물은 문제의 진술에 맞춰서 관계를 볼 수 있는 것이다. 셋째, 표로 작성했던 앞 방법과 같이 평가, 발달, 실행의 단계를 거친다.

- **문제:** 새로운 친구를 사귀려면?

목 록	연결 내용	평가
	커피를 마시면서 새로 만난 친구와 이야기를 한다.	+

[그림 8-4] 카탈로그 기법의 예시

임의의 강제결합법

임의의 강제결합법에서는 문제의 진술이 필요하지 않다. 단지 필요한 것은 무작위로 선택된 단어들이나 사물들, 혹은 아이디어들이다. 이 중에서 무작위로 2개를 뽑아 억지로 연결시켜 생각해 보는 것이다. 이렇게 형성된 아이디어들은 그 이후에 발전시켜 볼 수 있다. 임의의 강제결합법은 다음과 같다. 첫째, 활동을 실시하기 위해 우선 큰 그릇 또는 상자를 준비하여 여기에 사물의 이름을 적은 쪽지를 넣어 둔다. 둘째, 이 중에서 2개를 뽑아 읽고 그 것들을 함께 연결시켜 독창적인 아이디어를 만들어 본다.

유의점

강제결합법을 사용할 때는 반드시 '브레인스토밍'의 네 가지 규칙을 상기하여 아무리 이상한 아이디어라도 받아들이도록 하고, 비난하는 것을 삼가도록 한다.

제3부

창의성 증진 놀이의 실제

놀이와 창의성은 뇌 과학적으로 비슷한 부분이 활성화되는 만큼 놀이와 창의성은 불가분의 관계라고 할 수 있다. 일상생활 속 다양한 놀이 안에서 창의성 증진을 위한 놀이의 종류를 알아보고 놀이의 실제를 연령별로 살펴보고자 한다. 또한 창의성 증진을 위한 표현놀이와 문제해결놀이의 실제를 심층적으로 살펴보고자 한다.

Play Revolution and Creativity

제9장

창의성 증진 놀이의 종류

놀이와 창의성은 뇌 과학적으로 비슷한 부분이 활성화되는 만큼 놀이와 창의성은 불가분의 관계라고 할 수 있다. 자연스런 놀이 안에서는 창의성 증진의 기회가 많다. 이와 같은 놀이는 혼자 이루어질 수도 있으나 집단의 다양한 역학적 관계 안에서 놀이의 즐거움은 배가될 수 있고 창의성은 증진도 배가될 수 있다. 놀이와 마찬가지로 창의성 또한 개인 단위뿐만 아니라 조직 단위에서 다루어질 수 있다. 창의성 증진을 위한 놀이의 종류를 다루기에 앞서 개인 단위와 조직 단위에서의 창의성로 나누어서 살펴봄으로써 창의성 증진을 위한 다양한 놀이의 가능성을 살펴보고자 한다.

2008년부터 창의성진단연구소를 운영하고 있는 한국창의성학회는 개인단위의 창의성과 조직단위를 창의성을 구분하여 정의하였다. 개인 단위의 창의성이란 특정개인이 행위적 · 인지적 · 감정적으로 다양한 노력을 기울이는 과정으로 정의한다. 그리고 그 창의적 산출물까지 포함하여 정의할 수 있다. 반면, 조직단위의 창의성이란 개인이 아니라 조직의 구성원 간의 상호작용을 통해 새로운 산출물, 즉 아이디어, 절차, 상품, 서비스 등을 만드는 과정이자 그 창의적 산출물 자체로 정의할 수 있다. LG연구원 박지원(2014)이

교육부에서 출간하는 행복한 교육에 투고한 내용을 발췌 · 인용하고자 한다. 이 글을 통해 집단 창의성을 활성화하기 위한 방안을 소개하고자 한다.

『왜 창의적 집단인가?』
박지원, LG 연구원 경영연구부문 책임연구원

사람들은 흔히 지금까지 1명의 천재가 놀라운 통찰력을 발휘하여 세상을 바꿨다고 생각한다. 하지만 『그룹 지니어스(Group Genius)』의 저자 소여(Sawyer) 교수(2007)는 1명의 천재가 세상을 바꾸는 것은 신화에 불과하다고 말한다. '혁신적 성과는 그룹에 속한 사람들이 협력하여 통찰력을 이끌어낼 때 가능했으며, 개개인의 통찰력을 모았을 때 엄청난 위력을 발휘하게 되었다'는 것이다. 실제로 프로이트는 정신분석학의 창시자로 인정받았지만 사실 광범위하게 구축된 동료 네트워크로부터 아이디어를 얻었고, 발명왕 에디슨도 골방에서 혼자 연구하는 사람이 아니라 뛰어난 사교가이며 협업가였다고 전해진다. (중략) 많은 미래학자나 경영학자는 집단 창의성(지성) 시대의 도래를 예측하고 있다. 집단 창의성, 혹은 집단 지성(Collective Intelligence)이란 다수의 개체가 서로 협력하거나 경쟁을 통해 얻게 된 집단의 지적 능력을 의미한다. ……(중략)…… 개개인의 지식과 창의력이 모이면 훨씬 더 큰 성과를 창출할 수 있다는 의미이다. 특히 호기심 있는 대중의 자발적 참여, 자율성, 개방성, 수평적 관계에서의 협업 등이 주요 특징으로 꼽힌다. ……(중략)…… 탭스콧(Tapscott)과 윌리엄스(Williams)가 말했듯, 이제는 '참여와 협업의 시대'이다. 경영, 정치, 사회, 문화, 과학 등에서 집단 창의성이 활용될 전망이다. 집단 창의성을 활성화하기 위해서는 다음 몇 가지를 고려할 필요가 있다.

첫째, 공유에 대한 인식의 변화가 필요하다.

둘째, 집단 창의성의 핵심은 커뮤니케이션을 통한 생각의 결합, 호기심과 열정의 발휘, 인정과 성취감 등인데 이를 원활하게 하기 위해서는 리더들의 역할이 무엇보다 중요하다. MIT 집단 지성 센터의 토머스 맬론(Malone) 교수는 '군중의 창조와 리더의 의사결정이 적절히 조화되었을 때 비로소 집단 창의성(지성)이 성공할 수 있다'고 말한 바 있다. 리더의 전문성, 통찰력과 더불어 리더의 커뮤니케이션 역량도 집단 창의성을 활성화하는 데 중요한 요건으로 꼽힌다.

셋째, 보다 수평적이고 구성원들의 호기심 및 자발성을 최대한 활용할 수 있는 조직 모습을 고민해야 한다.

비록 박지원의 글은 기업 경영과 관련된 분야에서 다루어지고 있지만 집단 창의성의 힘과 가능성은 사회의 전 분야와 연결될 수 있다. 또한 우리가 일상적 삶을 영위하는 모습에 변화를 줄 수 있다. 우리가 생각하는 지식과 창의성에 대한 기존의 개념을 되돌아보게 된다. 박지원이 이야기하고 있는 집단 지성을 위한 방안은 잘된 놀이의 특성과도 유사하다. 잘된 놀이 안에서는 자발적 정보의 공유가 자연스럽게 일어나고 놀이로서 경쟁을 즐기게 된다. 그리고 놀이 중에는 결정권자인 놀이 리더의 역할이 중요하다. 놀이 리더에 의해 마련되는 구성원 간의 소통과 그룹의 통찰이 중요하다. 또한 잘된 놀이 안에서는 모든 구성원이 평등한 관계와 서로 다르지만 존중받는 관계 속에서 놀이의 즐거움과 만족감이 창출될 수 있다. 우리가 앞으로 집중적으로 살펴보려고 하는 놀이의 종류와 모습에서도 개인뿐 아니라 집단 창의성의 가능성을 연결하여 살펴보고자 한다. 놀이의 기본 형식이라고 할 수 있는 네 가지 놀이, 즉 첫째, 우연에 거는 놀이, 둘째, 경쟁하는 놀이, 셋째, 가상적인 놀이, 넷째, 스릴을 즐기는 놀이 속에 잠재된 창의성 증진의 요소를 살펴보고자 한다. 볼츠(2017)의 『놀이하는 인간』이라는 책에서 발췌한 내용을 다루고자 한다. 그 후에 우리가 일상생활에서 많이 고민하고 다루게 되는 놀이의 개념인 다섯째, 일과 놀이, 여섯째, 관계적 놀이에 대해서 브라운과 본

(2010)이 저술한 『플레이, 즐거움의 발견』 내용을 인용하고자 한다. 마지막으로 본 교과서에서 다루고 있는 창의성 증진을 위한 놀이를 위한 교육적 측면에서 바라본 일곱째, 문제해결놀이와 표현놀이를 다루고자 한다. 이렇게 일곱 가지로 구분한 놀이의 종류는 서로 배타적인 구분이라기보다는 놀이의 다양한 측면이 어떻게 창의성 증진과 연관될 수 있는지 살펴보는 데 그 의의가 있다.

우연성 놀이

볼츠(2017)는 우연성 놀이가 순전히 행운의 놀이, 운명의 우연에 건 놀이를 의미한다고 했다. 대표적인 예로 주사위 놀이나 룰렛이 있다. 놀이 참여자는 무차별적인 운명의 기회에 있을 것이라는 막연한 추측으로 놀이를 한다. 이때 수학적 확률은 고려되지 않는다. 볼츠는 이러한 우연한 좌우되는 우연성의 놀이가 놀이의 가장 순수한 형태라고 여긴다.

[그림 9-1] 우연성 놀이

행운의 놀이에서는 누구나 예외 없이 평등한 존재다. 바보도 지식인도 노인도 어린이도 복권에 당첨될 수 있다. 우연성 놀이에서 우연성은 개개인이 성취한 모든 것을 비웃어 버린다. 놀이 안에서 운명이 놀고 있다. 우연성 놀이의 두드러진 특성은 개인이 놀고 있다기보다 오히려 게임에 의해서 놀아나고 있다는 사실이다. 우리는 속수무책의 두려움 또는 친근한 일말의 기대 속에서 놀이하고 최소한 기대감의 자극만큼은 그대로 즐길 수 있다. 여기서 모든 우연성 놀이의 공통된 성격이 드러난다. 성인이 아이와 장기를 두는 일은 분명 지루한 일이지만 주사위 놀이는 아이와 할 때 지루함을 못 느낄 것이다. 우연성 놀이는 절대적 우연성 앞에 만인을 평등하게 만든다. 운명에 대한 일종의 행복한 항복으로 우리는 인위적인 속수무책의 쾌락을 즐긴다. 이런 놀이에 졌다고 낙오자가 되는 것은 아니다. 우연성 놀이는 무력감이 우리의 일상을 엄습하는 데 어느 정도 반응하도록 만든다. 인간은 태어날 때 출생의 우연성 때문에 불리하고, 살아가는 과정에서도 성취에 대한 경쟁에 압박을 받는다. 그러나 우연성 놀이의 우연성은 모두를 보상한다.

우연성 놀이의 특성인 평등성은 인간의 삶 자체에 대한 물음을 실험해 볼 수 있다. 또한 놀이자 간의 수평적 관계라는 측면에서 창의성 발현의 초석이 될 수 있다. 우연성 놀이는 혼자서도 가능하지만 자연스럽게 2명 이상이 참여하게 된다. 남녀노소의 구분 없이 모두 같은 우연성 안에서 놀이를 하게 된다. 비록 우연성 놀이가 창의적 문제해결 같은 인지적 차원에서의 창의성 증진에 기여하지는 않지만 모든 인간 간의 평등성의 개념을 인정하고 평등한 관계의 기본 개념을 인식시켜 주고 이것이 다양한 소통과 대안 제시에 있어 창의성으로 나아가는 데 기본이 될 수 있다.

경쟁하는 놀이

볼츠(2017)는 경쟁하는 놀이의 대표적인 예는 스포츠게임을 하는 것이라고 간주했다. 혼자 자신의 기록과 경쟁하거나 다른 사람과 경쟁하거나 또는 다른 그룹의 사람들과 경쟁하는 구조를 가진 놀이이다. 예를 들어, 월드컵이든 올림픽이든 참가하는 것이 전부가 아니라 경쟁을 해야 한다. 여기에서는 성적이 가장 중요한 논리다. 다른 사람과 우열을 다툼으로써 자신을 표현한다. 대결에 돌입한 투사는 다른 경기자들과 자신을 구분하려고 한다. 그는 뛰어난 활동을 통해 다른 투사들보다 두각을 나타내려고 한다. 그러나 이것은 한편으로 놀이이기 때문에, 또한 스포츠 정신이라는 이름 아래, 적대적 감정이 동반되지 않는 대결이 이루어진다. 승자는 패자를 능멸하는 것이 아니라 자신의 행복을 현재화한다. 이것이 바로 물질적 가치로만 볼 때는 전혀 값어치가 안 나가는 우승 트로피가 그렇게 중요시되는 이유다. 축구선수들의 경기뿐만 아니라 나의 동네에서의 경기에 내가 추구하는 경쟁 놀이와 우승 트로피도 같은 개념이다. 그리고 꼭 트로피가 아니더라도 정신적으로 성취에 대한 만족감 등이 우승 트로피와 같은 만족감을 제공한다.

[그림 9-2] 경쟁하는 놀이

이와 같은 개인 안에서 경쟁과 개인 간의 경쟁, 그룹 간의 경쟁 속 선의적 경쟁의 개념은 자신의 기량을 높이기 위한 훈련의 과정에서 창의적 성찰이 이루어질 수 있다. 앞에서 창의성의 개념에서 이야기했듯이 창의성은 갑자기 하늘에서 떨어지는 우연한 축복이 아니다. 창의성은 반복과 훈련 속에서 다양한 변이가 자연스럽게 이루어지게 되고 더 나은 발전을 위해 스스로 성찰하며 창의적 문제해결의 가능성이 높아진다. 비단 스포츠게임뿐만 아니라 완성도와 기량을 높이는 다양한 놀이 활동, 즉 다양한 미술작업, 음악작업도 이렇게 경쟁 있는 놀이의 개념 아래에 포함될 수 있고 이들도 끝없는 반복과 훈련, 즉 습작들 안에서 다양한 변이와 가능성을 실험하면서 창의성이 촉진될 수 있다. 놀이의 특성 중 반복이 있듯이 반복을 통한 기량 연마 등은 새로운 단계의 창의적 결과물을 만들어내기 위한 과정을 제공할 수 있다.

가상적인 놀이

가상적인 놀이라고 했을 때 상상놀이 영유아들의 소꿉놀이 속 엄마 아빠 역할의 가상적인 상황이나 왕자와 공주의 가상적 상황, 도둑과 형사의 가상적 상황 또 TV 애니메이션에 나오는 캐릭터들을 따라 하고 놀이하는 모습을 상상하게 된다. 볼츠(2017)는 영유아들의 놀이뿐만 아니라 성인들도 가상적인 놀이를 하고 있다고 본다. 성인의 대표적인 가상적인 놀이로서 경기 관람을 예로 들고 있다. 구체적으로 축구를 예로 들어 설명하면, 프로선수들의 시합은 경기장이나 텔레비전 앞의 관객들을 위한 연기다. 여기서 구경한다는 것은 실제로 역할놀이, 가상놀이를 한다는 것이다. 즉, 경기에서 동작을 가상적으로 함께 체험하는 것이다. 그렇기 때문에 직접 경기를 해 보지 않은 사람 또는 축구를 전혀 경험하지 못한 사람은 관전하는 데서 별로 재미를 느끼지 못한다. 왜냐하면 경기가 이루어지는 공간은 같이 느껴야만 하는 가상적 움직임의 공간이기 때문이다. 드라마 시청, 독서, 영화 감상 등도 이와 같은 가상적인 공간의 공유를 통한 놀이라고 할 수 있다.

[그림 9-3] 가상적인 놀이

오늘날 이런 가상현실놀이로 설명될 수 있는 분야는 컴퓨터게임에서부터 그 폭이 넓다. 이 부분은 특히 표현예술의 모든 영역과 연결이 용이하여 연구가 활발하다. 컴퓨터게임은 더 이상 혼자 남아도는 시간을 쓰기 위한 단순 여가활동이 아니라 가상현실 속에서 세계에 대한 완전히 새로운 관계 맺기라는 점을 강조하고 있다. 또한 놀이의 세계와 일상 현실의 경계가 허물려 해결해야 하는 현실적인 문제를 놀이로 변화함으로써 그 문제를 해결을 시도하는 움직임도 있다. 가상현실 세계 속 놀이를 통한 비즈니스 영역과 교육의 영역뿐만 아니라 군사 문제에도 이런 부분이 적용되고 있다.

이와 같이 가상적인 놀이를 통한 추상적인 사고의 공유가 이루어지고, 현실과는 다른 현실화가 가상현실로 구현될 수 있다. 이 안에서의 놀이는 다양한 새로운 가능성을 가능하게 한다. 현실의 제약을 뛰어넘는 가상공간의 구성 및 공유과정은 혼자만으로 그 즐거움이 미약할 수 있다. 그룹으로 추상적 공간의 공유가 이루어지고 서로 소통되는 과정을 통해 현실에 타격을 덜 받으며 새로운 시도와 문제해결이 끊임없이 이루어질 수 있다. 이런 가능성은 창의성을 촉진하는 기회가 될 수 있다. 가상적인 놀이는 우리가 대부분 수동적이라고 여기며 문제시하는 놀이 형태이다. 새로운 가능성 창출과 창의성 증진도 있을 수 있지만, 한편 중독과 같이 변이가 없는 반복으로 치달을 수 있는 문제점도 있을 수 있다. 이와 같은 놀이들을 단순히 수용하고 받아들이는 차원을 넘어서 적극적인 놀이 차원 또한 비판적으로 바라보는 놀이의 차원이 고려되어야 한다.

스릴을 즐기는 놀이

볼츠(2017)는 무아지경과 도취의 경험, 흥분과 통제를 상실하려는 욕구에 의한 놀이를 이 부분에 포함시켰다. 그 예로 공포영화를 통한 놀이를 들고 있다. 공포영화를 통해 사람들은 충격을 소비한다. 센세이션은 충격이 상품의 형태를 띤다. 센세이션을 일으키는 공포와 전율의 경험은 흥미의 원칙에 따라 손에 땀을 쥐는 긴장감을 만들어 낸다. 인류학자들은 이런 충격의 놀이적 소비에는 완전히 새로운 경험을 원하는 욕구가 숨어 있다고 했다. 이런 경험에서는 사냥꾼들이 아주 오랜 옛날 태고에 느꼈던 체험, 즉 흥분, 모험, 열광이 반복된다. 서커스의 공중그네 곡예사뿐만 아니라 올림픽의 평행

봉 선수에서 느끼는 감정과 놀이를 의미한다. 긍정적 충격은 자기 통제를 잃어버리는 데서 오는 황홀감을 만들어 낸다. 자기통제의 상실은 다른 것으로부터 통제를 받음으로써 재미있고 오락적인 것이 된다. 수동적 통제보다는 적극적 통제를 대신한다. 놀이 참여자들은 아무것도 할 수 없지만 어떤 일이 일어날지 예측할 수는 있다. 롤러코스터나 번지 점프가 좋은 예다. 즉, 쇼크에 몸을 맡기고 무서움을 즐기는 것을 의미한다.

[그림 9-4] 스릴을 즐기는 놀이

이런 놀이의 몰입적인 요소, 감각적인 요소는 창의성을 열어 나가는 하나의 요소로 생각해 볼 수 있다. 정서적 몰입과 흥분되는 감정, 이 과정에서 발휘되는 즉흥성은 창의성의 초석이 될 수 있다. 어쩔 수 없이 불려지는 정서적 반응을 통해 자발성과 상황의 발현적 특성이 살아나게 된다. 이와 같은 자발성과 발현성 또한 창의성을 위한 중요한 요소가 될 수 있다. 일반적으로 일상생활에서는 맛보기 어려운, 일상생활을 탈주하는 경험들을 통해서 경험의 변이를 만들고 이 과정에서 사고의 전환을 경험하게 된다. 사고의 전환 또한 새로운 가능성을 열어 주고 창의성으로 나아갈 수 있다.

일과 놀이

일과 놀이의 철저한 분리가 아니라 서로 역설적인 부분도 있지만 서로 연결되는 부분들을 통해 일에 있어서의 창의성을 증진시키고 또한 놀이의 의미를 더 확대시킬 수 있다는 관점에서 접근하고자 한다. 브라운과 본(2010)은 놀이의 반대말이 일이 아니라 우울함이라고 했다. 우리가 일상적으로 반대라고 생각하는 일과 놀이의 관계를 재정립하고 있다. 우울하고 아픈 사람들, 동물들은 놀이하지 못한다. 놀이와 일은 서로 반대 방향을 향하고 있는 것이 아니라 오히려 상호보완적이다. 놀이와 일은 둘이 같이 가지 않으면 하나로는 잘될 수 없는 관계이다. 우리는 놀이를 통해 얻을 수 있는 발견의 느낌과 생동감을 느낀다. 또한 일을 통해서는 목적의식과 경제적 안정 및 사회에 기여하고 소속되고 인정받는 느낌을 얻는다.

[그림 9-5] 일과 놀이

이런 일과 놀이의 공통된 특징은 창의성이다. 일을 하든 놀이를 하든 간에 우리는 자신의 세계를 건설하고 새로운 관계를 맺고 새로운 신경회로를 만들어 내고 사물을 창조한다. 놀이와 일이 최대한 효과적으로 통합되면 우리는 세계와 우리 자신을 이해할 수 있게 된다. 현재 우리의 일은 놀이로부터 너무 멀어져 있는데 생물학적으로 놀이를 하도록 프로그래밍된 우리의 본성을 존중하는 것이 일을 변화시킬 수 있다. 일을 다시 신나고 새로운 것으로 만들 수 있다. 일을 멈추고 놀이를 해야 한다. 레크리에이션을 통해 재창조해야 한다. 여가를 통한 일의 효율을 높이는 방법도 있고 일 안에서 놀이적 요소를 취하는 방식도 있을 수 있다. 인텔의 사장들이 스스로를 해고해 보는 역할놀이를 통해 회사의 위기를 외부자적 관점으로 다시 보고 문제를 해결한 경우를 설명하고 있다. 또한 펩퍼스와 경쟁하고 있는 하기스의 광고를 만드는 과정에서 이성적으로 따진 제품의 우수성을 광고하는 것도 좋지만 상상력을 발휘해 약간 거리를 두는 경험을 통해 정서적 · 감정적 차원의 광고로 돌아간 것이 성공요인이 되었던 사례를 들고 있다. 또한 농담이나 빈둥거리는 것만이 놀이가 아니라 때로는 팀들 간의 친근한 경쟁도 놀이가 될 수 있다. 이 부분이 효과적으로 잘 이루어진다면 집단 창의성을 활성화할 수 있는 기회가 되기도 한다.

창의성을 연구하는 사람들은 창의적인 과정이 본질상 모순적이고 역설적임을 발견했다. 창의적인 사람은 열심히 노력하는 동시에 빈둥거린다. 그들은 어떤 과제에 대해 레이저 같은 집중력을 보이지만, 넓은 시야로 큰 그림을 그려 내기도 한다. 자신의 분야에 정통하지만, 이미 정립된 규범에 들어맞지 않는 새로운 정보를 무조건 무시하지 않는다. 또한 볼츠(2017)도 밝혔듯이 규칙과 규제 사항을 잘 알고 지키기도 하지만 여기서 자유로울 줄도 안다. 또한 우연과 변칙적인 순간에 마음을 열게 만드는 것이 놀이이다. 단기적 '유레카'보다는 실제로 흥미롭고 예상치 못한 것을 만났을 때 그 정체를 알아보기 위해서 마음을 열면 "재미있는데."라는 말이 더 흥미로운 발견과 창의성으로 이끌 수 있다. '재미있는데'를 시작점으로 한 훈련과 노력의 과정도 중요하다. 브라운과 본은 이것을 한마디로 "희열이 흐르는 길을 터 줘야 하고 우리 또한 그 길을 찾아내야 한다."라고 표현했다. 이렇듯 하나의 작업이 일이자 놀이가 되고 즐거울 수 있는 일과 놀이의 공존하는 관계가 창의성과 혁신성의 장이 될 수 있다.

관계적 놀이

관계적 놀이는 놀이를 통한 과업성취보다 관계에 집중한 놀이이다. 관계하는 것 자체를 즐기는 놀이이다.

사람들 간의 관계를 향한 다양한 놀이 방식이 있을 수 있다. 성인들이 좋아한다고 응답하는 놀이 중 좋아하는 사람들과 이야기 나누기가 언급되기도 한다. 이야기 자체보다는 좋아하는 사람과의 소통을 즐기는 놀이라고 할 수 있다. 이런 관계적 놀이에는 일상적인 관계 내에서의 상호작용(예: 직장 동료, 선후배 관계, 매일 만나는 카페 직원, 경비아저씨 등)에서부터 장기적이며 친밀하고 신뢰 깊은 관계 속에서의 상호작용(예: 오랜 친구, 연인, 가족 등) 등 다양한 스펙트럼을 포함하고 있다. 이와 같은 관계적 놀이는 모든 관계의 초석이 될 수 있다. 사실 놀이 없이는 친밀함을 지속하기 불가능하다고 말할 수도 있다. 결혼생활뿐 아니라 장기적으로 우정을 유지하기 위해서도 놀이는 필요하다. 이런 우리의 일상생활과 관련이 깊은 관계적 놀이 또한 우리 일상의 활력뿐만 아니라 창의성 증진을 위한 기본이 될 수 있으면 간과해서는 안 되는 중요한 놀이적 부분이다.

[그림 9-6] 관계적 놀이

사람들과의 감정적인, 또는 감성적인 접촉은 삶의 활력소가 될 수 있고 창조성을 자극할 수 있다. 즉, 일상생활에서의 형식적인 관계나 장기적인 관계에서 친밀함을 이끌어 내려면, 방어벽을 허물고 마음을 활짝 열어 사람들을 있는 그대로 받아들여야 한다. 그러면서 다른 사람들을 놀이에 초대할 수 있다. 우리가 안전하게 마음을 열 수 있는 놀이 과정을 통해 서로 신뢰와 친밀감을 시험할 수도 있고 이 과정에서 창조적 활동의 시초가 시작될 수 있다.

구체적으로 브라운과 본(2010)은 안전하게 마음을 열 수 있는 행동들 중 몇 가지를 소개하고 있는데, 이런 놀이 행동들은 궁극적으로 친밀함을 위협하는 심리적인 두려움과 불안을 해소하고 조절하는 기능을 할 수 있다. 놀이적 차원에서 약 올리기 혹은 깐죽거리기는 관계의 경계를 살피고 상대방의 힘을 재어 보는 흔한 방법이다. 과장을 포함한 농담은 비난하는 것처럼 보이지 않으면서 두려움을 안전하게 다룰 수 있는 방법이다.

또한 관계적 놀이는 성인들 사이에서 이루어지는 장기적인 관계를 새롭게 하고 촉진하는 역할을 한다. 건강한 인간관계에서 관계적 놀이는 산소와 같다. 거의 의식하지 못하지만 주변에 널리 존재하고 있으며 친밀감 형성에 필수적이다. 놀이는 유머와 낯선 것에 대한 호기심, 세상의 아이러니를 가볍게 즐길 줄 아는 능력, 함께 이야기를 만들어 내는 즐거움, 상상과 판타지를 공유하려는 욕구 등을 촉진하여 사람들의 관계를 새롭게 만들어 준다. 장난스러운 커뮤니케이션과 상호작용이 잘 이루어지면, 편안한 교감과 깊은 관계가 만들어진다. 즉, 진정한 친밀감이 형성되는 것이다.

이와 같은 관계적인 놀이는 친밀감과 교감 또한 정서적으로 자극하여 창의성을 발현할 기회를 확장한다. 이와 같은 커뮤니케이션의 과정과 유머 등은 창의적 집단 안에서 관계적 놀이를 통해 창의성을 극대화해 나가는 방안으로서도 다양하게 모색되고 있다. 과거에는 간과되고 있었던 리더의 자질로서 이와 같은 관계적 놀이를 얼마나 활용하고 의미 있게 발전시키는지 창의성 발현에 큰 역할을 한다고 할 수 있다.

문제해결놀이와 표현놀이

문제해결놀이와 표현놀이의 유형 구분을 통해 다른 두 차원의 창의성 증진을 위한 놀이를 설명하고자 한다. 제7장에서도 이야기했듯이 창의성 증진을 위해서 확산적 사고를 강화한 다양한 과업을 제시하면서 문제를 해결해 나가는 방식이 이야기되었다. 즉, 창의성 증진을 위해 다양한 인지적인 차원 놀이들이 활용되고 있다. 보드게임, 카드게임, 방탈출게임 등을 예로 들 수

[그림 9-7] 문제해결놀이

있다. 문제를 개인이 또는 그룹으로 같이 이해하고 풀어 나가고, 자신의 경험과 지식을 활용하여 문제를 해결하는 과정, 즉 인지적 과정을 포함한 문제해결놀이라고 할 수 있다. 이와 같은 놀이는 창의성 측정 및 창의성과 관련된 다양한 연구 부분에서 오랫동안 입증되어 왔다.

[그림 9-8] 표현놀이

그러나 이런 창의성에서의 인지적 접근만큼 중요한 것은 표현놀이를 통해 정서적 접근과 느낌 그리고 예술을 기반으로 한 놀이이다. 놀이 참여자의 기술적인 차원도 중요하지만 예술은 기술적인 요소를 넘어서서 누구에게 평등한 자기 표현의 기회를 제공할 수 있고 이러한 심미적 경험은 세상을 바라보는 관점을 새롭게 하며 확장시킬 수 있는 창의적 사고를 자극할 수 있다. 볼츠(2017)는 이를 위대한 감정의 망명지라고 표현했는데 위대한 감정들이 연출되고 훈련되는 상황에 대한 창의성은 과학과 이성의 시대에서 간과되어서는 안 되는 정서적 · 예술적 차원에서의 창의성 증진이라고 하겠다.

제10장

창의성 증진 놀이 사례와 효과

'놀이'는 아이들의 활동이라는 편견으로 인해 '창의성 증진 놀이'는 대부분 아동을 대상으로 실천되어 왔다. 성인의 경우 창의성을 증진하는 프로그램에 놀이의 특성이 포함되어 있더라도 '놀이'라는 단어는 제외하고 '창의성 증진 프로그램'이라고 불리는 경우가 많다. 아동기와 성인기에 관찰되는 이러한 차이는 연령과 발달 단계에 따라 사회적으로 놀이와 창의성이 강조되는 정도가 변한다는 사실을 반영하는 것일 수 있다. 예를 들어, 영유아기 및 아동기에는 다양한 자극과 건강한 발달을 위한 놀이가 강조되는 한편, 학업 및 진로 등이 중요시되는 학령기 아동 및 청소년들에게는 창의성의 영역 또한 강조되고 있는 것으로 보인다. 청년기와 성인기에는 일과 학업 또는 일과 가정 양립과 급변하는 사회에 적응하기 위한 놀이 및 여가와 창의성의 영역이 모두 중요하게 여겨질 수 있다. 또한 노년기에 들어서는 열심히 살아온 인생에 대한 보상과 여생을 여유롭게 마무리하고자 하는 동기에서, 다시 놀이의 중요성이 주목받을 수 있다. 이에 따라 생애주기별([그림 10-1] 참고)로 창의성 증진 놀이 사례 또한 달라질 것으로 예상되는데, 이 장에서는 현재 존재하는 창의성 증진 놀이의 사례와 그 효과를 생애주기별로 알아보려고 한다.

앞서 언급된 바와 같이 성인의 경우에는 직접 '놀이'라고 명시하는 경우가 많지 않아서 '놀이'라는 단어가 포함되지 않아도 놀이의 요소가 포함된 창의성 증진 프로그램들의 사례들을 살펴볼 것이다.

• '생애주기(Life Cycle)'란 일반적으로
'시간의 흐름에 따라 변화해 가는 개인 생애의 일정한 단계별 과정'으로 정의됩니다.

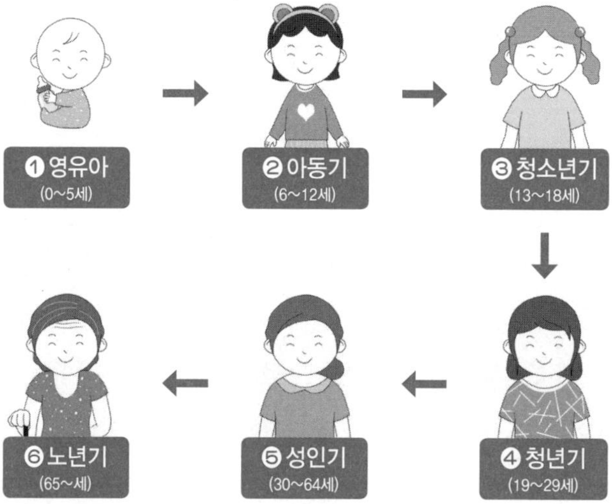

• 생애주기의 구분은 국내외, 부처별로 조금씩 다르지만 안전 실천에 영향을 미치는 역량의 변화 발전에 따라 영유아기–아동기–청소년기–청년기–성인기–노년기로 구분할 수 있습니다.

• WHO 국제안전도시 기준: 아동기–청소년기–성인기–노년기

[그림 10–1] 생애주기

출처: 국민안전청 https://www.safekorea.go.kr/idsiSFK/sfk/cs/sfc/selectLifeCycle.do

유아를 대상으로 한 창의성 증진 놀이 사례 및 효과

유아를 대상으로 한 창의성 증진 놀이에는 유아기 발달 특성에 맞추어 신체의 감각 기관을 활용한 움직임이나 탐색 및 표현 등이 포함된다.

프로그램명

신체 놀이 활동을 이용한 유아의 창의성 증진 프로그램

프로그램 대상

대구 시내 유치원 만 5세 원아 대상으로 하였으며, 실험집단 44명(남: 24명, 여: 20명), 통제집단 44명(남: 24명, 여: 20명)을 포함하였다.

프로그램 내용의 구성

〈표 10-1〉 신체 놀이 활동을 이용한 유아의 창의성 증진 프로그램의 구성 1

단계	활동	시간	내용
주의집중	집중 활동	5분	분산된 주의를 집중하여 활동에 몰입한 자세를 갖춘다.
도입	준비 활동	5분	본 활동에 대한 충분한 준비와 동기화 활동에 적극적으로 임할 수 있는 자신감과 기대를 극대화한다.
움직임 익히기	본 활동	15분	본 활동의 목적을 이해하고 자신의 능력을 최대한 발휘하도록 한다.
창의적 표현	창의 활동	15분	본 활동에 대한 확장 활동으로 주어진 정답은 없다. 독창적이고 창의적인 신체 표현으로 남들과 다른 나를 표현한다.
평가	정리 활동	5분	창의적인 유아를 칭찬하고 칭찬 받음으로써 창의적인 사고를 더 많이 유도하고 자신의 신체에 대한 믿음과 자신감을 가지고 자아존중감이 높은 유아로 발전시킨다.

〈표 10-2〉 신체 놀이 활동을 이용한 유아의 창의성 증진 프로그램의 구성 2

	유치원 교육과정 영역	차시	프로그램 제목
감각 및 신체 인식	감각 기관을 활용하기	1	소리 표현하기
	신체를 인식하고 움직이기	2	신체도구
		3	신체도장카드
기본운동능력	이동 운동하기	4	신나게 움직이기
		5	박자 맞춰 걷기
		6	동물걸음걸이
		7	주사위 따라 하기
	비이동 운동하기	8	모양 본뜨기
		9	마임체육대회
	조작 운동하기	10	우리는 맥가이버
	신체활동에 참여하기	11	축구, 볼링
탐색	형태 탐색하기	12	꼬리 밟기
		13	신체조각
	움직임 탐색하기	14	얼음의 일생
		15	탁구공의 움직임
	소리 탐색하기	16	소리 표현하기
표현	여러 가지 소리 만들기 노래 부르기 리듬 악기 다루기	17	소리 표현하기
	그림 그리기 만들기와 꾸미기	18	가면 만들기
	동작으로 표현하기 통합적으로 표현하기	19	마임으로 표현하기
	극놀이로 표현하기	20	쫓고 쫓기는 관계

감상	자연과 사물 및 조형작품 감상하기	21	칠교판 놀이
	춤 감상하기 음악 감상하기	22	내 마음은 종이
	극놀이 감상하기 예술적 표현 존중하기	23	마법의 손
	전통 예술에 친숙해지기	24	전통놀이

창의성 측정 도구

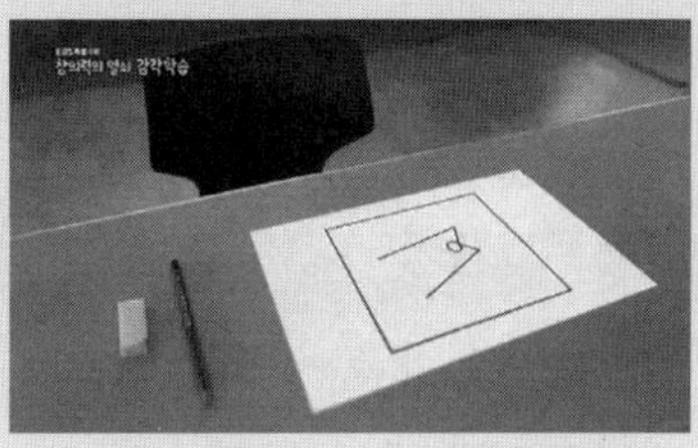

[그림 10-2] TTCT 그림 완성하기

출처: https://www.youtube.com/watch?v=OPBzYn_Qw9k&ab_channel=koodaeki

토런스(1984)가 개발한 유아 창의성 검사(TTCT)를 기초로 한국에서 개발된 한국판 도형검사 A형(김영채, 1999)을 사용하여 유아의 창의성을 측정하였다. 이 검사는 그림 구성하기, 그림 완성하기, 선 더하기 등 총 세 가지 활동으로 이루어져 있으며, 각 활동의 제한 시간은 10분으로 총 30분에 걸쳐 진행된다. 이를 통하여 총 5개의 창의적 하위 요소가 측정되는데 그 요소는 유창성, 독창성, 제목의 추상성, 정교성, 성급한 종결에 대한 저항이 있다.

프로그램의 효과

실험집단(창의성 증진 놀이 프로그램 참여 집단)의 경우, 창의성 평균과 각 하위 요소(유창성, 독창성, 제목의 추상성, 정교성, 성급한 종결에 대한 저항)의 점수가 사전에 비하여 사후에 높아졌다. 그러나 통제집단(창의성 증진 놀이 프로그램에 참여하지 않은 집단)에서는 이러한 차이가 나타나지 않았다.

출처: 채민아, 최외선(2005). 신체 놀이 활동을 이용한 유아의 창의성 증진 프로그램 개발과 효과. 아동학회지, 26(4), 71-84.

아동을 대상으로 한
창의성 증진 놀이 사례 및 효과

아동을 대상으로 한 창의성 증진 놀이에는 이 발달시기의 특성에 맞게 인지적 측면과 신체적 측면을 고려한 프로그램들이 존재한다.

사례 1

프로그램명

창의성 신장을 위한 놀이

프로그램 대상

초등학교 4~6학년을 포함하였다.

프로그램 내용의 구성

〈표 10-3〉 알고리즘 요소를 중심으로 한 창의성 놀이 프로그램의 구성

연번	내용	주제	적용 이론
1	알고리즘 종류	**세계로 가는 기차여행** 세계지도에서 출발지와 도착지를 정하여 가장 최단 거리로 통과하는 사람이 승리하는 게임	다익스트라 알고리즘
2		**탈출! 하노이탑** 하노이탑을 쌓고, 규칙을 지키며 옮기는 활동을 함으로써 컴퓨터 원리도 스스로 찾아낼 수 있는 게임	재귀 알고리즘
3	정렬	**줄을 서시오!** 순서가 뒤섞인 숫자 카드를 몇 개의 포인트를 이용하여 정렬하는 게임	정렬

4	스택	**스택 빙고!** 기존의 빙고게임에서 스택 블록을 삽입, 삭제하는 원리를 도입하여 먼저 두 줄의 빙고를 완성하는 팀이 이기는 게임	스택
5	트리	**트리 윷놀이** 윷놀이에서 윷의 규칙을 이용하고, 말이 움직이는 방법을 이용하여 주어진 트리판을 먼저 통과하면 이기는 게임	트리 (이진트리)
6	암호문	**야구게임!** 비게네르 암호화 방법을 이용하여 게임자가 스스로 암호를 만들고 서로의 암호를 야구게임을 통해 풀어내는 게임	비게네르 암호
7	포인터와 배열	**포인터 카드놀이** 여러 개의 포인터 카드를 각자 똑같이 나누어 가지고 일정한 규칙에 의해 서로 내려놓는다. 이때, 먼저 모두 내려놓는 사람이 이기는 게임	포인터
8		**퍼즐게임** 10x10 퍼즐판에서 자신에게 주어진 5장의 카드를 이용하여 퍼즐 무늬를 먼저 완성하면 승리하는 게임(배열을 이해할 수 있다.)	배열
9	압축	**연결고리게임** 게임을 통해 텍스트를 압축, 자신의 허프만 코드를 이용하고 텍스트 카드를 표현하여 가장 코드의 길이가 작은 팀이 이기는 게임	압축

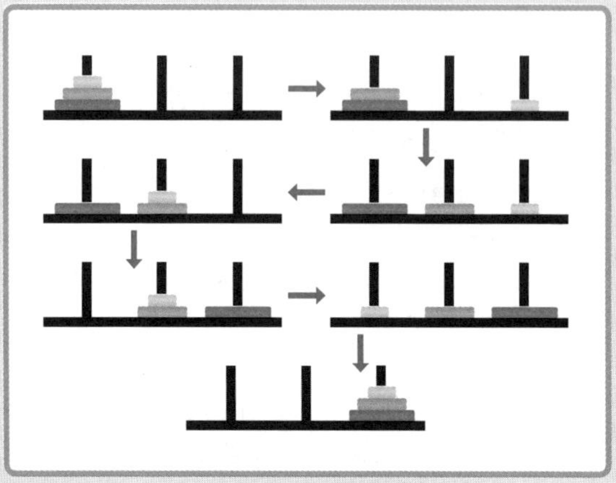

[그림 10-3] 탈출! 하노이탑

창의성 측정 도구

김춘일(2004)의 『창의성 교육, 그 이론과 실제』에 수록된 어린이 창의성 검사 고학년용을 사용하였다.

〈표 10-4〉 하위영역별 정의 및 문항의 예

하위영역	정의 및 예시 문항
독립심	타인을 의식하고, 권위를 수용하기보다 독자적, 자율적으로 판단하고 행동하는 성향
	나는 혼자서 일하기보다 모둠에서 같이 일하는 것을 좋아한다.
자기확신	자신의 행동과 판단에 대해 긍정적 자아개념을 가지는 것
	내가 마음만 먹으면 모든 일을 할 수 있다.
모험심	어렵더라도 도전적인 일을 하려는 성향
	나는 안정보다는 변화를 원한다.
호기심	보지 않고 하지 않았던 것을 끊임없이 추구하는 성향
	나는 항상 무엇인가를 알려고 한다.

독특함	빈도가 낮고, 다른 것과 구별되는 것을 나타내는 성향
	□ 나는 특이하다는 말을 자주 듣는다.
상상력	알지 못하고 경험하지 못한 일에 대해 생각하는 성향
	□ 나는 상상하는 것을 좋아한다.
집착성	일을 끝까지 완수하려 하고, 열정적으로 노력하는 성향
	□ 나는 아무리 힘들어도 하던 일을 끝까지 마치려고 한다.
개방성	대중적이지 않은 것을 받아들이는 성향
	□ 나는 정해진 대로 행동하는 것을 싫어한다.
인내	힘들고 모호한 상황을 참고 견디는 성향
	□ 나는 참을성이 있다는 말을 자주 듣는다.
민감성	친숙한 것이나 낯선 것을 다른 각도로 보는 성향
	□ 나는 사람(사물)의 달라진 모습을 쉽게 알아차린다.
직관	자료에 의존하기보다 개념에 의존하여 지각하고 행동하는 성향
	□ 나는 '아하!' 하는 생각과 함께 상황의 앞뒤가 이해된다.
유머감각	유머감각이 있고, 어색한 상황을 편하게 이끄는 성향
	□ 내가 얘기하는 것을 다른 사람들이 재미있어 한다.

프로그램 효과

사후 검사 결과 알고리즘 요소를 소재로 한 창의성 놀이로 학습한 실험집단과 그렇지 않은 집단 사이에 창의성 수준이 유의미하게 차이가 났다. 구체적으로 알고리즘 요소를 소재로 한 창의성 놀이의 학습이 창의성 요소인 유창성, 유연성, 독창성, 정교성 모든 영역 향상에 긍정적인 효과를 나타냈다.

출처: 김정아, 김종훈(2009). 창의성 신장을 위한 놀이 개발: 알고리즘 요소를 중심으로. 한국콘텐츠학회논문지, 9(7), 390-401.

사례 2

프로그램명

신나놀go! 김해마을놀이학교

프로그램 대상

경상남도 교육청 행복교육지구사업의 일환으로 2017년부터 매년 토요일마다 격주로 연지공원 내 실내 체육관에서 평균 30~40명 정도의 학부모와 아이들이 모여서 진행하였다.

프로그램 내용의 구성

실제 프로그램은 총 9회기 진행하였으며, 8회기 '놀이로 크는 우리 아이'라는 주제로 학부모 놀이선생님 양성 과정을 통해 교사교육을 진행하였다. 놀이전문가의 놀이에 대한 강의, 지역 놀이전문가의 주도로 실습 위주 교육, 자녀를 데려와서 실제 놀이마을학교를 진행하듯 함께 다양한 신체 및 인지적 활동을 통해 놀아 주는 시간을 가졌다.

창의성 측정 도구

창의성을 따로 측정하지 않았다.

프로그램 효과

대부분 긍정적인 경험을 했다는 피드백. 효과성을 구체적으로 측정하지는 않았다.

출처: 경상남도 교육청 블로그 blog.naver.com/gne_education/221492201830

청소년을 대상으로 한 창의성 증진 놀이 사례 및 효과

청소년을 대상으로 한 창의성 증진 놀이에는 청소년기 발달 특성에 맞게 사회적 문제에 대한 고민과 문제해결 학습, 토론 및 탐구, 자신만의 의미를 창출해 내는 이야기 만들기 등이 포함되어 있다.

프로그램명

청소년의 창의적 능력 함양을 위한 식생활교육 프로그램

프로그램 대상

경북지역 소재 1개 중학교 1~3학년, 토요일 방과 후 동아리활동 희망자 모집. 조리활동에 관심이 많고 연구 목적을 이해하여 참여에 동의한 학생들 남학생 13명, 여학생 8명이 포함되었다.

프로그램 내용의 구성

〈표 10-5〉 동아리활동 내용과 준비물

차시	주제	활동 내용	준비물	주의점
1	오리엔테이션	• 동아리활동 내용 소개	• PPT	• 자율적 희망
2	불량식품과 퓨전요리	• 불량식품 탐색 • 닭강정과 케이준 샐러드 만들기	• PPT, 불량기름 • 앞치마, 식품 재료 • 조리도구	• 위생 · 안전관리 • 사회적 문제의식 강조 • 협동학습
3	식품첨가물과 빵 만들기	• 식품첨가물 조사 • 파네토네, 초콜릿 머핀	• 앞치마 • 제빵 재료	• 예의와 질서 지키기 • 안전관리

4	HACCP 탐구	• HACCP 업체 방문 • 식품위생 · 안전관리	• 메모지	• 예의와 질서 지키기 • 안전관리
5	장보기와 창작요리	• 안전하고 신선한 식품 구매 • 창작요리 만들기	• 장보기 비용 • 앞치마 • 조리도구	• 예의와 질서 지키기 • 위생 · 안전 관리 • 창의적 사고 강조
6	불량식품 속 미생물 탐색	• 불량식품 속 유해 미생물 분리와 확인	• 상한 음식 • 미생물 실험 용구	• 과학적 사고 강조 • 예의와 질서 지키기 • 안전관리
7	스토리텔링	• 이야기 만들기 • 발표	• 원고지	• 창의적 사고 강조

〈표 10-6〉 프로그램 차시별 활동 목표와 학습 형태

차시 (7)	주제	시간 (22)	활동 목표	학습 형태
1	오리엔테이션	1	• 동아리활동의 목적을 이해하여 활동에 적극적으로 참여하려는 의지를 갖는다.	• 문답법
2	불량식품과 퓨전요리	4	• 불량식품의 문제점을 파악할 수 있다. • 식생활 안전관리의 중요성을 이해한다. • 균형식의 원리를 알고, 식생활 자립역량을 기른다.	• 문제해결학습 • 실습 및 협동 학습
3	식품첨가물과 빵 만들기	4	• 식품첨가물의 기능을 이해한다. • 건강하고 안전한 식품을 구매하려는 태도를 기른다. • 제빵 원리를 적용하여 파네토네, 초콜릿 머핀을 만들 수 있다.	• 문제해결학습 • 지역사회 연계 • 실습 및 협동 학습
4	HACCP 탐구	2	• HACCP의 필요성과 시스템을 이해한다. • 다양하고 새로운 관점에서 문제를 분석할 수 있다. • 먹거리 안전에 대한 시민의식을 함양한다.	• 지역사회 연계 • 토론 및 탐구 학습

5	장보기와 창작요리	5	• 건강한 식품과 불량식품을 구별할 수 있다. • 새로운 관점에서 아이디어를 낼 수 있다. • 불량식품의 문제를 해결할 수 있는 건강하고 안전한 새로운 음식을 개발할 수 있다.	• 창의적 문제해결학습 • 실습 및 협동학습
6	불량식품 속 미생물 탐색	4	• 불량식품 속 유해 미생물을 분리, 확인할 수 있다. • 과학적 사고를 식생활관리에 적용할 수 있다. • 위생적이고 안전하게 식품을 관리하는 태도를 갖는다.	• 문제해결학습 • 지역사회 연계 • 실험
7	스토리텔링	2	• 활동내용들을 흥미롭게 이야기로 구성하여 실감나게 발표할 수 있다. • 식생활관리의 중요성을 인식한다. • 창의 · 융합 사고를 적용하여 문제를 해결하려는 태도를 갖는다.	• 팀 티칭 • 발표

창의성 측정 도구

박병기와 강현숙(2006)이 개발한 창의적 능력 7개 영역이 포함되었다.

프로그램 효과

1. 장보기와 창작요리 활동은 조리 역량에 도움을 주는 정도가 가장 높았으며, 협동적 인성, 식습관 개선, 불량식품관리 역량, 문제해결 역량 순으로 평가되었다.
2. 새로운 음식을 구상하고 식품을 직접 구매하여 만들어 보는 활동에 대해 높은 흥미를 보이고, 조리활동이 식생활관리와 인성 함양에 도움이 많이 되었다고 평가되었다.
3. 창의적 능력의 전체 평균 점수는 교육 전 3.23+/-0.24점에서 교육 후 3.86+/-0.57점으로 의미 있는 수준으로 증가(지식, 민감성, 유창성, 융통성, 정교성 모두 증가)했다. 박병기와 강현숙(2006)이 개발한 창의적 능력 7개 영역 중 5개 영역에서 7문항씩 구성되었다.

4. 청소년을 대상으로 보다 자율적이고, 인성을 바탕으로 한 창의적인 조리 교육 프로그램 개발이 활성화되어 교육현장에서 적극적으로 활용될 필요가 있다.

출처: 임명선, 한경필, 김윤화(2018). 청소년의 창의적 능력 함양을 위한 식생활교육 프로그램 개발: 불량식품 문제 해결을 중심으로. **실과교육연구**, 24(4), 1-17.

대학생을 대상으로 한 창의성 증진 놀이 사례 및 효과

대학생의 경우 놀이와 창의성 관련 프로그램들이 구분되어 진행되고 있음을 발견할 수 있었다. 놀이 요소를 포함한 창의력 증진 프로그램들 몇 가지를 소개하면 다음과 같다.

사례 1

프로그램명

Hope 프로그램

프로그램 대상

G시 C대학 49명

프로그램 내용의 구성

동기부여(아이스브레이킹, 필요의 탐색), 구체적인 지식기반(자료 검색 노하우, 자료 검색과 관리, 발표기술, 설득기술, 발표준비, 맨투맨 코칭), 창의성(아이디어

생산과 집단작업, 스마트 러닝 노하우, 브레인스토밍과 학습), 구체적인 지식기반 (게임에서의 의사소통, 갈등과 의사소통, 문제해결) 등을 포함하였다.

〈표 10-7〉 프로그램

영역	N	내용
동기부여	1	아이스 브레이킹
	2	필요의 탐색
구체적인 지식기반	3	자료 검색 노하우
	4	자료 검색과 관리
	5	발표기술
	6	설득기술
	7	발표 준비
	8	맨투맨 코칭
창의성	9	아이디어 생산과 집단작업
	10	스마트 러밍 노하우
	11	브레인 스토밍과 학습
구체적인 지식기반	12	게임에서의 의사소통
	13	갈등과 의사소통
	14	문제해결
	계	14시간

◒ 창의성 측정 도구

대학생용 학습역량 검사도구 중 창의성 영역 문항 12문항(이경화, 김은경, 고진영, 박춘성, 2011)이 사용되었다. "나는 남보다 많은 아이디어를 끊임없이 산출하는 능력이 뛰어나다." "나는 매사에 호기심을 보이고 끊임없이 질문한다." 등의 문제를 포함하였다.

프로그램 효과

창의성, 문제해결, 학습행동 점수가 증가하였다(최미정, 2014).

출처: 최미정(2014). Hope 프로그램이 대학생의 창의성, 문제해결, 학습동기, 학습행동에 미치는 영향. **한국산학기술학회**, 15(3), 1396-1403.

사례 2

프로그램명

테이블탑 역할놀이 게임

프로그램 대상

39명의 대만 대학생(실험집단: 19명, 통제 집단: 20명)

프로그램 내용의 구성

참여자들은 먼저 실험 또는 통제 집단으로 배정이 되었으며, 사전 검사 후, 테이블 역할놀이(Tabletop role-playing games, TRPG)에 참여하였다. 테이블 역할놀이란 자신의 캐릭터의 동작을 말로 설명하고 그 설명을 통하여 캐릭터의 행동을 정하는 게임이다. 공식적인 체계의 규칙에 따라 그 행동은 성공하거나 실패할 수 있다. 규칙 내에서 참여자는 즉홍성을 발휘할 자유가 있고 그들의 선택이 놀이의 결과와 방향을 정하게 된다.

창의성 측정 도구

본 연구는 성인용 토런스 시험(Abbreviated Torrance Test for Adults: ATTA)을 활용하여 참가자들의 창의성을 측정하였다. 하위영역으로는 유연성, 유창성, 독창성, 정교성이 포함되었고, 첸(Chen, 2006)이 번안한 척도를 사용하였다. 더불어, 이 연구에서는 정서적 창의성도 측정하였는데 여기에는 애버릴(Averill, 1999)의 척도를 리(Lee, 2009)가 만다린 중국어로 번역한 척도가 사용되었다. 이 척도에 포함된 내용은 준비성(예: 강렬한 감정이 들면 왜 그런지 생각해 본다), 새로운 원천(예: 나를 새롭고 익숙하지 않은 감정적 반응을 일으키는 음악, 춤, 예술작품 등을 적극적으로 찾아다니는 것을 좋아한다), 새로운 반응(예: 나는 감정적으로 격해지는 상황 속에서 다른 사람들과 다르게 반응하려고 한다), 효과성(예: 내가 정서적으로 반응할 때 나의 대인관계를 긍정적으로 발달시키는 데 도움이 된다)이었다.

◒프로그램 효과

실험집단은 4주 동안 매주 테이블 역할놀이에 참여하였다. 모든 과정 후에 창의성을 측정했을 때, 실험집단은 통제집단에 비하여 유의미한 수준으로 창의적 잠재성이 증가하였다. 그러나 정서적 창의성을 측정했을 때에는 유의미한 차이가 없었다.

출처: Dyson, S. B., Chang, Y. L., Chen, H. C., Hsiung, H. Y., Tseng, C. C., & Chang, J. H. (2016). The effect of tabletop role-playing games on the creative potential and emotional creativity of Taiwanese college students. *Thinking Skills and Creativity*, *19*, 88-96.

직장인을 대상으로 한 창의성 증진 놀이 사례 및 효과

기업에서도 직원들을 대상으로 진행되고 있는 놀이를 활용한 다양한 창의성 증진을 위한 노력을 찾아볼 수 있다. 직접적인 효과성을 실증적으로 검증한 사례는 많지 않아서 앞으로 이 분야의 연구가 더 필요할 것으로 보인다.

포스코

국내 기업 포스코(POSCO)에서는 직원들을 위한 놀이 공간 '포레카(POREKA)'를 만들었다. 포레카는 기업의 이름 포스코와 '알았다'는 뜻을 가진 '유레카'를 결합한 명칭이며, '포스코의 문제해결의 장'이라는 의미를 지니고 있다. 이는 포스코 CEO의 철학 '창의는 통찰에서 나오고 통찰은 관찰에서 비롯된다'에 기반을 두고 있다. 포레카는 '휴식(Refresh)' '재미(fun)' '공부(Study)'의 공간으로 구분되어 있고, 그 안에는 자연정원, 북카페, 사랑방 등이 있다. 이 공간에서 직원들은 휴식과 놀이를 즐길 수 있고, 서로 지적 욕구를 충족시키고 소통하게 된다. 이는 직접 즐기고 체험하면서 창의성을 기르기 위한 목적을 가지고 있는 공간이다(주성원, 2009). 2010년에는 온라인 공간에서도 이와 같이 자유롭게 즐기며 다양한 아이디어를 주고받을 수 있는 e-포레카도 게시하였다.

2018년에는 포항, 광양으로 포레카를 확장하여 1일 연구실, 명상실로 구성되는 창의마당, 토론과 화합의 공간으로 운영되는 토론마당, 다양한 게임과 휴식을 즐기는 재미마당 등으로 구성하였다. 더불어 서울 대치동 포스코센터는 자연정원과 분야 장서 1000여 권을 비치한 북카페, 휴식공간, 사랑방, 다락방, 게임, 음악 감상, 방음 시설이 완비된 악기 연주 공간 등을 제공한다.

이러한 공간의 확보는 놀이가 창의성 증진에 도움이 될 것이라는 신념과 가정 하에 이루어진 것으로, 직접적인 사전 · 사후 효과가 정확한 수치로 검증된 바는 없다.

삼성전자

삼성전자는 연구와 제조 기지로 사용되고 있는 수원사업장을 대학 캠퍼스처럼 조성하고 산책로, 자전거도로, 체험형 조경공간, 풋살장, 야구장 등의 공간을 설치하였다.

프레인

'프레인'이라는 국내 홍보회사도 사옥 지하에는 언제든 사용할 수 있는 당구장, 노래방, 침실 등의 놀이와 휴식 공간을, 옥상에는 잔디밭 정원과 파티 공간을 제공하였다.

엘앤피(L&P)코스메틱

엘앤피(L&P)코스메틱도 업무의 자율성에 대한 중요성을 강조하며 직원들이 자율적인 시간관리를 하도록 하였다. 언제든 커피를 마시고 운동을 할 수 있도록 사내에 피트니스 센터와 스크린 골프 연습실, 사우나실, 물리치료실, 수면실 등을 근무 시간 내에 자유롭게 이용할 수 있게 하고 있다.

현대백화점

현대백화점은 직원들이 스스로 여행 코스를 설계하여 참여자를 모집했을 때 코스별로 최대 300만 원의 경비를 지급하는 '청춘투어' 프로그램을 도입하였다. 또한 오피스 프리 데이(office free day)를 정하여 사무실 밖에서 체험 활동을 장려하는 자율 근무 제도도 도입하였는데 이 과정에서 사전 보고나 사후 보고의 절차도 필요없다고 한다.

제일기업

제일기업은 '지나친 오락은 창의에 좋다'는 이벤트를 진행하여 회사 로비에서 다양한 인형 뽑기나 두더지 잡기 등의 오락을 즐기도록 하였다. 사내 발명 아이디어 공모전을 통하여 창의적이고 재미있는 아이디어들을 표현할 수 있는 장을 만들기도 하였다.

미국 제조업체 3M에서는 업무시간의 15%를 창의적 아이디어를 위해 다른 일을 하도록 허락한다. 이 시간에는 무엇이든 자유롭게 도전해 볼 수 있는데 이러한 시간은 창의력을 촉진시키며 인기 제품과 인기 분야에만 연구 인력이 몰리는 부작용도 방지하는 효과가 있다고 하였다(김용섭, 2008).

우리가 잘 알고 있는 구글(Google)은 업무 공간에 미끄럼틀을 두는 등 놀이를 다시 노동의 현장으로 들여오는 노력을 해 왔다. 미국 샌프란시스코에 위치한 기업 드롭박스(Dropbox)는 사무실 내에 야자수 나무를 배치하고 샹들리에로 장식한 방에 그랜드피아노를 배치에 직원들이 이용할 수 있도록 하였으며, 미국 캘리포니아 팔로알토에 위치한 기업 스카이프(Skype)는 쉬며 당구 등의 게임을 즐길 수 있는 방을 마련하였고 지금은 쓸모가 없는 건물의 이전 주인이 남겨 둔 벽에 걸린 전화기를 이용하여 인테리어를 꾸몄다.

『포춘(Fortune)』 잡지는 매년 '일하기 좋은 100대 기업'을 선정하는데, 이때 '재미'를 중요한 기준으로 삼는다. 2000년대 초반 1위로 결정된 컨테이너 스토어(Container Store) 직원들은 가족들과 함께 휴가를 떠나도 회사를 그리워하고 빨리 돌아가고 싶어 할 정도로 즐거운 회사생활을 하고 있는 것으로 알려졌다. 이 회사의 철학을 살펴보면 '내가 대접받기 원하는 만큼 다른 사람들이 성장할 수 있도록 도와주는 것' '경영진과 직원, 직원과 직원 그리고 직원과 고객 간의 신뢰'를 강조하는 것을 알 수 있었다. 놀이하는 것처럼 재미있게 함께하는 업무 속에서 이러한 공동체적 성장과 관계 속 신뢰를 증진시킬 수 있었던 것이다.

♜ 잠깐 생각해 보기

미끄럼틀을 도입한 구글의 놀이 공간과 같은 획기적인 업무환경은 창의성을 증진하고 업무의 효율을 높인다고 여겨져 다른 많은 회사에게 큰 자극과 반향을 일으켰다. 그러나 런던의 왕립예술대학(Royal College of Art)의 디자인과 교수 마이어슨(Myerson)은 모든 회사가 구글의 업무환경을 따라 하는 것은 좋지 못한 생각이며, 업무적 특성과 환경의 조합(fit)이 잘 맞는 것이 중요하다고 하였다. 놀이가 업무에 도움을 줄 수는 있지만 놀이와 업무가 조화롭게 이루어질 수 있는 환경과 제도 등에 대한 고민은 지속적으로 필요할 것으로 보인다.

노인을 대상으로 한 창의성 증진 놀이 사례 및 효과

현재까지 진행된 노년기 놀이에 대한 연구를 살펴보면 창의성과의 연관성을 활발히 다루고 있지 않은 것으로 보인다. 노년기의 창의성에 대한 논의는 왜 활발히 이루어지고 있지 않은 것일까? 인간의 수명이 점차 길어짐에 따라 노년기에 경험하는 놀이와 창의성의 의미에 대한 고찰이 이루어질 필요가 있어 보인다.

소수의 기존 연구에서는 창의성이 노년기의 생활을 더욱 즐겁게 만들어 줄 수 있다고 제안한다. 미국 하버드대학교 강사이자 연구자인 쉘리(Shelly) 박사는 노년기의 뇌가 창의적 뇌와 비슷한 점들이 있다고 하였는데, 그는 공통점으로 방해받기 쉽지만 더 넓은 영역에 걸쳐 집중할 수 있는 능력과 주변이나 감정에는 방해를 덜 받는다는 점을 꼽았다. 이러한 특징은 문제해결에 도움이 되기도 한다고 주장하며 노년기에 은퇴가 아닌 창의적인 분야로의 직업적 전환이 필요한 것은 아닌지 제안한다.

우리나라에서도 많지는 않지만 노인을 대상으로 진행된 놀이 요소가 포함된 창의력 증진 프로그램들이 존재하는데 그중 한 가지를 소개한다.

◯ 프로그램명

예술통합형 무용교육을 통한 창의적인 움직임 교육

◯ 프로그램 대상

전북지역 노인 111명

◯ 프로그램 내용의 구성

〈표 10-8〉 활동 내용과 구성

차시	도입		본 활동 예술 체험 + 발표		청소년 문화 체험	마무리
1	명상	스트레칭	나는 누구일까요?	움직임 표현, 이미지 표현	셔플댄스	몸 마사지, 칭찬하기
2	명상	스트레칭	나의 살던 고향은…	글쓰기, 모노드라마	셔플댄스	몸 마사지
3	명상	스트레칭	우리 동네 이야기 1	움직임 표현	셔플댄스	몸 마사지
4	명상	스트레칭	우리 동네 이야기 2	그리기 활동	셔플댄스	몸 마사지
5	명상	스트레칭	내가 가장 ~했던 순간	감정 표현, 그리기 활동, 연극놀이	셔플댄스	몸 마사지, 칭찬하기
6	명상	스트레칭	타임머신 타고 떠나기	움직임 표현	셔플댄스	몸 마사지
7	명상	스트레칭	내가 가장 사랑하는 사람은?	움직임 표현	셔플댄스	몸 마사지, 칭찬하기

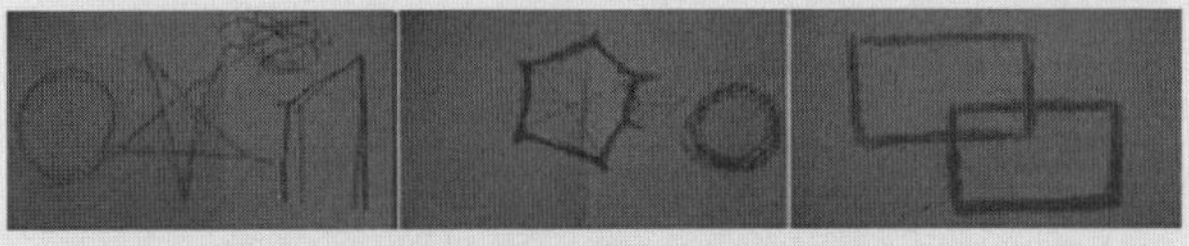

사진1. 움직임 형태에 대한 그림 표현 예

사진 2. 『나의 살던 고향은……』 발표 장면

사진 3. 『우리 동네 이야기』에 대한 움직임 표현 발표 장면

사진 5. 『내가 가장 ~했던 순간』에 대한 그림 표현

◯ 창의성 측정 도구

질문지를 바탕으로 한 소감

◯ 프로그램 효과

1. 학습자 스스로에게 '할 수 있다'는 자신감과 '만들어 냈다'는 성취감 등을 심어주는 데 큰 역할을 했다.
2. 하나의 주제를 표현함에 있어서 다양한 생각을 이끌어 내도록 제공된 단계별 과정은 창의적 동작을 만들어내는 데 큰 도움이 되었다.
3. 생각하고 정리하고 표현하는 방법의 효과성을 경험하였다.

출처: 김현주(2014). 노인대상 예술통합형 창의적 움직임 교육 프로그램 개발 및 적용 사례 연구. **무용역사기록학**, 33, 87-112

본 장에서는 생애주기별 창의성 증진 놀이 프로그램에 대하여 알아보았다. 전반적으로 창의성 증진 놀이 프로그램은 어린 연령층을 대상으로 진행되는 경우가 많았고 연령이 높아질수록 창의성과 놀이 프로그램이 구분되어 진행되는 경우들이 있었다. 더불어 프로그램들은 존재했지만 그 효과성을 체계적으로 검증한 연구들이 부족한 것으로 보임에 따라 향후에는 창의성과 놀이를 연결하고 효과성을 체계적으로 검증하는 프로그램들과 연구들이 더욱 필요할 것으로 보인다.

Worksheet

내가 경험한 창의성 증진 놀이 소개

나의 창의성 발달에 도움이 되었던 놀이는 무엇인가? 만약 이러한 놀이를 경험해 보지 못했다면 창의성 발달에 도움이 될 만한 놀이에는 어떤 것들이 있는가? 자유롭게 생각해 보자.

•

•

언제 경험한 놀이인가? 혹은 자유롭게 생각해 본 놀이가 있다면 이 놀이는 언제 경험하기 적합한 놀이인가?

•

•

개인적으로 경험한 효과는 어땠는가? 혹은 자유롭게 생각해 본 놀이가 있다면 기대되는 효과는 어떠한가?

•

•

만약 창의성을 키워 준다는 놀이였지만 효과를 경험하지 못한 경우가 있었다면 그 이유는 무엇이라고 생각하는가?

•

•

✤

제11장

표현놀이의 실제

놀이는 인류 역사와 함께 다양한 모습으로 발전되어 왔으며 특히 문화 예술적 형태를 이루는 예가 많았다. 조요한은 그의 저서 『예술철학』에서 '예술은 일종의 유희이고 오락'이라고 정의하며, 예술의 놀이성을 통하여 인간 삶의 여유로움과 함께 의미와 가치를 충만하게 표현하게 된다고 주장하였다(조요한, 2003). 예술은 무보상의 활동이자 목적 없는 목적성이며 자유정신에 의해 창조된다. 이는 놀이의 특성과 공통으로 맞아떨어지는 지점이다. 따라서 표현놀이는 시각예술, 음악, 무용동작, 연극, 창의적 글쓰기 등의 표현예술양식을 포함한 놀이라 할 수 있다.

표현놀이의 특성

아이들은 창의적이고 예술적인 표현을 할 수 있는 기회를 제공받을 때 다양한 표현을 개발하고 재미를 느낀다. 그림 그리기, 색칠하기, 글쓰기, 음악 만들기, 공예 만들기, 춤추기 등은 모두 창의적인 놀이 활동이다.

이러한 창의적 표현놀이의 특성은 다음과 같다.

첫째, 기존의 질서와 규칙을 깨뜨리고, 자신만의 사고방식으로 재구성함으로써 즐겁게 창작 작업을 할 수 있도록 한다. 아이들은 이러한 놀이를 할 때 특정한 규칙이나 방법만을 따르거나 다른 사람들과 동일한 방식을 적용하면서 놀이하지 않는다. 아이들은 놀이 과정에서 끊임없이 새로운 놀이 규칙과 방법을 만든다. 아이들은 흙과 물을 이용해서 성을 쌓고 댐을 만들고 나만의 요새를 만들기도 하고 동물과 공룡들만 사는 나라를 꾸미기도 한다. 창의적 놀이에서는 기존의 규칙을 깨뜨리고 상상을 뛰어넘는 파격이 있다.

둘째, 놀이의 표현 과정에서 주어지거나 해결해야 할 문제들을 자신만의 방법으로 질서를 주어 창의적으로 해결할 수 있도록 한다. 활동의 결과를 비교하거나 평가하지 않는 안전한 놀이상황에서 다양하고 창의적인 문제해결이 나온다. 내게 가장 안전한 공간을 표현하는 놀이상황에서 어떤 아이는 엄마 배 속을, 어떤 아이는 울타리를, 또 다른 아이는 무기 창고를 표현한다.

셋째, 창조 과정에 몰입함으로써 새로운 지각과 새로운 사고방식을 시도하게 된다. 아이스크림 가게 놀이를 하면서 떡볶이 아이스크림, 짜장면 아이스크림을 팔기도 하고, 포장지를 드레스라고 하면서 공주놀이를 하기도 한다.

넷째, 창의성의 표현과 창의적 문제해결에 의한 작품 완성은 아동에게 자신감을 주며 이러한 자신감의 반복은 자존감을 상승시켜 개인의 성장을 촉진한다. 창의적 표현놀이를 통해 나온 작품은 성취감을 가져다준다. 점토로 만든 작품이나 자신이 그린 그림은 심미감을 체험하고 자신감을 느끼게 한다. 아이들은 이 작품을 완성한 자신을 자랑스럽게 여기면서 오래도록 보관하거나 작품을 전시하길 원한다.

창의적인 표현놀이는 아이들이 그들의 감정과 생각을 표현하는 데 도움을 준다. 그들은 자신의 세계에 대해 비판적으로 생각하고 시각적 의사소통을 연습한다. 아동들은 놀이 과정에서 창의적으로 사고할 뿐 아니라 상호 간에

협력하고 타협하는 과정에서 정서지능을 발달시킨다(김미자, 최병연, 2011).

아이들은 창의적인 놀이를 하는 동안 많은 것을 학습한다. 표현놀이 과정에서 색깔, 모양, 소리등을 배운다. 아이들이 춤을 출 때, 그들은 신체적인 운동을 하게 되고, 조정과 균형을 발달시킨다. 또한 극놀이를 통해서는 다양한 역할을 경험해 보고 다른 사람의 관점과 사건의 원인과 결과를 이해한다.

표현놀이 과정에는 심신의 안녕을 위한 치료적 기능도 포함된다. 통제적이지 않은 자발적이고 안전한 놀이환경에서 표현놀이를 할 때 그동안 내면에서 억눌려 왔던 두려움과 분노, 슬픔과 같은 감정이 자연스럽게 표현된다. 거대한 거인 괴물을 만들어 집과 마을을 부수는 놀이를 하면서, 날카로운 이빨과 뿔 달린 도깨비를 그리면서, 자신의 상처받은 마음과 분노를 표현하고, 아기를 돌보거나 예쁘게 치장하는 놀이를 통해 자신의 아픈 마음을 위로하기도 한다.

예술활동을 포함한 표현놀이는 매체와 상호유기적으로 연결됨으로써 개인의 창의성을 더욱 자극하게 된다. 정형화되지 않은 자연의 재료이며 수많은 창의적인 세계를 만들 수 있는 놀이매체의 예로 모래를 들 수 있다. 모래놀이는 유아의 자발성을 유도하는 창의적인 놀이 활동으로 유아의 생활을 즐거움으로 이끌어 낸다(이영일, 이정숙, 양승희, 2010). 시각적 · 감각적 · 입체적인 3차원 매체, 모래상자는 실제의 세계를 축소하여 유아들에게 상상력을 마음껏 발휘하는 기회를 제공한다. 모래놀이를 통해 여러 가지 재미있는 상상, 사고, 느낌 등을 밖으로 표출함으로써 개개인에 내재되어 있는 창의성이 자연스럽게 드러난다.

표현놀이의 예

표현놀이에 필요한 예술적인 요소는 그림, 음악, 무용처럼 여러 가지 형태로 표현되며, 창작과정에서도 다양한 방법과 매체가 동원된다. 표현예술양식은 시각예술, 음악, 무용동작, 연극, 창의적 글쓰기 등으로 분류되고, 표현놀이는 미술표현놀이, 음악표현놀이, 신체/동작 표현놀이, 극표현놀이, 언어적 요소를 포함한 놀이 등으로 설명된다. 각 분류별 표현놀이의 특성은 다음과 같다.

미술표현놀이

미술표현놀이는 페인팅, 드로잉, 조각, 콜라주, 사진 등을 활용하는 여러 활동을 포함하며 종종 이미지와 대상물을 구축해야 하는 작업을 수반한다. 창조물을 가지고 무엇을 하는가는 다양한 재료를 가지고 함께 움직이는 과정이라고 할 수 있다. 미술표현놀이는 신체적 문제를 겪는 사람에게 알맞게 조정이 가능하며 미술도구를 사용할 수 없는 경우 기존의 작품을 활용할 수 있다. 또한 언어능력이 제한되거나 언어장벽이 존재하는 경우에도 참여할 수 있다. 미술표현놀이에서의 주의점은 미술재료를 포용하는 데 있어 좀 더 창의적이면서도 판단적인 요소가 적은 방식을 독려해야 한다는 것이다.

〈표 11-1〉 미술표현놀이의 예

경상남도 함안군의 호암초등학교에서는 미술교육의 날을 지정하여 오전 동안 창의성을 키우는 수업을 진행하고 있다.

*"여러분은 지금 브라질로 여행을 갔어요. 여기는 아마존이야, 정글이야. 우리가 교실을 그렇게 만들어 볼 거예요."*라는 교사의 말에 금세 교실은 신문지로 뒤덮인 정글이 되었다. 학생들은 신문지를 가득 안고 뿌리거나 온 교실을 기어 다니고 신문지를 느끼는 활동을 즐겼다. 또한 교실과 물건, 물건과 물건을 이어 주는 활동으로 정서적 유대를 이끌어내고, 사용한 신문지들을 모아서 새로운 창작물을 만들어 내는 미술심리치료로까지 이어졌다. 송가람 교사는 "창의성이라 하면 아인슈타인이나 스티브 잡스 같은 영웅을 상상하기 마련이나, 머리를 서로 맞대는 창의력의 세계가 올 것입니다."라며, 학생들이 창의적 경험을 함께 공유할 수 있는 수업의 중요성을 강조했다(EBS, 2019).

미술재료는 아이들부터 노인들까지 스스로를 표현하기 쉬운 재료들이다. 명지대학교 아동학과 지역사회아동문화연구소에서는 문화예술치유 프로그램을 기획하여 보육교사와 자활사업 참여주민, 청소년 등 다양한 대상에게 미술재료를 활용한 표현놀이 활동을 진행하였다. 이처럼 미술표현놀이 프로그램은 각자 다른 발달 단계와 배경을 가진 사람들이 각자 다른 창의적인 작품을 만들 수 있도록 지지하고 격려한다. 또한 다양한 정서를 경험하고, 자신의 감정을 알고 조절하는 기회를 제공하며 적절한 자기를 표현하도록 돕는 치유적인 특성을 포함한다.

음악표현놀이

음악표현놀이는 신체 기능과 인지 기능, 심리적 기능, 사회적 기능의 향상과 치료 효과 및 증상 완화 효과를 가지는 음악을 매개로 하는 능동적 · 지시적 활동을 포함한다. 리듬이 있는 반복은 자유로움을 느끼게 하며, 함께 소리 내는 것은 개인이 할 수 있는 것을 초월하게 하고 표현에 대한 감수성을 일깨워 준다. 표현의 반복과 함께 이루어지는 목소리와 리듬이 있는 소리의 분명하고도 예측 가능한 구조는 사람들이 과정에 더 잘 참여하도록 만든다. 소리 표현에 저항감을 가지고 참여하지 않는 사람일지라도 몸 안에서 소리 표현을 느끼고 자유롭게 그룹에 참여하면 전체적인 표현의 일부로 개입하는 것이 쉬워질 수 있다.

일상에서 쉽게 접할 수 있는 재료로도 음악놀이를 만들어 낼 수 있다. 대

〈표 11-2〉 음악표현놀이의 예

놀이명	난타놀이
준비물	페트병 등 재활용품 2개, 신나는 노래 음원 등

놀이 방법

① 두드리면 소리가 날 만한 재활용품을 준비한다.
② 신나는 음악을 틀고 박자에 맞춰 소리가 나도록 두드린다.
③ 간단한 동작 또는 기합을 함께 넣어 기운을 북돋는다.

규칙

✔ 두드려도 쉽게 깨지지 않는 재활용품을 사용한다.

표적으로 물 잔에 각각 높낮이가 다르게 물을 채워 젓가락으로 살살 두드리면 음이 다른 소리가 나는 것은 어렸을 적 모두 해 보았을 놀이이다. 또한 그릇이나 냄비를 뒤집어 놓고 두드리는 것이나 빈 페트병을 양손에 들고 부딪혀 소리를 내는 것 모두 음악표현놀이에 해당한다고 할 수 있다. 집에 있는 물건 또는 재활용품들은 음악표현놀이에 좋은 도구가 된다.

신체/동작 표현놀이

신체/동작 표현놀이는 즉흥적이고 표현적인 동작의 형식을 통해 해방감을 느끼고 건강해지는 경험을 제공한다. 춤과 움직임을 통해 자신을 표현하면서 말로 표현하지 못하는 심오하고 복잡한 경험들이 소통되고 진전되는 원리를 포함한다. 대부분의 사람은 춤과 움직임을 표현하는 것에 기대하거나 원하는 것이 있더라도 지나치게 복잡하게 생각하고 접근하는 경향이 있다. 사람의 움직임의 영역에서 할 수 있는 것을 받아들이면 기본적인 움직임들을 다른 표현과 더불어 발전시킬 수 있게 된다. 표현에 주의를 기울이는 것, 나 자신만의 움직임으로 반응하는 것, 관찰한 바에 대해 설명하는 것 등의 경험을 통해 참여자들은 자신을 창의적으로 표현하고 다른 사람들과 생산적으로 상호작용할 수 있다.

균형과 조화가 잘 이루어진 훌륭한 몸 표현 활동은 누구에게나 삶의 의미와 학습경험을 살려 아름다움을 추구하는 동시에 다른 사람과 소통하는 언어적 기능을 통해 자신과 세계를 이해하는 철학적 기능을 가지게 되는 것이다. 동시에 몸 표현 활동을 통해 건강한 체력을 길러 자신감을 키워 주며, 감성과 이성의 조화로운 발달을 도모할 수 있다. 그리하여 적극적인 미적 체험과 창의적 표현 능력을 육성할 수 있다(강미희, 2016).

『참여 군중』이라는 책을 기원으로 한 플래시몹은 신체/동작 표현놀이를 나타내는 예이다. 많은 사람이 목적 없이 한자리에 모여 같은 시간에 춤을 추고 흩어진다. 주변을 지나던 사람들도 함께 춤을 추기도 하고 나이나 국적, 춤 실력에 관계없이 모두가 함께 즐길 수 있는 신체표현놀이라고 할 수 있다.

〈표 11-3〉 신체/동작 표현놀이의 예

놀이명	플래시몹
준비물	정해진 시간, 주어진 장소, 콘텐츠
놀이 방법	

① 한 사람 또는 그룹이 SNS나 커뮤니티를 통해 플래시몹 계획을 올리고 홍보한다.
② 많은 사람이 참여한다.

규칙
✔ 목적이 없다.

극표현놀이

극표현놀이는 느낌과 행동, 사고가 활발하게 이루어질 수 있는 안전한 공간에서 이루어진다. 스토리텔링, 즉흥극, 인형극, 역할극 등을 통해 평소에는 억누르거나 금기시해 왔던 자신을 밖으로 표현할 수 있는 기회를 가진다. 극표현놀이는 삶에서 일어나는 사건을 설명하거나 다시 경험하게 하거나 경험하지 못한 새롭고 상이한 방식을 접할 수 있도록 하는 독특한 능력이 있다. 또한 미술, 음악, 동작 등의 다양한 표현 요소를 모두 통합할 수 있는 총체적 특징을 지니고 있기도 하다. 따라서 표현예술을 활용하는 것은 개인의 고유한 창의적 능력을 발휘하도록 돕는 것이며 개인의 건강한 발전을 도모할 수 있다.

극표현놀이의 한 예로 인형극을 들 수 있다. 인형을 선택하고 이야기를 만들고 연기를 하는 처음부터 끝까지 자신을 표현할 수 있는 기회가 된다. 극표현놀이의 이야기는 이전에 경험했던 것, 소망하는 것, 환상적인 요소 등을 포함할 수 있다. 또한 인형을 직접 만들고 극표현놀이에 참여하면 미술표현놀이의 요소와 극표현놀이의 요소를 함께 누릴 수 있다.

〈표 11-4〉 극표현놀이의 예

놀이명	인형극
준비물	크기나 모양이 다른 인형, 종이, 펜
놀이 방법	

① 2명 이상끼리 모여 조를 이룬다.
② 이야기를 정하고 등장인물을 정하여 대사를 꾸민다.
③ 등장인물을 연기할 사람을 정한다.
④ 이야기가 완성되면 인형을 가지고 직접 연기하며 돌아가면서 발표해 본다.

규칙
✔ 주제를 제시해 줄 수 있다.

언어표현놀이

언어적 요소를 포함한 놀이는 여러 가지 다양한 형식을 포함하고 있다. 목소리를 통하여 자연스럽게 자신을 표현하는 것에 익숙하고 편안함을 느낄수록 자신감을 지니게 되며 표현의 범위와 특성이 증진된다. 단어와 이미지, 구절들은 생각하는 과정에서 배타적으로 발생하는 추상적이고 개념적인 사고와는 다른 표현적인 맥락에서 발생할 때 더욱 풍요로워지고 자연스러운 모습을 띠게 된다. 언어표현 활동은 언어적 표현을 구사할 수 있고 종이에 필기할 수 있거나 컴퓨터 키보드를 사용해서 자신의 생각을 전달할 수 있는 정도의 인지능력 수준을 필요로 한다. 또한 활동에 앞서 공간을 탐색하는

〈표 11-5〉 언어표현놀이의 예

놀이명	절대음감게임
준비물	제시어가 적혀 있는 스케치북, 초시계
놀이 방법	

① 두 팀으로 나누어 앉는다.
② 앞에서 제시하는 단어를 보고 음절 순서대로 높여 말한다. '단팥맛통찐빵'의 경우 한 사람이 처음 말할 때는 '단'만 강조하여 말하고 두 번째 말할 때는 '팥'만 강조하여 말한다. 여섯 글자의 경우 한 사람 당 각각 여섯 번 말한다.
③ 전체 인원이 틀리지 않고 더 빠른 시간 내에 성공한 팀이 승리한다.

규칙
✔ 난이도가 비슷한 단어로 대결한다.

놀이를 하고, 편안함과 친밀감을 주는 재료를 가지고 놀이를 한 후에 언어로 표현하는 놀이에 참여하면 나에게 위협적으로 다가오는 요인을 줄이고 편안하게 받아들일 수 있게 될 것이다.

언어를 활용하는 놀이는 끝말잇기, 잰말놀이, 비밀일기 등 다양하다. 언어 능력이 발달하면서 누군가의 말을 따라 하고 글자를 흉내 내는 것 모두 놀이가 될 수 있다. 언어놀이는 준비물이 많이 필요하지 않기 때문에 일상에서 놀이로 쉽게 전환이 가능하다. 그러나 언어를 구사하는 데 어려움이 있는 사람들은 참여가 어려울 수 있다.

메이엔스키(Mayesky, 2004)는 표현놀이에 있어서 통합적 접근의 중요성을 설명하고 있다. 통합적 접근이란 유아의 발달을 위해 여러 학문 간 혹은 발달영역 간 그리고 예술영역과 다른 영역과의 통합을 의미한다. 유아는 신체표현을 통해 탐색하고, 느끼고, 지각하는 과정을 거치면서 자신이 느낀 것들을 미술로 표현할 수 있다. 유아가 온 몸을 통해 미술놀이를 하는 것은 단순한 표현 활동을 넘어 세상과 소통할 뿐만 아니라 전인발달을 증진시킬 수 있다. 미술과 신체표현의 통합적 접근은 유아의 성장과 발달에 지대한 영향을 미친다. 유아는 발달 특성상 분절된 경험보다는 통합된 전체의 경험을 통해 창의적 능력을 키우고 삶을 풍요롭고 질적으로 향상시킬 수 있다.

성인도 이와 마찬가지로 자신을 표현하고 경험하는 데 통합적인 접근이 필요하다. 성인은 주로 하나의 자신 있는 부분으로만 자신을 표현하고 설명하는 데 익숙해져 있다. 그러나 나이가 들수록 통합적으로 자신을 표현하고 느끼는 것은 건강한 정신과 신체를 이루는 데 매우 중요하다. 또한 일상에서 자주 사용하지 않는 방식으로 놀이하는 것은 뇌의 여러 부분에 자극을 주어 사고를 유연하게 하고 넓은 시야를 가질 수 있도록 도움을 줄 것이다. 따라서 신체의 여러 부분을 활용하고 다양한 도구와 매체를 활용한 표현놀이를 통해 균형 잡힌 통합적 발전을 이룰 수 있을 것이다.

Play Revolution and Creativity

제12장

문제해결놀이의 실제

문제해결은 우리 모두의 삶에 있어서 핵심적인 부분이다. 다음 학기에 어떤 과목을 들을지, 가로세로 단어 퍼즐을 완성시킬 단어가 무엇일지, 어디에 두었는지 기억나지 않는 열쇠를 어떻게 찾을지, 난제에 어떻게 대답할지를 결정하는 것은 모두 문제해결을 요구한다. 또한 문제해결은 지각, 언어, 기억, 개념적 이해와 같은 다른 인지적 과정이 존재할 이유를 제공하기도 한다. 문제해결은 인간의 능력을 향상시키며 인간이 힘든 상황에서도 적응하도록 도와준다.

언제 어디서 누구와 어떻게 놀아야 할지 성인들은 놀이를 시작하기 전부터 해결해야 할 과제가 많다. 놀이를 할 사람과 시간 약속을 잡고 장소를 정하고 무엇을 할지 정하는 게 문제해결 과제가 되는 것이다. 반면, 아이들은 이런 과정을 쉽게 건너뛰고 바로 놀이에 들어간다. 아이들은 놀이 안에서 해결해야 할 과제들을 만난다. 놀잇감을 어떻게 나누어 갖고 놀지, 역할놀이에서 역할배분은 어떻게 할지, 어떻게 하면 종이블록으로 튼튼한 주차타워를 만들지, 기찻길을 연결하여 기차가 움직이게 할지 등등이다.

놀이에는 다양한 문제해결 상황이 따르게 마련이지만 문제해결이 놀이의 중심이 되는 놀이를 문제해결놀이라고 볼 수 있다. 다양한 전략게임이나 보드게임, 퍼즐, 방탈출게임 등이 문제해결놀이의 예라 할 수 있다.

전국시도교육감협의회가 주최하고 강원도 교육청이 주관한 '어린이놀이헌장 제정 1주년 포럼'에서 황옥경 한국아동권리학회 회장(서울신학대 교육학과 교수)은 무엇보다 놀이가 주는 가장 실질적이고 중요한 기능으로 '문제해결능력'을 꼽았다. "21세기는 창의적 사고력이 강조되고 실용지능이 중시되면서 '놀면서 배운다'는 말을 더욱 기억해야 한다."라고 주장했다. 어떻게 현상 속에서 일을 해결하는가, 나를 어떻게 표현하는가가 '능력'이며 '지능'인데, 아이들은 '놀이'라는 자유롭고 창의적인 활동을 통해 이 지능을 행복하게 습득할 수 있다는 것이다(제주매일, 2016).

문제해결놀이의 특성

놀이가 자의적이고 발생적이기 때문에 흔히 놀이는 무질서하고 혼돈스러운 것이라고 여겨지게 된다. 그러나 놀이는 그러한 혼동과 어지러움 속에도 일종의 패턴과 규칙 혹은 반복성을 가지고 있다(Caillois, 1966; Huizinga, 1955). 놀이는 아이들이 문제해결에 대해 배울 수 있도록 도와준다. 처음에 유아들은 물체를 조작하는 데 도움을 주는 방법으로 자신의 몸을 사용하는 것을 배운다. 유아들은 음악이 나오는 장난감의 버튼을 누르는 것과 같은 우연한 발견을 할 수도 있지만, 시간이 흐르면서 자신이 장난감을 연주하게 한다는 사실을 알고 의도적으로 이러한 행동을 하게 된다. 아이들은 인과관계, 사물을 다루는 법, 비판적 사고력을 기른다.

문제해결은 인지발달의 중요한 측면이기 때문에, 사람들은 문제해결력이 어린 나이부터 어떻게 발달하는지 이해하고 싶어 한다. 한 가지 알 수 있는 방법은 도구 사용을 연구하는 것이다. 도구 사용에 대한 한 연구에서는 도구 사용 능력이 아이와 도구가 얼마나 가까운 위치에 있느냐에 따라 달라진다는 사실을 밝혀냈는데, 이는 아이들이 도구 사용을 배우기 위해 도구를 조작할 수 있는 기회를 제공받는 것의 중요성을 반영하고 있다. 아이들은 도구를 사용하기 전에 장난감을 가지고 논다. 장난감을 가지고 놀면, 아이들은 질감, 무게, 크기와 같은 물체의 다른 특성이 물체가 어떻게 행동할지에 영향을 미치는지를 더 잘 이해할 수 있다. 결국 장난감을 가지고 놀이하면서 주위의 세계를 탐색하고 도구 사용 방법도 쉽게 배울 수 있게 되어 문제해결력을 촉발시킬 수 있다는 것이다.

문제해결놀이를 진행하기 위해서는 다음과 같은 사항을 고려해야 한다.

첫째, 아이디어를 비난하거나 평가하지 않는다. 놀이 중에 문제를 해결하기 위해 낸 아이디어에 대해 "별로다." "비현실적이다."라고 비난해서는 안된다. 비난을 받으면 새로운 아이디어를 내고자 하는 의욕을 상실하게 된다. 많은 경우 문제해결은 기존의 진부한 방식으로 해결되지 않는 경우가 많다. 놀이상황이므로 터무니없다고 느껴지는 아이디어도 낼 수 있고 때로는 이러한 아이디어가 문제도 해결하고 모두를 즐겁게 만들기도 한다. 지나친 칭찬도 좋지 않다. 칭찬 역시 평가로 생각되기 때문이다. 아이와 문제해결놀이를 할 때 부모가 칭찬을 하면 평범한 아이디어라고 하더라도 가장 좋은 해결책으로 채택될 가능성이 높다.

둘째, 자유로운 분위기를 유지한다. 아무리 우스꽝스러운 아이디어라도 수용하는 것이 바람직하다. 어리석거나 엉뚱하거나 혹은 유머러스한 아이디어가 나오면 즐겁게 웃으면서 받아들인다. 사람들은 내 아이디어가 혹시 바보 같지 않을까 하는 두려움 때문에 머뭇거리는 경우가 많기 때문에 놀이상황에서의 자유로움과 수용은 문제해결의 많은 아이디어를 나오게 한다.

셋째, 아이디어는 많을수록 좋다. 처음부터 질 높은 아이디어를 찾다 보면 아이디어의 수가 줄어든다. 양이 많다 보면 질 높은 아이디어가 나온다. 그래서 브레인스토밍은 여럿이서 같이하는 것이 효과적이다. 한 사람의 아이디어는 다른 사람에게 경쟁의식을 유발하기도 하고 새로운 아이디어를 낼 수 있는 원천이 되기 때문이다.

넷째, 아이디어에 아이디어를 더한다. 처음의 아이디어에 착안하여 그 다음 아이디어를 생각해 내거나 2개 이상의 아이디어를 결합하여 제3의 아이디어를 내놓을 수 있다. 예를 들어, 각자 집을 짓는 놀이를 생각해 냈다면 마을을 만드는 놀이로, 가게 놀이가 백화점 놀이로 아이디어가 확장될 수 있다. 아이디어를 새롭게 변형하거나 더 좋은 아이디어로 발전해 가는 것을 보면서 다른 사람의 의견을 경청하는 법을 배우고 문제해결에 더 가까이 접근하게 된다. 성인들의 놀이상황에서도 서로 아이디어를 확장해 나가는 집단지성을 이용하면 더욱 풍부하고 흥미로운 놀이상황이 된다.

문제해결놀이의 예

문제해결놀이의 가장 보편적인 예는 바둑, 장기, 윷놀이 같은 전략게임과 블루마블, 루미큐브 같은 다양한 보드게임이라고 할 수 있다. 이러한 놀이는 문제를 해결하기 위해서 다양한 전략이 필요하고 창의성과 같은 높은 인지적 능력이 요구된다는 것이다.

최근에 인기를 얻고 있는 방탈출게임은 창의적인 해결책을 요구하는 문제해결놀이로 볼 수 있는데, 마치 유아가 환상놀이에 빠지는 것처럼 현실세계와는 다른 새로운 세계의 주체가 되어 몰입하는 경험을 제공하기 때문이다. 이렇게 집중하여 문제를 해결하는 과정에서 해방감, 유능감, 카타르시스를 느낄 수 있으며, 일반적인 도구 사용 방법 등 기존의 틀을 가지고는 문제를 해결할 수 없기 때문에 창의적인 문제해결력을 증진시킬 수 있다.

TED 강연에서 소개되어 세계적으로 관심을 끌게 된 문제해결놀이 하나를 소개하고자 한다. 이 놀이는 4명이 한 팀을 이뤄서 20개의 스파게티 면과 약

90cm의 테이프, 실, 마시멜로우만으로 가장 높은 탑을 쌓는 팀이 승리하는 게임이다. 규칙은 마시멜로우를 탑의 꼭대기에 놓아야 하는 것이다. 간단해 보이는 이 게임은 팀원들이 빠르게 협동해야 하기 때문에 세계 곳곳의 워크숍에서 팀을 나누어 게임할 때 사용되고 있다. 이 게임에는 학생, 디자이너, 건축가와 50개 기업의 CTO(최고기술중역)가 참여하였는데, 결과는 흥미로웠다.

일반적으로 대부분의 사람은 게임이 시작되면 방향설정을 하며, 어떻게 만들지에 대해서 이야기를 시작하고, 팀에서 주도권 다툼을 하고, 계획하고 구성하였다. 스케치를 한 다음 스파게티를 배치하고 가장 많은 시간을 스파게티로 탑을 만드는 데 활용하였다. 그리고 제한된 시간에 다다랐을 때 누군가가 마시멜로우를 아주 조심스럽게 꼭대기에 올려놓았는데, 대부분은 마시멜로우의 무게 때문에 전체 탑이 무너져 버리고 말았다. 경영대학원을 막 졸업한 사람들은 거짓말하고 꾀부리고 혼란을 일으키며 엉망인 탑을 만들었으나 유치원을 막 졸업한 아이들의 탑은 성인들의 탑보다 높을 뿐 아니라 그 구조도 매우 재미있었다.

TED 강연에서 마시멜로우게임을 소개했던 피터는 "어떤 아이들도 스파게티회사 사장이 되려고 시간을 쓰지 않는다."라고 이야기하였다. 아이들이 탑을 잘 쌓을 수 있었던 이유는 주도권 다툼을 하지 않았기 때문이다. 아이들은 성인들처럼 한 가지 완벽한 방법만을 찾으려고 계획하고 토론하는 데 많은 시간을 허비하지 않았다. 대신 마시멜로우를 처음부터 이용하여 탑을 만들기 시작했고, 실패하면 다시 도전하였다. 탑을 만드는 내내 낄낄거리는 웃음소리가 멈추지 않았다. 이처럼 아이들은 마시멜로우 탑 쌓기를 해결해야 할 과제가 아니라 즐거운 놀이로 받아들였다. 즐거운 놀이가 아이들이 창의적으로 문제해결을 할 수 있는 비결이었다.

〈표 12-1〉 창의적 문제해결놀이의 예

놀이명	마시멜로우 탑 쌓기
준비물	스파게티 면 20개, 90cm 테이프, 90cm 털실, 마시멜로우 1개(팀 당)
놀이 방법	 ① 4명씩 팀을 이룬다. ② 제한시간은 18분을 제공한다. ③ 스스로 가장 높이 서 있는 탑을 만들면 승리한다.
규칙	✔ 마시멜로우가 탑의 꼭대기에 위치해야 한다.

최근 코로나바이러스 감염증(이하 COVID-19) 이후 사회적 거리두기의 규칙으로 인해 사람들은 이전의 익숙한 방식대로 놀이하지 못하게 되었다. 각종 놀이시설은 물론 학교, 일자리, 가정 등에서도 마음 놓고 모일 수 없는 상황이 되면서 놀이를 할 시간과 사람은 있지만 모일 수 있는 공간이 사라져버린 것이다. 전 세계가 직면한 COVID-19는 그 자체로 세계적인 문제해결 과제이며 놀이에서도 COVID-19를 피해 '안전하게 놀이하는 것' '모이지 않고 놀이하는 것'이 가장 큰 문제해결 과제가 되었다.

이에 사람들은 접촉하지 않고 놀이할 수 있는 방법을 찾았다. 바로 디지털 기술의 발전으로 특정 산업 또는 젊은 층에서 먼저 사용하기 시작하면서 편리성과 효용성을 가져다 준 '언택트(Untact) 소비'에서 착안된 '언택트(Untact) 놀이'를 하는 것이다. '언택트'란 '콘택트(contact: 접촉하다)'에서 부정의 의미인 '언(un-)'을 합성한 말로, '언택트 소비'란 점원과의 접촉 없이 물건을 구매하는 등의 새로운 소비 경향을 의미하는 데 주로 사용 되었던 용어이다. 그리고 언택트 놀이란 비대면, 비접촉 놀이를 의미하는 것으로 온라인 · 모바일 게임 등을 대표적인 예로 들 수 있다.

그러나 COVID-19로 인해 집에 머무르며 격리된 삶을 살던 사람들이 지속되는 재난 상황 속에서 언택트 생활이 길어지면서 사회적인 관계를 맺고자 하는 요구가 생겨나기 시작하였다. 또 하나의 문제해결 과제에 직면하게 된 것이다. 그리고 사람들은 이를 해결하기 위해 자신이 혼자 노는 모습을 영상으로 기록하고 SNS에 올리거나 집에서 할 만한 놀이들을 공유하며 다른 사람들과 소통하였다. 이를 통해 비대면을 일컫는 '언택트(Untact)'에 온라인을 통한 외부와의 '연결(On)'을 더한 개념으로, 온라인을 통해 외부활동을 이어가는 방식인 '온택트(Ontact)'라는 신조어가 생겨났다. '몸은 떨어져 있지만 마음은 가까이'에 있도록 하는 '온택트(Ontact)' 문화가 확산된 것이다. 즉, 온택트는 사회적 거리두기로 집에서 머무르는 생활에 지친 이들이 온라인으로 외부와 연결, 각종 활동을 하는 새로운 트렌드를 말한다.

온택트의 대표적인 사례로는 '코로나19 드라이브 스루 선별 검사'에서 아이디어를 얻은 다양한 '드라이브 스루+α' 서비스와 온라인 전시회 · 공연, 재택근무로 인한 화상회의, 교육 분야의 비대면 학습 등을 예로 들 수 있다. 그중 온택트 놀이는 온라인상에서 이루어지는 놀이인 만큼 어느 정도의 제약을 지니며 일반적으로 대면하여 하는 놀이의 형태와는 다른 특성을 지닌다. 온택트 놀이의 장단점과 특성은 다음과 같다.

첫째, 공간과 거리, 이동의 제약이 없기 때문에 세계 각지에서 또는 거동이 불편한 사람도 참여 가능하다. 둘째, 공간대여비, 교통비, 인건비 등의 비용을 절감할 수 있다. 셋째, 놀이 이전에 필요한 물품을 개별적으로 준비하도록 하거나 참여자들에게 각각 물품을 전달할 수 있어야 한다. 넷째, 장비와 기술이 갖춰진 곳에서는 쉽게 접근할 수 있으나 지역적 차이가 발생하여 소통이 어려울 수 있다. 다섯째, 놀이 진행에 어려운 사항을 진행자가 해결해 줄 수 없으므로 아동 및 노인 대상의 프로그램은 보호자의 지도가 반드시

〈표 12-2〉 온택트 놀이의 예

놀이명	손가락 접기 게임
준비물	화상통화가 가능한 전자기기, 인터넷
놀이 방법	 ① 화상통화를 연결하고 모든 사람의 소리와 영상이 나오는지 확인한다. ② 다섯 손가락을 펴고 시작한다. ③ 돌아가면서 특징을 한 가지씩 말하고 그에 해당하는 사람은 손가락을 접는다. ④ 먼저 손가락이 다 접힌 사람이 벌칙을 받는다.
규칙	✔ 맨 처음에 걸린 사람이 받을 벌칙을 다함께 정할 수 있다.

필요하다. 여섯째, 몇몇 놀이의 방식의 변화가 필요하다(예: 팀을 이뤄 건축물을 구성하는 놀이를 다른 팀원들이 말로 설명하고 한 사람이 만드는 놀이로 변형시키는 것). 일곱째, 주변 소음이나 기기의 문제 등 방해 요소가 많아 집중에 어려움을 겪을 수 있다.

온택트 놀이의 구체적인 예로, 먼저 송파구에서는 지난 9월 대한민국 어린이 1,000명을 대상으로 온택트 놀이 축제를 기획하고 진행하였다. 체험활동으로는 풍이몽이 비누 만들기, 소서노 & 온조 블록 만들기, 한성백제 스티커 아트북 세 가지를 진행하였다. 프로그램은 신청 후 1인 체험키트를 홈페이지에서 구매하고 SNS 유튜브 채널을 활용하여 함께 체험할 수 있는 방식으로 구성하였다. 또 다른 예로, 초록우산 어린이재단 영등포종합사회복지관(관장 이충로)은 COVID-19로 인해 집에서 보내는 시간이 길어진 아동

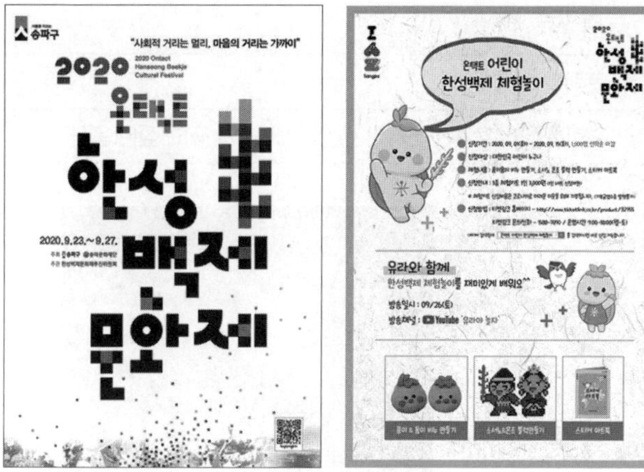

[그림 12-1] 문제해결놀이 예 2

출처: 서울송파구 육아종합지원센터 관련링크(http://www.ticketlink.co.kr/product/32955)

을 대상으로 '놀 권리'를 주제로 퀴즈를 풀며, 온라인에서도 '놀이'를 지속하기 위한 도전 '놀든벨'을 진행하였다. 프로그램은 온라인 화상회의 프로그램을 통해 진행되었으며, 화상통화가 가능한 전자기기가 없는 참가자를 위해 복지관에서 대여도 가능하게 하였다. 또한 온라인 참여를 위해 참가자에게 놀든벨 참여가이드, 유엔 아동권리협약 리플렛, 우리동네 놀이정보, 미니 화이트보드, 펜, OX판넬 등으로 구성된 퀴즈키트를 발송하였다(영등포 투데이, 2020).

연령에 관계없이 어른들도 온택트 놀이에 참여하였다. 재택근무를 하게 된 회사들은 회식할 수 없게 되자 온라인 회식을 계획하였다. 연말 연초에는 만나지 못한 친구들과 온라인 송년회, 온라인 신년회를 즐기는 사람들이 늘어났다. 밖에서 많은 사람과 함께하는 시끌벅적한 분위기를 직접 만나지 않아도 누릴 수 있게 되었다. 사회적 거리두기 속에서도 관계를 이어나가고 놀이를 지속하려는 시도들이 계속되면서 만들어진 새로운 문화이다.

〈표 12-3〉 온택트 놀이의 예

놀이 명	온택트 회식
준비물	화상통화가 가능한 전자기기, 인터넷, 각자 먹고 싶은 음식
놀이 방법	 ① 회식 날짜와 시간을 정한다. ② 시간에 맞춰 각자 먹고 싶은 음식을 준비한다. ③ 화상통화 프로그램을 실행하고 연결을 확인한다. ④ 모두 입장하면 함께 음식을 먹으며 이야기를 나눈다.
규칙	✔ 모든 참여자에게 화상통화가 가능한 기기가 있는지 확인한다. ✔ 인터넷 연결이 잘 되는 곳에서 실시할 수 있다.

이처럼 시대가 어떻게 변화하여도 인간에게 놀이는 빠질 수 없는 일부이다. 전 세계적 재난 상황에서도 놀이는 지속될 수 있으므로 다양한 상황과 환경에 알맞은 놀이 방법을 찾는 것이 문제해결놀이의 첫걸음이라고 할 수 있을 것이다.

제4부

놀이를 통한 재창조

제4부는 놀이가 사라진 세상과 놀이를 필요로 하는 세상으로 구성되어 있다.

놀이가 사라진 세상에서는 인간의 놀이에 대한 문화인류학적 연구를 통해 인간의 놀이 본성을 살펴보고, 이러한 유희적 인간이 어떻게 문명화 과정을 거쳐 사유인, 직업인, 경제인으로 변모해 왔으며, 어떻게 놀이본성을 상실해 왔는지를 보여 준다.

놀이를 필요로 하는 세상에서는 4차 산업혁명이라는 새로운 시대의 전환에 직면한 인류 사회가 왜 다시 놀이를 필요로 하게 되었는지를 자본주의 사회의 요구, 미래사회 문제해결, 개인의 자아실현의 세 관점에서 다루고 있다.

Play Revolution and Creativity

제13장

놀이가 사라진 세상*

하위징아는 '문화는 놀이 속에서 놀이로써 생겨나고 전개된다'고 하였다 인간 사회의 중요한 원형적 행위들은 처음부터 놀이의 요소가 가미되어 있었다. 놀이는 언어의 세계, 신화의 세계를 창조해 냈다. 뿐만 아니라 법(재판), 전쟁, 철학, 문학, 예술 등 인간 문화의 전 영역에 걸쳐 놀이 요소가 침투해 있었다. 인간은 그리스 · 로마 시대, 중세까지도 놀이와 삶이 중첩된, 가상과 현실의 세계가 중첩된 삶을 살았다. 그러나 근대에 이르러 이성이 세상을 지배하면서, 유희적인 것을 배척하고 진지함이 모든 것에 스며들게 되었다. 그 사이에 놀이는 가볍고 유치한 것으로 치부되면서 아이의 영역으로 주변화되었다. 결국 과거의 유희인(homo ludens)은 데카르트의 지성인(homo sapiens), 막스 베버의 직업인(berufsmesch)을 거쳐 신자유주의 경제인(homo economicus)으로 변모해 왔다. 그것이 놀이가 사라진 오늘날을 살아가는 우리들의 모습이다.

* 제13장은 진중권 교수의 강의 '다시 읽는 호모루덴스'와 주간동아 인터뷰 내용(주간동아 487호, 2005. 5. 31. pp. 54-56; 주간동아 489호, 2005. 6. 14. pp. 58-60)을 대부분 발췌 · 요약한 것이다.

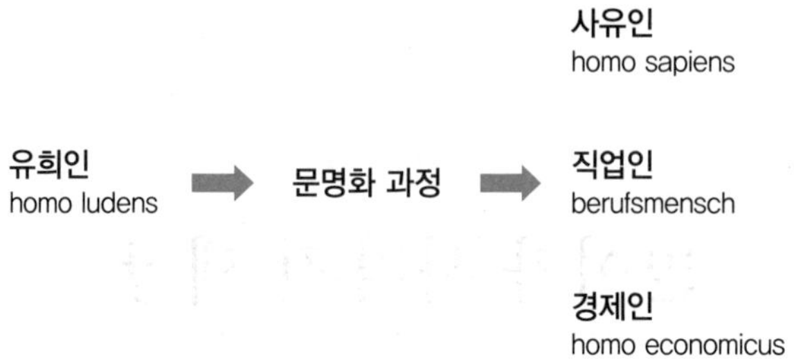

[그림 13-1] 문명화의 과정

출처: 다시 읽는 호모루덴스(https://www.youtube.com/watch?v=_gjmBH52KtA)

유희인

인간은 호모루덴스(Homo Ludens)이다. 유희하는 인간, 즉 놀이하는 인간이다. '놀이(유희) 속에서의 문화의 기원'이라는 『호모루덴스』의 부제는 논다는 것이 문화 속에서 발생하는 것이 오히려 놀이를 즐기는 인간의 본성을 통해 문화가 형성되어 왔다는 의미이다. 리프킨(Rifkin)은 『소유의 종말』에서 "놀이는 문화를 창조하는 것이다. 사람의 상상력을 해방시켜 공유할 수 있는 의미를 만들어 내는 것이다. 놀이는 인간 행동의 가장 근본적인 범주에 해당한다. 놀이가 없으면 문명도 존립할 수 없다."라고 주장한다. 놀이(유희)라는 말은 단순히 '노는 행위'가 아닌 인간의 정신적인 활동을 포함한다. 하위징아는 이러한 놀이의 본질을 그리스어, 산스크리트어, 중국어, 알곤킨어, 일본어, 샘어, 라틴어, 게르만어와 영어 속에서 놀이 개념을 분석하고 다음과 같은 여섯 가지의 특징으로 설명하였다(Huizinga, 2010).

- 특정 시간과 공간 내에서 벌어지는 자발적 행동 혹은 몰입 행위이다.
- 자유롭게 받아들여진 규칙을 따르되, 그 규칙의 적용은 아주 엄격하다.
- 그 자체에 목적이 있고 일상생활과는 다른 긴장, 즐거움, 의식을 수반한다.

- 질서를 창조하고 그 다음에는 스스로 하나의 질서가 된다.
- 경쟁적 요소, 즉 남보다 뛰어나려는 충동이 강하다.
- 신성한 의례에서 출발하여 축제를 거치는 동안 자연스럽게 집단의 안녕과 복지에 봉사한다.

하위징아는 이러한 특성을 가진 놀이가 분화하면서 인간 사회의 법률과 제도, 철학, 문학, 예술, 의례, 정치, 심지어 전쟁의 규칙이 되었음을 역사학의 방법으로 증명하고자 하였다.

윤리적 기준이 다소 희박했던 원시사회에서는 신탁, 신의 판정, 시련, 추첨에 의한 결정과 법률적 판단에 의한 결정이 하나로 합쳐졌다. 예를 들어, 작은 막대기를 뽑거나, 돌멩이를 던지고, 성경 페이지를 아무렇게나 넘기다가 멈추면 그것이 신탁이 되고 법적 판단이 되는 것이다. 고대 게르만의 법적 관습에 의하면 경쟁에 의해 주요 법적 판단을 했는데, 달리기 경주를 하거나 도끼 던지기를 함으로써 마을의 경계나 토지의 크기를 결정했다. 심지어 신부를 얻기 위해 달리기 경주를 해야 했고 아르고스의 왕 다나이데스의 딸 50명은 달리기 경주에 의해 시집을 갔다고 전해진다. 법과 놀이의 친밀한 관계는 오늘날에도 이어진다. 그린란드 에스키모의 분쟁 해결 방식은 북치기 시합과 노래 시합으로 이루어진다. 어떤 에스키모가 누군가에게 불평할 것이 있으면 그는 상대방에게 북치기 시합을 하자고 도전한다. 씨족이나 부족은 화려한 옷을 입고 이 축제의 대화에 모여든다. 2명의 소송 당사자는 번갈아 북을 치면서 상대방을 향해 야비하고 상스러운 노래를 불러댄다. 근거가 있는지 없는지는 중요하지 않다. 구경꾼들은 누가 승자인지를 결정하고 대부분의 경우 판결 즉시 우정이 회복된다. 더 나아가 중세의 법률에서는 법률적 결투가 아주 중요한 위치를 차지하고 있었는데, 이 결투의 결과가 신들의 뜻이 어디 있는지를 보여 준다고 여겼다. 이러한 사법적 결투는 놀이의 특성을 취하였는데 고용된 전사에 의해 결투를 대신 수행할 수 있었고, 남녀가 싸울 때에는 핸디캡을 두었다.

전쟁은 운명에 대한 시험이었고 승리는 승자의 대의명분을 신들이 선호한다는 표시였으며, 그들의 대의명분이 정당한 것이었다는 의미였다. 전쟁이 시작되기 전 용사들은 상대방 용사에게 도전을 했고, 이 단 한 번의 싸움이 전쟁 전체를 대신하기도 했다. 반달족이 스페인에서 알레만족과 싸움을 할 때, 양측은 단 한판의 싸움으로 전쟁을 결판내기로 합의를 했다. 중세 후기에도 전쟁에 나선 왕이나 왕자들이 그들 사이에 단 한판의 싸움을 벌여 전쟁을 종식시키고자 한 것은 매우 관례적이었다.

철학도 놀이적 요소가 많다. 고대철학은 수수께끼를 통해 지혜를 겨루는 데서 탄생하게 되었다. 고대의 수수께끼는 "이 세상이 어디에서 태어나 어떻게 왔는지를 누가 알며, 누가 감히 그것을 선언할 수 있겠는가?"와 같이 신성한 의례의 수수께끼 노래에서 왔다. 지금 보면 신화적이고 우주론적이며 철학적인 질문이다. 문명이 발달하면서 수수께끼는 두 가지 방향으로 뻗어나갔는데, 하나는 신비철학이고 다른 하나는 레크리에이션이다. 문명은 정신적 생활의 두 가지 양태를 구분해 놓았고 하나는 놀이로, 다른 하나는 진지함으로 명명하게 되었다. 그러나 이 둘은 서로 연속적인 정신의 스펙트럼이었고 문명은 그 속에서 생겨난 것이다.

17세기 이전까지는 유희가 굉장히 중요했다. 일상에서도 놀이가 삶의 많은 부분을 차지했다. 브뤼헬의 1560년 작품 '어린이들의 놀이'를 보면 250여 명의 아이와 성인이 놀이를 하고 있다. 자세히 들여다보면 말뚝박기, 물구나무서기, 한 손가락으로 빗자루 균형잡기, 인형놀이, 말타기, 피리 불기, 굴렁쇠, 기차놀이, 술통 타고 균형잡기 등 아흔여 가지의 놀이를 하고 있다.

노동과 놀이는 결합되어 노동요를 부르며 일을 하였고 수확의 시기에는 축제가 있었다. 축제, 결혼식 등에서는 향연, 잔치, 연회가 벌어진다. 의례와 축제에서는 놀이의 특징이 공유되어 일상생활의 정지를 요구하며 진정한 자유로움, 즐거움과 환희가 지배한다. 그럼에도 시간과 공간의 제약을 받으며 나름의 진지함과 엄격한 규칙이 가미된다.

[그림 13-2] 어린이들의 놀이

출처: https://artsandculture.google.com/asset/children%E2%80%99s-games/CQEeZWQPOI2Yjg

카이와(Caillois)도 놀이정신이 가장 높은 수준의 문화 활동의 원동력이 된다고 보았다. 그래서 인간은 끊임없이 뭔가 '재미있는 놀잇거리'를 찾을 수밖에 없다는 것이다. 카이와는 놀이의 잠재된 의식으로 파이디아(Paidia)와 루두스(Ludus)를 말한다.

파이디아는 놀이본능의 자발적 속성으로, 흥분하고 소란을 피우고 싶은 인간의 기본적 욕구와 본능이라 할 수 있으며 이를 즉흥의 희열이라고 할 수 있다. 아무거나 건드리고, 잡고, 맛보고, 냄새 맡고 싶은 충동으로 나타나며, 그 다음에는 손이 닿는 모든 것을 떨어뜨리고 싶은 충동으로 나타난다. 이 욕구는 파괴하거나 부수고 싶은 욕망으로 쉽게 변한다. 가위로 종이를 끝없이 자르는 즐거움, 천을 갈기갈기 찢는 즐거움, 쌓아 올린 것을 무너뜨리는 즐거움 등은 파이디아라는 욕구와 본능으로 설명

[그림 13-3] 농부의 결혼식

출처: https://artsandculture.google.com/asset/peasant-wedding-pieter-bruegel-the-elder/hgGvote2WI8P3w

된다. 파이디아의 초기 단계에서 표현되는 놀이에는 이름이 없으며 이름을 붙일 수도 없다. 그러다가 이 파이디아에 약속(규칙)이나 기술, 도구가 등장하면서 최초의 놀이가 탄생하게 된다(예: 개구리뜀, 숨바꼭질, 팽이놀이, 인형놀이 등등). 여기서부터 아곤, 알레아, 미미크리, 일링크스 각각의 길로 갈라져 나가기 시작한다.

이때서야 비로소 루두스가 나타나기 시작한다. 루두스는 원초적인 욕망에 새로운 임의의 장애물을 스스로 제공하려는 것을 의미한다. 자의적으로 설정한 장애를 극복하고, 해결하면서 맛보는 즐거움으로 파이디아를 길들이고, 더욱 풍부하게 만드는 원천이다. 루두스는 경쟁자와 싸우는 것이 아니라 자신이 설정한 장애들과 싸우는 것을 의미한다. 물질적 보상 없이 오직 이것을 끝까지 도전해서 장애물을 극복하고 어려움을 해결했다는 내면적 자기만족을 위해 행하는 놀이라 할 수 있다.

하위징아로부터 부분적으로 빌어온 개념이기는 하지만, 카이와는 놀이를 속성에 따라 '아곤(agon)' '알레아(alea)' '미미크리(mimicry)' '일링크스(illinx)'의 개념으로 구분하였다. 이것은 놀이의 가장 기본적인 원리이자, 축제를 구성하는 원천이 된다. 카이와에 의하면 알레아는 파이디아와, 일링크스는 루두스와 결합할 수 없다고 한다. 파이디아는 흥분하고, 소란을 피우고 싶은 인간의 기본적이고 주체적인 욕망을 나타내는 속성이므로 수동적인 우연이나 요행을 바라는 알레아와는 결합이 될 수 없고, 문제를 해결하며 자기만족을 느끼는 루두스는 즉흥적인 흥분의 결정체인 일링크스와 결합할 수 없다. 카이와는 〈표 13-1〉과 같이 놀이를 아곤, 알레아, 미미크리, 일링크스의 네 가지 범주로 나누어 설명하였다(Caillois, 2018).

〈표 13-1〉 놀이의 기본적인 원리

분류	구성요소	놀이 예
아곤 Agon	경쟁, 대립, 대결	각종 스포츠 경기, 장기(체스)와 같이 플레이어의 실력에 의해 승부가 결정되는 놀이
알레아 Alea	행운, 운명, 우연	주사위 놀이와 같이 운에 의해 결정되는 놀이
미미크리 Mimicry	모의(模疑), 흉내	가장 무도회, 특정 대상을 흉내 내거나 연기하는 놀이
일링크스 Illinx	현기증, 흥분, 공포	놀이터나 놀이공원의 놀이기구, 서커스 등에서 체험하는 놀이

'아곤'은 경쟁이라는 놀이의 형태를 취한다. 경쟁이란 이긴 자의 승리에 명확한 가치를 줄 수 있는 조건하에서 경쟁자들이 서로 싸울 수 있는 기회의 평등이 설정된 투쟁이다. 놀이의 원동력은 어떠한 경쟁자에게 있어서도 주어진 분야에서 자신의 우수성을 인정받고 싶어 하는 욕망이다. 사냥, 운동경기, 전자게임 등과 같이 지속적인 훈련과 노력, 이기고자 하는 의지들이 합쳐져서 이루어지는 것이다. 여기에는 항상 승자와 패자가 있다.

우연 놀이에 해당하는 '알레아'란 라틴어로 주사위 놀이를 의미한다. 아곤과는 정반대로 놀이하는 자에게 달려 있지 않은 결정, 놀이하는 자가 전혀 영향력을 행사할 수 없는 결정에 기초하는 모든 놀이를 가리킨다. 카드게임이나 주사위 놀이, 제비뽑기, 복권놀이 등 운수나 요행, 또는 운명에 따라 결과가 달라지는 놀이이다. 실력이든 운이든 이 두 가지는 기본적인 규칙을 가지고 있는 놀이이다.

아곤과 알레아는 놀이하는 사람들 사이에 현실세계에 없는 순수한 평등의 조건을 인위적으로 만들어 낸다는 규정이다. 아곤의 하나인 체스도 똑같은 규칙하에 자신의 역량을 드러낼 가능성이 상대방과 일치한다. 알레아 중 주사위 놀이도 놀이 참여자가 행운을 누릴 수 있는 확률이 똑같다. 즉, 현실세계에서는 혼란스럽고 불평등한 상황을 명확하고 평등한 상황으로 대체해 주는 것이다.

'미미크리'란 흉내 내기 또는 역할놀이에 해당한다. 가면을 쓰고 참여하는 가장무도회나 병원놀이, 연극 행위 등과 같이 일정한 시공간 안에서 평소와는 다른 사람이 되어 보거나 다른 세상에 잠시 들어갔다 나오는 것이다. 예를 들면, 가면 놀이에서는 가면을 통해 사회적 역할을 숨기고 실제의 인격을 해방시켜 그 결과로서 얻어지는 방종의 분위기를 이용하고 즐기려고 하는 것이다.

'일링크스'는 지각의 안전을 파괴하고 맑은 의식에 유쾌한 패닉(공포) 상태를 일으키는 것이다. 이 놀이는 단번에 일종의 경련(가슴 졸임), 실신상태(흥분), 또는 크게 놀라는 상태(얼떨떨함)에 들어가는 것을 의미한다. 회전목마, 그네타기, 서커스, 롤러코스터 등과 같은 놀이이다.

[그림 13-4]는 카이와의 네 가지 분류를 규칙성과 사람의 의지를 포함시켜 분류한 것이다(Caillois, 2018).

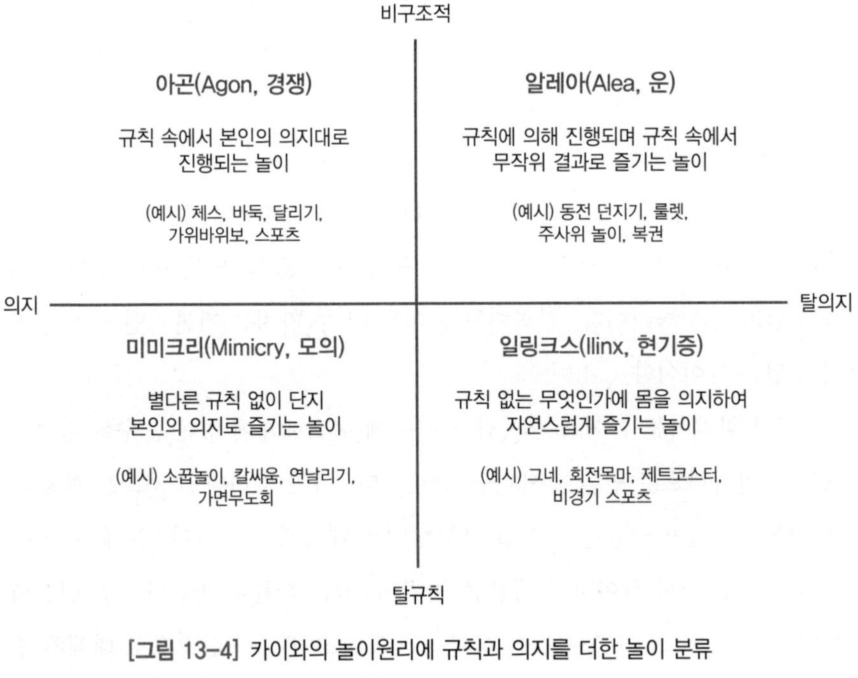

[그림 13-4] 카이와의 놀이원리에 규칙과 의지를 더한 놀이 분류

카이와는 놀이만큼 인간을 평등하게 만드는 문화적 기제는 없다고 보았다. 남녀 · 노소 · 빈부 · 미추 등으로 위계화 · 차별화되어 있는 인간은 놀이를 시작하면서 일체감 · 해방감 · 카타르시스를 느끼며 일시적인 유토피아의 상태에 들어간다. 놀이를 통해서 인간은 기본적인 욕구가 충족되는 충만함을 느끼는 것뿐만이 아니라 동시에 '더불어 재미있기' '재주를 칭송받기' '승리의 기쁨 누리기' '규칙 습득하기' 등을 익힌다. 현실적 사회구조 속에 생존하는 자신의 존재는 가면 놀이나 변장을 통해서 환상과 꿈속으로 들어갈 수 있고, 현란한 춤과 과감한 노출을 통해서 무한한 해방감을 느낄 수도 있다. 이 점은 자진해서 극도의 긴장 속에 들어가거나, 금방 쓰러질 듯 한 어지럼증을 즐기면서, 또는 엄청난 행운이 금방이라도 터질 것 같은 기대감 등으로도 얻어질 수 있다.

문명화의 과정:
유희인에서 사유인, 직업인, 경제인으로**

엘리아스(Elias)는 그의 저서 『문명화의 과정』에서 중세 전사들은 행위의 결과를 계산하지 않고 오직 순간의 명예감에 따라 행동한다고 주장한다. 폭력은 중세인에게 사회문제해결의 중요한 수단이었으며 개인적 갈등을 결투로, 집단적 갈등은 전쟁으로 해결했다. 갈등 현장에서 폭력 행사를 자제하거나 기피하는 사람은 오히려 명예를 모르는 비겁한 인간으로 낙인 찍혀 버리기 일쑤였다. 일반 중세인들은 인간의 감정을 있는 그대로 표출하며 식탁보에 코를 풀고, 공개된 장소에서 거리낌 없이 방귀를 뀌거나, 트림을 하거나, 입맛을 다셨다.

** 이 장의 문명화의 과정에 대한 설명은 주간동아 2005. 06. 14. 489호(pp. 58-60)(https://weekly.donga.com/List/Series/3/07/11/76441/1)를 참조하여 작성하였다.

전사에서 호모사피엔스로

[그림 13-5] 중세인과 근대인

출처: 다시 읽는 호모루덴스(https://www.youtube.com/watch?v=_gjmBH52KtA)

문명화 과정을 거치면서 투박해 보이는 중세인과 중세의 전사들은 세련된 매너를 갖춘 근대의 문명인으로 진화한다. '문명화'는 이미 중세 말의 궁정기사사회에서 모습을 드러내기 시작해 근대국가 성립기에 거의 완성에 도달한다. 근대국가가 형성되면서 영주들의 사병은 해체되어 중앙의 상비군으로 재편된다. 사회문제의 해결은 폭력에서 근대적 사법체계로 이양된다. 과거 명예를 위해서 싸웠던 결투와 폭력은 모두 불법으로 간주되었다.

왕이 있는 궁정에서는 중세의 전사들을 예법을 갖춘 근대의 귀족으로 탈바꿈시켰다. 엘리아스는 문명화의 과정이 궁정적인 합리성을 통해 이루어졌다고 진단한다. 이전에는 단순한 무력 대결로 승패가 갈렸다면 궁정에서의 권력투쟁은 치밀한 전략과 술수에 따라 이루어진다. 이런 환경에서 자신의 감정을 솔직히 표현하고 즉흥적인 행동을 한다면 바로 도태되었을 것이다. 살아남기 위해서는 감정을 드러내지 않고 속마음을 감추고 상대의 행동에서 속셈을 읽어 낼 수 있어야 한다. 이 과정에서 외향적이었던 중세인이 내성적인 근대인으로 변화하게 된 것이다.

사유인(homo sapiens)

허시먼(Hirschman)은 저서 『열정과 이해관계』에서 중세의 열정이 근대의 냉정으로 변하는 과정을 다룬다. 중세인들은 감정이 풍부했고 그것을 즉각적으로 표출하기를 주저하지 않았다. 이 외향적 인성이 근대화를 거치면서 제 감정을 억누를 줄 아는 내성적 인간으로 변모한 것이다. 엘리아스가 궁정적 합리화의 과정을 통해 문명화의 과정을 보여 주었다면 허시먼은 세 철학자의 텍스트를 통해 서구인의 내면에서 벌어진 이 변화의 궤적을 추적한다(진중권, 2005).

첫 번째 철학자는 데카르트이다. 중세에는 이성적 사유와 마술적 사유가 결합되어 있었다. 기사적 · 신학적 · 민중적 환상이 있었다. 용이 존재했고 나무의 정령을 믿었다. 허구의 존재를 있는 것 같이 떠올리는 상상력이 풍부한 사람은 현실을 착란하는 것이라고 여겨졌다. 데카르트는 감정에 치우친 사람들을 이성적 존재로 만들어 내고자 했다. 격정에 휘둘려 비합리적 판단을 하지 않는 존재가 되려면 이성의 힘으로 희로애락의 정념을 통제할 수 있어야 한다. 데카르트가 보기에 사람들이 격정에 휘둘리는 것은 정념의 정체를 제대로 알지 못하기 때문이며 정념의 메커니즘을 인식하기만 하면 정념을 정복할 수 있다는 것이다.

데카르트의 말대로 정말 이성만으로 야생마 같은 정념의 힘을 억누를 수 있을까? 과연 정념의 메커니즘을 아는 것만으로 정념의 광포한 힘을 극복할 수 있을까? 사람들은 격정이 왜 일어나며, 그것을 표출하는 것이 자신에게 어떤 결과를 가져올지 뻔히 알면서도 격정에 휘말리곤 한다. 따라서 '이성으로 범죄를 막을 수 있다'는 소크라테스의 주장처럼 '이성으로 정념을 극복할 수 있다'는 데카르트의 견해도 비현실적으로 느껴진다.

두 번째 철학자 스피노자는 '에티카'에서 사뭇 다른 견해를 제시한다. "정념은 그것과 반대되는 정념, 그것보다 더 강한 정념에 의하지 않고서는 억제될 수도, 제거될 수도 없다." 한마디로 이성은 무력하기 짝이 없어 광포한 정념의 힘을 극복할 수 없다는 것이다. 따라서 정념은 오직 그보다 더 강한 다른 정념으로써만 억누를 수 있다는 것이다.

마지막 철학자 데이비드 흄은 경험에서 출발한다. 현실의 여러 사례를 관찰해 보니 이성은 무력하기 짝이 없다는 것이다. '이성은 정념의 노예일 뿐이며, 정념에 봉사하고 복종하는 것' 외에 어떤 일도 할 수 없다고 한다. 흔히 '이성의 힘으로 정념을 극복했다'고 말하는 경우에도, 잘 살펴보면 실은 이성이 아니라 하나의 정념을, 또 다른 정념을 가지고 극복했을 뿐이라는 것이다. 흄은 '격렬한' 정념과 '강한' 정념을 구별한다. 대개 격렬한 정념은 냄비와 같아서 순간적으로는 달아올라도 열기가 오래가지 못한다. 우리의 행위를 그르치는 정념은 대부분 이 부류에 속한다. 반면, 어떤 정념은 온돌처럼 차분하면서도 오랫동안 지속된다. 정념을 극복하는 흄의 전략은 이 '격렬하나 약한 정념'을 '차분하나 강한 정념'으로 바꿔 놓는 것이다.

직업인

중세에는 구원받을 사람이 예정되어 있고 그것은 행동으로 판가름된다고 여겼다. 중세에는 수도원을 통해 구원받을 것이라는 믿음이 있었다. 수도원 삶의 모습은 금식, 기도, 노동이었고, 이는 구원을 위해 공로를 쌓는 것으로 생각되어졌다.

이러한 생각은 일반인의 삶과는 거리가 있었다. 19세기 중반까지만 해도 유럽에는 '성 월요일(St. Monday)'이라는 전통 아닌 전통이 있었다. 토요일부터 술과 유흥에 빠져 지낸 노동자들이 월요일에도 일에 복귀하지 못한 채 쉬는 게 문화처럼 굳어져 있었는데, 이것을 성 월요일이라 불렀다. 당시에는 당연하게 받아들여진 보편적인 생활 패턴이었다. 당시에는 더 많은 수입을 위해 지나치게 일을 하기보다는 적당히 일하고 나머지 시간을 자기 쾌락을 위해 쓰는 게 당연하게 받아들여졌다. 경쟁도 치열하지 않았다. 동종 업계 사람들끼리는 노동 시간이나 수입이 대체로 비슷했다.

산업혁명 이전까지만 해도 노동에 대한 가치관은 지금과는 현격하게 달랐다. 인간의 생활에는 일하는 시간보다 노는 시간이 훨씬 더 많은 부분을 차지했다. 중세의 그리스도교 달력을 보면 1년의 절반 가까이 공휴일, 축일, 안식일 명목으로 노는 날이었다. 프랑스 혁명이 일어난 뒤 정부가 그리스도교 달력을 폐지하고 공휴일이 훨씬적은 세속 달력을 도입한다는 포고령을 발표하자 농민들은 이에 반발하면서 폭동을 일으켰다(Rifkin, 2011).

이랬던 인류가 어느 날 갑자기 변하기 시작했다. 사람들은 향락과 낭비를 멀리하고 최대한 많은 시간 동안 노동하는 것이 올바른 삶의 자세라고 생각하기 시작했다. 절제된 생활과 성실한 노동만 바탕이 된다면 사적인 이윤 추구도 결국 신의 뜻이라는 인식이 자리 잡기 시작한 것이다. 근본적인 의미의 자본주의가 뿌리 내리기 시작한 것이 바로 이 무렵이었다. 또한 노동이 최고

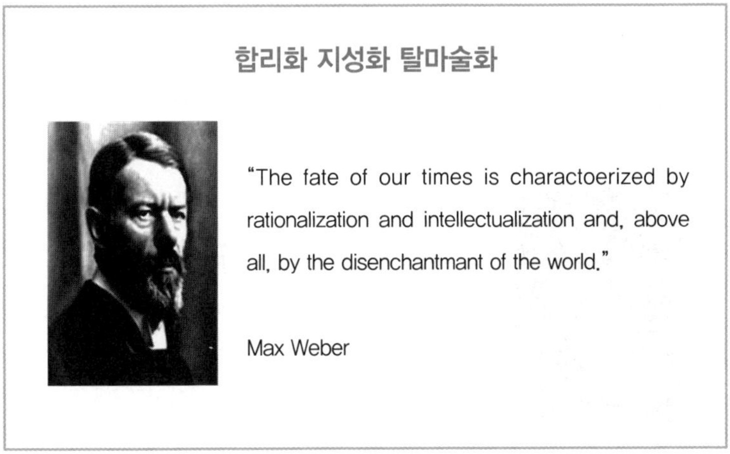

[그림 13-6] 막스베버: 근대의 합리화 지성화 탈마술화

출처: 다시 읽는 호모루덴스(https://www.youtube.com/watch?v=_gjmBH52KtA)

의 가치로 여겨져 인간 생활을 지배하고 놀이는 뒷전으로 밀려난 것은 산업 시대로 들어오면서부터였다.

베버는 프로테스탄티즘(개신교 사상)이 자본주의 사상의 기초가 됐다고 분석했다. 그는 그의 책 『프로테스탄트 윤리와 자본주의 정신』에서 프로테스탄트 윤리관이 어떻게 자본주의를 태동시켰는지에 대한 탁월한 분석을 제시한다.

프로테스탄트 금욕주의는 목적으로서 부의 추구는 비난받아야 할 죄악이라고 보면서도 직업노동을 통한 부의 획득은 신의 축복이라고 보았다. 또한 지속적인 직업노동을 금욕을 위한 최고의 수단이자, 신앙의 진실성을 보여주는 증표로 평가했다. 자본주의 발생은 철저히 종교개혁, 특히 칼뱅주의의 산물이었음을 강조한다. 종교개혁으로 등장한 프로테스탄티즘이 근검절약과 성실한 노동을 구원의 조건으로 내세웠고, 이것이 자본의 논리와 정확하게 맞아떨어졌다는 것이다. 실제로 절약은 곧 저축 관념으로 이어져 근대적 자본 축적을 합리화해 줬고, 늘어난 노동 시간으로 인한 초과이윤 발생은 자본의 재투자를 가능하게 했다. 비윤리적이지 않은 이상, 상업행위를 통한 이윤 추구 역시 인정했기 때문에 자본가가 등장할 수 있는 본격적인 토양이 만들어질 수 있게 된 것이다.

"신으로부터 자기 몫의 일을 하도록 부름을 받는다."

- 직업은 소명이며, 노동은 신성한 것
- 직업은 신이 불러 맡긴 것이므로 귀천이 없으며, 직업에서 얻어진 이윤은 신의 선물

[그림 13-7] 칼뱅의 직업소명설

경제인

근대인은 다른 모든 격정을 억누르게 해 주는 강력한 정념인 무한한 물질적 소유욕망을 갖게 된다. 물질적 소유욕망은 격렬하지는 않으나 어떤 것보다 강하여, 다른 모든 격정을 굴복시킬 수 있다. 이렇게 물질적 소유욕망으로 모든 격정을 억누르는 존재, 그것이 바로 근대인인 것이다. 근대인은 그 모든 정념의 풍부함을 단 하나의 정념, 즉 물질적 소유욕망에 종속시킨다. 이성이란 이 물질적 욕망의 실현에 필요한 노하우를 제공해 주는 수단일 뿐이다. 물질적 소유욕망이 근대인을 움직이는 동력이라면, '이성'은 이 욕망의 전차를 조종하는 핸들이다. 이렇게 물질적 소유욕망이라는 단 하나의 정념에 차가운 계산능력을 가진 근대인이 바로 '호모이코노미쿠스(homo economicus)'이다.

산업혁명 이후 테일러 시스템이 등장하면서 공장 노동자들은 공장 안에서 모든 동작이 생산에 최적화되었다. 테일러 시스템은 노동자의 동작을 연속사진으로 찍어 그중에서 불필요한 요소를 배제하여 최적의 동작을 구한 후 이를 표준화하여 모든 노동자의 신체를 기계화하였다. 거기에 포드 시스템까지 들어와 작업과정을 분할하여 개별 노동자는 전체 작업의 극히 일부분

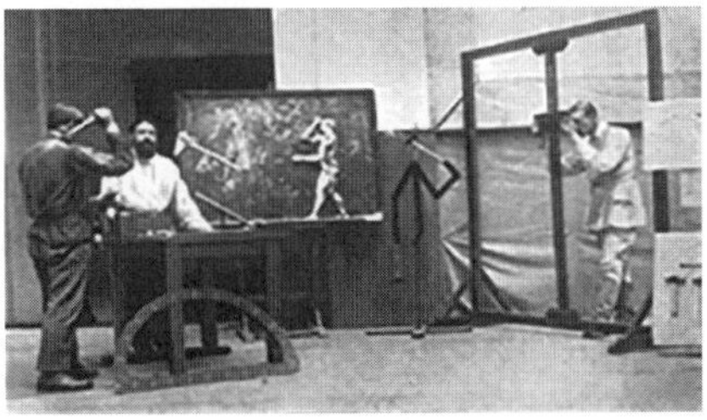

테일러 시스템

인간의 기계화

[그림 13-8] 테일러 시스템과 인간의 기계화

출처: 다시 읽는 호모루덴스(https://www.youtube.com/watch?v=_gjmBH52KtA)

만 반복적으로 수행하게 된다. 극단적인 경우 노동자는 자기가 만드는 것이 무엇의 어떤 부분이 될지도 모르는 채 일할 수도 있었다.

과거의 대장장이는 모든 과정을 자신이 관할했기에 비록 일은 힘들더라도 성취감의 형태로 자기 일에서 재미를 느낄 수 있었다. 하지만 현대의 노동자들은 자신의 노동에서 그런 재미를 느끼지 못한다. 찰리 채플린의 '모던 타임즈'에서는 하루 종일 동일한 동작만 기계적으로 반복하는 노동자를 묘사하였다. 거기에 유희의 요소란 전혀 존재하지 않았다. 결국 문명화, 이성화, 산업화의 과정에서 과거의 유희인이 오로지 물질적 욕망에 의해 움직이는 이해타산적인 차가운 인간, 이른바 호모이코노미쿠스로 전락한 것이다(이상옥, 2016).

포디즘 인간의 기계화

[그림 13-9] 포디즘과 인간의 기계화

출처: 다시 읽는 호모루덴스(https://www.youtube.com/watch?v=_gjmBH52KtA)

제14장

놀이를 필요로 하는 세상: 다시 유희인으로

자본주의 사회의 요구

과거가 산업사회에 기반한 '생산 자본주의'였다면, 지금은 '소비 자본주의', '문화자본주의' 형태로 발전하고 있다.

문화자본주의에서의 놀이

자본주의가 발전한 처음 100년 동안은 저축, 자본 축적, 생산양식의 조직, 노동자 훈련에 무게 중심이 두어졌다. 그러나 자본주의의 발전은 20세기 초반으로 접어들면서 새로운 난제를 던졌다. 무수히 많은 조립 라인과 컨베이어 벨트에서 쏟아져 나오는 상품의 재고를 어떻게 처리할 것인가라는 문제였다. 이전 제국주의 시대에는 해외로 판로를 개척할 수 있었지만 그것이 불가능한 시대에 국내의 내수가 충족되었을 때 더 이상의 판매는 불가능했고 이윤의 확장도 어려워졌다.

기업가들은 이 난국을 타개하기 위해 자본주의 생활양식을 비판했던 예술가들의 저항적 가치를 이용하기 시작했다. 앞서 살펴본 바와 같이 과거 프로테스탄트 윤리와 결합한 자본주의가 창조성, 자기충족, 쾌락과 유희를 추구하는 욕망을 누르기에 급급했다면 새로운 소비지향 자본주의는 이 억눌린 심리적 욕구를 예술이라는 분출구로 해방시켜 거대한 소비문화를 창출하였다. 새로운 소비자 지향의 시장은 예술을 문화적 영역으로부터 자본주의 시장으로 끌고 나왔다(Rifkin, 2001).

아돌프 로스
"장식은 범죄다"

다니엘 리베스킨트
유대인 박물관(1999)

[그림 14-1] 근대의 기능주의 건축과 포스트모던의 건축 비교

출처: 다시 읽는 호모루덴스(https://www.youtube.com/watch?v=_gjmBH52KtA)

예술은 18세기, 19세기 계몽주의 철학에 의해 억눌리고 산업시장의 요구에 짓눌려 온 감정과 욕망을 표현했다. 효율성, 유연성, 객관성, 초연성 위주로 짜이고 물질적 가치와 재산의 축적에 집착하는 세계에서 예술가는 산업시대의 답답한 생활에서 벗어나기를 갈구하는 욕망을 표현하고 전달하는 역할을 했다. 작업대와 기계 앞에 장시간 꼼짝없이 묶여 있는 청교도적 생활의 단조로운 반복으로부터 인간 경험의 다른 차원, 자유와 희열의 해방감을 노래했다. 객관성 대신 주관성을 앞세웠고 근면성 대신 창조성을 내세웠다. 대량 생산품이 넘쳐흐르고 대중의 익명성에 감겨 나를 잃어버린 세계에서 자기표현과 자기실현의 가능성을 찾기 위해 개인의 욕망에 호소했다.

경제적 부가가치의 순환고리에서 문화생산이 각광받는 분야로 떠오르면 마케팅은 산업에 있어서 막중한 비중을 차지하게 된다. 마케팅은 문화로부터 가치 있는 문화적 의미를 꺼내서 예술적 조작을 거쳐 시장에서 구입할 수 있는 상품화된 체험으로 변형시킨다. 마케팅은 문화적 규준, 관습, 활동을 상품형태로 번역해 주는 자본주의 체제의 기술이다. 예술과 의사소통전략을 동원하여 마케팅 전문가는 상품, 서비스, 체험에 문화적 가치를 부여하고 우리의 구매 행위에 문화적 의미를 불어 넣는다. 이 새로운 마케팅 현실이 가장 적나라하게 드러나는 것이 바로 명품이다. 전통적인 경제이론에 의하면 상품의 가격은 수요와 공급에 따라 결정되었다. 즉, 물건은 값이 쌀수록 많이 팔리고, 가격이 비쌀수록 덜 팔려야 했다. 그런데 오늘날은 값이 싸면 오히려 덜 팔리고, 비싸야 더 팔리는 물건이 생겨났다. 명품이 그렇다.

[그림 14-2] 짝퉁과 명품

자본주의 사회에서 타인을 가장 빠르게 판단하는 기준은 외형이다. 과거 신분제 사회에서는 태생부터 계급이 나뉘었다면 오늘날은 자본이 계급을 가르는 척도가 된다. 사람은 대부분 부자가 되길 원하고 부자임을 드러낼 수 있는 명품을 갖고 싶어 한다. 짝퉁은 신분 상승의 욕구를 반영한 결과물이다. 명품을 구입한다는 것은 그 디자이너가 창조한 가치와의미의 세계에 자신도 소속된다는 것을 의미하고 타인도 그렇게 인식하기 때문이다. 나이키도 운동화를 파는 것이 아니라 운동화를 신으면 어떻게 보일까 하는 이미지를 파는 것이다. 점심시간에 스타벅스 커피를 손에 들고 가는 것도 마찬가지이다. 제품 그 자체는 점점 무대의 소도구로 전락하고 제품이 품고 있는 기호, 이미지가 전면에 부상한다.

이제 예술의 영역에서 추구해 온 가치인 창조성, 자기실현, 공동체적 소속감, 정신적 고양감 등은 문화적으로 덧칠된 상품이나 서비스의 형태로 시장에서 손쉽게 살 수 있게 되었다. 인쇄, 전기, TV, 라디오, 영화 등 새로운 통신 기술과 예술매체로 무장한 자본주의 시장은 경험을 공유하기 위해 얼굴을 맞대고 직접 관람에 의존해 온 그림, 무용, 노래, 연극 야외공연, 행렬, 축제 등에 비해 훨씬 유리한 위치를 점하고 있었다. 이제 전자매체를 통해 많은 사람들이 원하는 만큼 누릴 수 있게 된 문화는 삽시간에 사방으로 퍼져나가면서 흥미로운 문화적 경험의 공유로 대중들을 결속시키고 있다.

자본주의 생활양식이 제공하는 풍성한 혜택을 마음껏 누리는 전 세계의 1/5에 해당하는 사람들에게 상품의 소비는 이제 거의 한계점에 이르렀다. 이 지점에서 자본주의는 최후의 변신을 시도하고 있다. 완전한 문화적 자본주의로의 탈바꿈이다. 문화적 생활을 상징하는 기호와 그 기호를 해석하는 예술적 의사소통의 형식만을 우려먹는 것이 아니라 살아 있는 체험 그 자체를 우려먹는 것이다. 살아 있는 체험은 자본 순환에서 최종 상품이 될 것이다(Rifkin, 2001).

산업 생산 시대가 가고 문화 생산 시대가 오고 있다. 상품과 서비스를 파는 사업이 아니라 다양하고 광범위한 문화적 체험을 파는 체험이 될 것이다. 세계 여행과 관광, 테마 도시와 공원, 종합 오락 센터, 건강, 패션, 요리, 프로스포츠와 게임, 도박, 음악, 영화, 텔레비전, 사이버 스페이스의 가상세계 그리고 온갖 유형의 온라인 오락은 문화적 경험에 대한 접속권을 거래하는 하이퍼 자본주의의 새로운 주역으로 빠르게 부상하고 있다. 산업생산에서 문화생산으로 이양되면서 나타나는 중요한 변화는 노동의식이 유희의식으로 바뀌는 것이다. 노동을 상품화하는 것이 산업 시대의 특징이었다면, 접속의 시대에는 놀이의 상품화가 특징이 된다. 제의, 예술, 축제, 영성수련과 공동체 활동, 시민적 참여를 개인적 오락으로 유료화하는 것이다. 세계 인구의 1/5은 문화적 경험에 접속하는 데 많은 비용을 기꺼이 지불한다. 우리는 이제 경제학자들이 '체험경제'라고 부르는 세계로 넘어가고 있는 것이다.

산업 자본주의가 문화 자본주의로 넘어가는 지금, 노동정신은 놀이정신에게 서서히 밀려나고 있다. 놀이는 문화를 창조하는 것이며 사람의 상상력을 해방시켜 공유할 수 있는 의미를 만들어 내는 것이다. 새로운 자본주의의 시대에는 놀이가 전면으로 등장하고 있다.

4차 산업혁명 · 인공지능 시대에서의 요구

4차 산업혁명이란 아톰 산업(Atom industry, 실체를 갖는 물질을 다루며 오프라인상에서 이루어지는 산업), 비트 산업(Bit industry, 비가시적인 부호로 이루어진 디지털 세계에서 만들어진 산업), 즉 스마트 시티에서 벌어지는 일을 온라인과 동등하게 디지털로 존재하는 세상을 꿈꾸는 것이다. 4차 산업혁명 시대란 아톰 산업과 비트 산업의 융합 및 상호작용을 말하는 것으로 비트로 만들어진 빅데이터와 클라우드, 디지털 세계로 전환하는 일을 의미한다. 4차 산업혁명은 현실과 디지털의 세계가 일치하는 순간 완성이 된다(정재승, 2018).

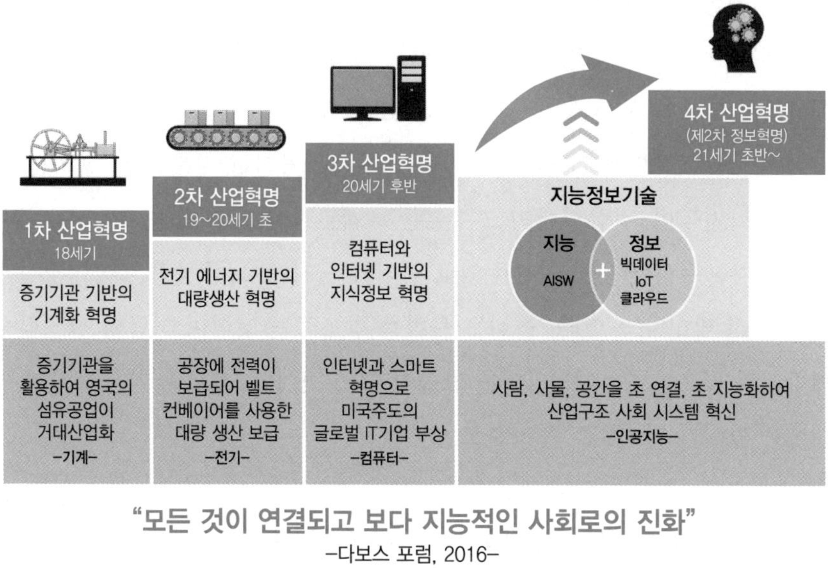

[그림 14-3] 4차 산업혁명의 특징

출처: 오승균(2018). 4차 산업혁명 시대의 인재상.

예전에는 제조업에서 서비스업으로 변하면서 일자리도 많아졌다. 과학기술이 발전하면 기계가 일자리를 빼앗는 게 아니라 힘든 일을 기계가 도맡아 하면서 생산성이 높아졌다. 지금은 기계가 서비스업까지 침범하면서 문제가 발생하고 있다. 2000년대 이후 고용, 가계수입, 노동생산성은 늘어났지만 고용은 늘어나지 않았다. 사람을 고용하지 않아도 기계로 생산성이 늘어나게 되었다. 따라서 비정규직이 늘어나고 가계수입은 줄어들었다. 인공지능은 생산에는 도움을 줄 수 있지만 소비에는 도움을 주지 않는다. 생산을 해봐야 소비해야 할 주체인 인간이 가난해지기 때문에, 장기 침체가 가속화될 수 있게 된다. 4차 산업혁명은 장밋빛 미래가 아니다. 일자리를 잃고 힘들어지는 사람도 늘어날 것이다. 직장을 잃는 사람과 얻는 사람의 계층 차가 발생하고, 기술을 아는 사람과 모르는 사람의 양극화는 심해질 것이다. 또한 4차 산업혁명이 완성된다면 기존의 많은 직업이 사라지게 된다. 자율 주행이 가능하니 대리운전기사도 사라지고 화물트럭 운전사도 필요 없어진다. 차가 혼자서 움직일 수 있는데, 차는 더 이상 주차할 필요가 없어지고 사람이 탈 공간까지 생각해서 주차장의 여유 공간도 필요도 없어진다. 이처럼 산업 지형도가 크게 바뀌게 된다(정재승, 2018).

자동화 대체 확률 높은 직업 상위 15개		자동화 대체 확률 낮은 직업 상위 15개	
순위	직업명	순위	직업명
1	콘크리트공	1	화가 및 조각가
2	정육원 및 도축원	2	사진작가 및 사진사
3	고무 및 플라스틱 제품조립원	3	작가 및 관련 전문가
4	청원경찰	4	지휘자 · 작곡가 및 연주가
5	조세행정사무원	5	애니메이터 및 만화가
6	물품이동장비조작원	6	무용가 및 안무가
7	경리사무원	7	가수 및 성악가
8	환경미화원 및 재활용품수거원	8	메이크업아티스트 및 분장사
9	세탁 관련 기계조작원	9	공예원
10	택배원	10	예능 강사
11	과수작물재배원	11	패션디자이너
12	행정 및 경영지원관련 서비스 관리자	12	국악 및 전통 예능인
13	주유원	13	감독 및 기술감독
14	부동산 컨설턴트 및 중개인	14	배우 및 모델
15	건축도장공	15	제품디자이너

[그림 14-4] 자동화 대체 직업

출처: 강창욱(2018. 9. 15.). 잘 나가는 AI, 일자리가 떨고 있다. 국민일보.

그러나 암울한 상황만 있는 것은 아니다. 오히려 새로운 기회가 열릴 가능성도 있다. 현실 세계에서는 생산을 위해 토지, 자본, 노동, 즉 돈도 땅도 일꾼도 필요한데 비트 세계에서는 필요 없어지는 것이다. 비트는 공간을 점유하지 않고 속도는 무한대, 시간은 제로, 한계비용이 없어진다. 각 개인에게 무한한 가능성이 열려 있는 것이다. 오늘날 개인은 많은 사람의 능력을 집약한 컴퓨터, 세계 모든 사람을 연결할 수 있는 인터넷, 이를 제품화할 수 있는 3D프린터, 작업을 보조해줄 수 있는 인공지능을 갖추고 있다. 개인이 막강한 생산수단을 소유하고 있으며 마케팅의 대상도 70억 명이 넘는다는 의미이다. 인간의 소비욕망을 불러 일으킬 만한 새로운 제품을 설계했다면 인터넷을 통해 제품을 설명하고 주문을 기다리면 된다. 전 세계에서 주문이 온다면 제품을 배송해 줄 필요가 없다. 제품의 설계도만 보내 주면 각 개인 제품을 생산하다면 3D프린터로 출력해 내기만 하면 되기 때문이다. 심지어는 제품이 아니어도 좋다. 문화자본주의에서 살펴보았듯이 접속을 통해 체험을 공유하는 것만으로도 충분히 소득을 창출할 수 있는 시대이다. 최근 유튜브 구독자 1위는 1700만 구독자를 갖고 있는 라이언 토이스리뷰이다. 7세 어린이가 부모님과 함께 장난감을 리뷰하는 영상을 업로드한다. 이것으로 한 해 약 244억 원을 번다. 유튜브는 먹방, 장난감 리뷰, 자동차 수리, 집짓기, 인테리어, 반려묘, 다람쥐, 웃긴 영상 등 창의적이고 개성 넘치는 영상으로 가득하다.

문제를 해결하기 위한 유용한 정보를 제공하는 영상도 있지만 먹방, 불멍과 같이 특별한 내용이 없는 영상, 댕댕이, 냥냥이, 다람쥐 등과의 일상을 타인과

[그림 14-5] 유튜브 창의적인 영상 사례

공유하는 영상도 많다. 그럼에도 구독자 수는 상당히 많은 편이며 광고를 통한 수익도 많다. 근대와 같이 특별한 생산수단을 소유하거나 제품을 생산하지 않아도 창의적인 아이디어로 새로운 가치를 창출할 수 있게 된 것이다.

과거 산업사회에서는 노동과 여가가 시공간적으로 분리되어 있었다. 직장에서 노동 후에 가정에서 여가의 시간이 주어졌다. 그래서 '워라밸'을 꿈꾸는 사람이 많아졌다. 그러나 앞에서 살펴본 바와 같이 디지털 사회가 되어 노동인구의 절반 이상이 물질적 재화의 생산, 가공, 유통이 아니라 정보의 생산, 가공, 유통에 종사하게 되면서 디지털 시대에 노동과 여가가 일치하는 방향으로 흘러가고 있다.

인간을 호모사피엔스(Homo Sapiens)라 부르는 이유는 인간을 논리적이고 이성적으로 보기 때문이다. 논리적 이성이 지배한 세상은 기술과 과학의 시대이다. 이런 관점은 현재도 유용하며 미래에도 지속될 것이다. 그러나 디지털 시대가 되면서 상상력이 그 어느 때보다 중요해졌다. 다시 말해, '이미 있는 것'을 인식하는 것보다 '아직 없는 것'을 떠올리고 상상하는 것이 더 중요하다는 의미이다. 하위징아는, 놀 수 있다는 것은 정신을 가지고 있다는 것이고, 놀이는 물리법칙(현실)을 벗어난 이상의 의미를 지닌 활동이라고 정의한다. 즉, 본래 인간에게 있어 삶의 의미는 노동으로 무엇인가를 생산하는 데 있지 않고, 놀이를 통해 즐거움을 얻는 것에 있다는 것이다. 이제는 나의 놀이 경험이 타인에게 공유되고 소통되어 새로운 의미와 즐거움뿐만 아니라 경제적 효과까지 창출하는 새로운 시대가 도래한 것이다.

미래 사회의 문제해결방법으로서의 요구

2011년 9월 『네이처』의 생물학 분야 자매지 『네이처 구조 & 분자생물학』에는 익명의 게이머들이 공동저자로 이름이 실렸다. 논문 제목은 '단백질 접기 게이머들이 풀어낸 단량체 레트로바이러스 프로테아제의 결정구조'이다. 당장 '게이머들이 어떻게 생물학 분야의 세계 최고의 학술지에 저자로 이름을 올릴 수 있었을까? 단백질 접기 게임은 도대체 무엇인가?'라는 의문이 든다. 에이즈 바이러스 치료제를 개발하는 실마리를 제공해 줄 수 있는 단백질의 3차원 구조를 밝히는 연구는 난관에 부딪혔다. 단백질은 20종류에 이르는 수많은 아미노산이 복잡하게 입체 결합한 것인데 너무 경우의 수가 많아 당시 컴퓨터로 해결하기 어려웠다고 한다. 그리하여 2008년 미국 워싱턴대학교 생화학과 연구진과 게임과학센터가 '폴드잇(Fold It)'이라는 온라인 퍼즐게임을 개발하여 아미노산의 입체 구조를 제시하여 집단지성에게 안정적인 단백질 구조를 완성하도록 해 보았다. 전 세계 많은 나라에서 많은 사람이 참여했다. 점수를 부여하고 나라별, 지역별 등 점수를 게시하였고 사람들은 적극적으로 참여하였다. 특별한 보상이 주어진 것이 아니다. 참여자들은 과학자들이 15년간 풀지 못했던 난제를 단 열흘만에 풀어 버렸다.

인류는 수많은 요인이 얽혀 있는 복잡한 세상에 살고 있고 이제까지 한번도 겪어보지 못한 새로운 문제에 지속적으로 직면하고 있다. 기존의 지식과 기술을 그대로 적용해서는 풀리지 않는 수많은 난제에 봉착하고 있는 것이

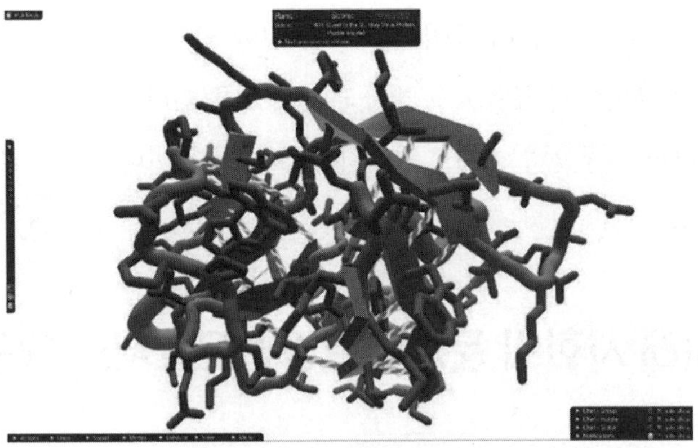

[그림 14-6] 2011년 단백질 접기 게임에서 최고점을 받은 솔루션

출처: 한겨레 2020. 3. 17. http://www.hani.co.kr/arti/science/science_general/932867

다. 이러한 난제에 직면했을 때 필요한 것의 창의적이고 융합적인 사고이다. 앞의 사례에서 보면 연구자들이 기존의 과학지식과 컴퓨터 기술로는 풀리지 않았던 문제를 간단한 게임의 형식을 빌어 많은 사람에게 공유했다. 전 세계 수많은 사람이 게임에 참여했고 나라별, 지역별, 성별 등으로 제시되는 점수 정보에 경쟁심을 느끼며 더 열심히 참여했을지 모른다. 중요한 것은 많은 사람이 즐겁게 게임을 즐기는 가운데 솔루션이 도출되었다는 것이다. 즐겁게 놀이를 하면서 몰입하고 지속할 수 있었으며 혼자가 아닌 여러 사람의 결과를 공유했기에 가능했던 것이다. 놀이에는 가벼움과 진지함이 모두 있다. 의도치 않게 성과를 보이는 것은 전혀 놀라운 일이 아니다.

이렇게 비즈니스, 교육, 금융, 헬스케어 등 게임 이외의 영역에 규칙, 목적과 같은 게임 디자인적 요소나 동기유발, 재미와 같은 게임 메커니즘을 활용하는 것을 게임화(Gamification: 게이미피케이션)라고 한다. 즉, 게이미피케이션은 게임이 아닌 분야에서 게임의 구성요소 등을 적용하는 '게임화'를 의

코어 서비스	게이미피케이션으로 향상된 서비스	게임화된 서비스
Profile in LinkedIn	• 개인 정보를 채워나가면 막대 형태의 바에서 진행도가 올라감	• 게이미피케이션을 통해 목표달성(progress)과 관련된 심리적 기제를 불러일으킴으로써 개인 정보 채우기의 가치 인식을 향상시킴
카페	• Foursqure에서는 어떤 위치에서 체크인을 할 때마다 배지를 주는데, 가장 많은 위치에서 체크인한 사람에게 시장(mayor) 지위를 부여하고, 이를 얻기 위한 경쟁이 일어남	• 고객에게 경쟁심을 불러일으켜, 카페를 자주 방문하게 만들고 이를 통해 고객을 유지하는 효과를 거둠
드라이 클리너	• 드라이 클리닝 매장을 한 번 이용할 때마다 1개씩 스탬프를 부여	• 목표달성과 관련된 심리적 기제를 불러일으킴으로써 드라이 크리닝 서비스를 이용하는 사용자의 가치 인식을 향상시킴

[그림 14-7] 서비스마케팅 관점에서 게이미피케이션 사례

출처: Gaification from perspective of service marketing. In Proc. CHI.2011 Workshop Gamification.

미한다. 도전 과제와 경쟁, 점수, 보상과 같은 게임의 특성을 활용해 사람들의 흥미를 유발하고 대상에 몰입시키는 힘이 있다. 게이미피케이션은 이미 현재 우리의 일상에서 다양한 형태로 기능하고 있으며 그 의미는 매우 확장적이다. 예를 들어, 스타벅스 리워드, 피아노 소리가 나는 계단, 마라톤 경주 등은 일상에서의 게이미피케이션 적용이다.

게이미피케이션은 기능성 게임, 유희적 디자인과 공통점도 있지만 차별되는 특징을 보이며 서로 다른 지점에 위치지어진다. 기능성 게임과 게이미피케이션 모두 전통적인 형태의 유희만을 목적으로 하는 컴퓨터게임이 아닌 실생활이나 실제 분야에 활용된다는 것은 공통점이다. 그러나 기능성 게임이 게임의 전체적인 형태를 갖추고 있는 데 반해, 게이미피케이션은 게임의 부분적인 요소들만을 사용하고 있는 데 가장 큰 차이가 있다. 다시 말해, 기능성 게임은 형식적으로 컴퓨터게임의 형태를 유지하고 있는 데 반해, 게이미피케이션은 게임이 아닌 웹 서비스, 비즈니스 현장에서의 업무, 빨래, 청소와 같은 집안일에 게임의 디자인 요소를 적용해 구현 가능한 것이다. 게이미피케이션의 특징은 다음과 같이 다섯 가지로 나눌 수 있다.

- 게임플레이: 규칙에 기반한 경쟁을 통해 게임을 즐기게 된다.
- 창조성: 자기 주도적인 실행을 통해 효율적인 교육과 UGC 창조가 가능해진다.
- 커뮤니케이션: 다른 사람들과 커뮤니케이션을 통해 교류하고 자기표현을 통한 만족을 얻을 수 있다.
- 보상: 점수, 리더보드, 상금과 같은 보상 체계를 통해 동기부여가 된다.
- 바이럴리티: 웹과 SNS를 통해 급속도로 확산되고 전달할 수 있다.

동기를 유발, 참여시키고 목표를 달성하기 위해 게임 디자인 요소와 게임의 플레이, 스토리라인 등의 사용자경험을 충분히 이용하는 게임화가 일상의 전 영역에 도입되고 있다. [그림 14-8] 은 독일에서 개발한 속도 감시 복권 카메라이다. 과속 감시 카메라에 복권이라는 개념을 넣어서, 속도 위반자에게 벌금을 부과하는 데 그치지 않고, 거둬들인 벌금의 일부를 규정 속도를 잘 지킨 사람들에게 추첨을 해서 상금으로 나눠 주는 것이다. 그 결과 실제 평균속도가 20% 감소하는 효과를 얻을 수 있었다.

[그림 14-8] 속도 감시 복권 카메라

출처: http://www.benefit.is/9859

개인의 자기실현을 위한 요구

쉴러(Schiller)는 『인간의 미적 교육에 대한 서간집』의 열다섯 번째 편지에서 다음과 같이 썼다. "정말로 마지막으로 말하면, 인간은 그 완전한 의미에서 인간인 한에서만 놀며 또 노는 한에서만 완전한 인간이다." 건강한 놀이를 회복할 때 인류는 건강해진다. 창조적이며 상상력이 풍부했던 인류가 근대의 문명화 과정을 거쳐 어떻게 지성인으로 재탄생하게 되었고 직업인을 거쳐 희노애락의 정념을 삼켜 버리고 이해관계를 계산하는 차가운 호모이코노미쿠스가 되었는지 살펴보았다.

한국은 유럽에서의 근대화 · 산업화의 과정을 최근에야 겪어 냈다. 1960년대 개발도상국으로서 전쟁으로 인해 피폐해진 삶, 지긋지긋한 가난을 이겨내고 선진국으로 도약하고자 몸부림쳤다. 선진국의 검증된 지식과 기술을 빠르게 배우고 익혀서 적용하는 추격형 모방경제를 도입했고, 이러한 경제에 적합한 일꾼을 양성하기 위한 교육모델을 적용했다. 우리는 새로운 시각, 창조적인 생각보다는 기존의 지식을 정확하게 익혀서 정확하게 적용하는 것이 가치있는 시대에 살았다. 부모세대가 그러했고 우리가 그러했고 우리 다음세대가 그렇게 교육을 받아 왔다.

암기하고 쌓은 지식이 힘이었고 사회적 자원을 배분받는 중요한 기준이 되어 왔다. 더 나아가 어떤 삶을 사는 것이 좋은가에 대한 암묵적의 합의 혹은 사회적 통념도 만들어졌다. 놀지 말고 열심히 공부해서 좋은 대학에 가고 좋은 기업에 취업하거나 전문직을 갖고 사회적 · 경제적 지위를 갖는 것이 기대되는 정답사회 속에 살고 있다. 여전히 노는 것은 부정적으로 인식되는 사회이다. 자연물이나 인공물에 자신의 노동을 더해서 제품을 만들어 내는 생산적인 활동에 절대적 가치를 부여해 왔다. 산업사회 기반의 사고이다.

이제는 새로운 시대가 도래하고 있다. 놀이가 전면에 등장하는 문화자본주의, 4차 산업혁명과 인공지능의 시대이다. 인간의 육체노동과 정신노동은 대부분 로봇과 인공지능에 의해 대체되어 생산성이 급격히 향상된다. 그 결과, 소수의 인간만이 인간에게 필요한 물건을 생산하는 라인을 관리하게 되고 노동하는 시간은 급격히 줄어들게 될 것이다. 많은 시간이 인간에게 주어지게 되는 것이다. 디지털로 인해 전 지구적으로 연결된 시대에 자본주의는 실제 체험을 판매하는 문화자본주의로 전환할 것이다. 급격하게 변화하는 디지털의 세계에서 물품의 소유는 인간의 삶에서 비중이 줄어들 것이고 이제는 접속을 통해 타인과 함께 체험하고 경험을 공유하는 것이 중요한 시대가 올 것이다.

이러한 시대에 놀이를 이해하고 놀이를 통해 창의적이고 융합적인 생각과 활동을 통해 가치를 창출할 수 있는 역량을 함양하는 것이 중요할 것이다. 이에 더해 그동안 정념을 누르고 차갑고 합리적인 경제인이 되라는 사회적 압력을 극복하고 억눌려 온 창의적·예술적 욕망을 표출함으로써 개인의 자기실현을 도모할 필요가 있다. 이제 그럴 수 있는, 그런 것을 격려해 주는 세상이 왔다. 놀이의 기본 정신은 자유이다. 기존의 가치에 대해 질문을 던지는 것이다. 철학자 니체는 『자라투스트라는 이렇게 말했다』에서 낙타, 사자, 어린아이의 비유를 들어 인간 정신의 변화 3단계에 대해 말해 준다. 우리는 낙타의 삶을 살 것인가, 사자의 삶을 살 것인가, 어린아이와 같은 삶을 살 것인가?

[그림 14-9]
프리드리히 니체

> 공경하고 두려워하는 마음을 지닌 억센 정신, 짐을 무던히도 지는 정신에게는 무거운 짐이 허다하다.
>
> 정신의 강인함은 무거운 짐을, 더없이 무거운 짐을 요구한다.
>
> 무엇이 무겁단 말인가?
>
> 짐을 무던히도 지는 정신은 그렇게 묻고는 낙타처럼 무릎을 꿇고 짐이 가득 실리기를 바란다. ……(중략)……
>
> 짐을 무던히도 지는 정신은 이처럼 더없이 무거운 짐을 짊어진다. 그러고는 마치 짐을 가득 지고 사막을 향해 서둘러 달리는 낙타처럼 그 자신의 사막으로 서둘러 달려간다.
>
> 그러나 외롭기 짝이 없는 저 사막에서 두 번째 변화가 일어난다.
>
> 예서 정신이 사자로 변하는 것이다.
>
> 정신이 자유를 쟁취하여 그 자신의 사막의 주인이 되고자 하는 것이다. 그는 그리하여 그가 섬겨온 마지막 주인을 찾아 나선다.

그는 그 주인에게 그리고 그가 믿어온 마지막 신에게 대적하려 하며, 승리를 쟁취하기 위해 저 거대한 용과 일전을 벌이려 한다.

정신이 더 이상 주인, 신이라고 부르기를 마다하는 그 거대한 용의 정체는 무엇인가?

"너는 마땅히 해야 한다."가 그 거대한 용의 이름이다.

그러나 사장의 정신은 "나는 하고자 한다."라고 말한다.

……(중략)……

새로운 가치의 창조, 사자라도 아직은 그것을 해내지 못한다. 그러나 새로운 창조를 위한 자유의 쟁취, 그것을 사자의 힘은 해낸다.

……(중략)……

그러나 말해 보라, 형제들이여, 사자조차 할 수 없는 일을 어떻게 아이는 해낼 수 있는 것이지? 왜 강탈을 일삼는 사자는 이제 아이가 되어야 하는 것이지?

아이는 순진무구요 망각이며, 새로운 시작, 놀이, 제 힘으로 돌아가는 바퀴이며 최초의 운동이자 신선한 긍정이다.

그렇다. 형제들이여, 창조의 놀이를 위해서는 신성한 긍정이 필요하다. 정신은 이제 자기 자신의 의지를 의욕하며, 세계를 상실한 자는 자신의 세계를 획득하게 된다.

참고문헌

제1부 놀이하는 인간: 호모루덴스

강숙현, 김정아, 김희정, 윤숙희, 이은희(2016). **놀이지도**. 서울: 학지사.

고선옥, 김경신, 임경계, 한성민(2018). **놀이지도**. 서울: 정민사.

권혜진, 김경은, 우현경, 전가일, 전숙영, 정윤주, 한유진(2016). **아이와 교사가 즐거운 놀이지도**. 경기: 양서원.

김명순(2018). 아동의 놀이할 권리 보장을 위한 정책과제, 보건복지포럼, 57-75.

김명순, 조항린, 박영림, 심혜영(2013). 부모와 유아 자녀의 놀이에 관한 연구: 부모의 놀이신념 및 놀이참여를 중심으로, **열린부모교육연구**, 5(1), 17-37.

김수동(2015). 인간에너지 재충전에 대한 심리적 분리의 효과성 연구: 전통적 그리고 스마트폰 휴식의 비교분석을 통해. 아주대학교 글로벌경영학과 박사학위논문.

김춘일(2004). **창의성 교육 그 이론과 실제**. 경기: 교육과학사.

김영채(1999). 한국판 TTCT(도형)검사 검사요강. 서울: 중앙적성연구소.

김윤희(2010). 유아 또래관계 관련 국내 학술지 논문의 연구동향 분석: 연구방법을 중심으로(1995~2009년). **아동학회지**, 31(5), 131-149.

김은영, 최효미, 최지은, 장미경(2016). 영유아 사교육 실태와 개선 방안 II: 2세와 5세를 중심으로. 육아정책연구소.

김정아, 김종훈(2009). 창의성 신장을 위한 놀이 개발: 알고리즘 요소를 중심으로. 한국콘텐츠학회논문지, 9(7), 390-401.
김현주(2014). 노인대상 예술통합형 창의적 움직임교육 프로그램 개발 및 적용 사례연구. 무용역사기록학, 33, 87-112.
노명우(2011). 호모루덴스, 놀이하는 인간을 꿈꾸다. 경기: 사계절.
동아일보(2009. 09. 03.). 포스코 '놀며 생각하는'직원 놀이방 포레카 개관.
동아일보(2018. 01. 25.). 강원도교육청의 실험… 초등 1, 2학년 놀이밥 100분, 3시 하교 시범운영.
매일경제(2019. 03. 21.). 한국 행복지수 54위… 핀란드 1위.
머니투데이(2008. 12. 17.). 업무시간 15%는 엉뚱한 일을 하라.
문화일보(2019. 04. 18.). 한국인은 왜 행복지수 낮을까.
문화체육관광부(2014). 2014 국민여가활동조사.
박은경(2016). 영국 놀이정책에 대한 고찰: 잉글랜드의 "국가놀이전략"을 중심으로, 동덕여자대학교 일반대학원 석사학위논문.
보건복지부(2013). 제3차 어린이집 표준보육과정 해설서.
봉연근(2015). TV프로그램에 대한 몰입이 후속 광고의 기억과 태도에 미치는 영향에 관한 연구: 프로그램이 유발한 감정의 극성과 각성을 조절변인으로. 경희대학교 일반대학원 박사학위논문.
사단법인 유니세프한국위원회(2018. 12. 3.). 제5~6차 유엔아동권리협약 이행 한국아동보고서를 발간하다!
서왕진(2019). 아동참여형 놀이터의 특성과 시사점. 서울연구원
성은현(2016). 대학생을 위한 창의성 증진 프로그램 개발. 영재교육, 15(4), 81-98.
안재진(2016). 왜 중학생이 되면 행복도가 낮아질까: 중학생의 시선에서 본 행복과 그 변화. 한국 아동의 삶의 질 3차년도 연구 발표회 자료집. 서울: 세이브더칠드런.
염유식, 김경미, 이승원(2016). 한국 어린이 · 청소년 행복지수-국제비교연구 조사결과보고서. 서울: 한국방정환재단.
아시아투데이(2017. 07. 18.). 인사담당자 78.6%, 잘 노는 인재 선호한다.
오채선(2019). 누리과정, 놀이와 교육의 변증법적 이해. 한국유아교육학회, 39(2),

279-305.

윤애희, 정정옥(2009). **영유아 놀이지도**. 서울: 창지사.

이경화, 김은경, 고진영, 박춘성(2011). 대학생용 학습역량 검사(LCT-CMB) 개발 및 타당화. 한국교육심리학회, 25(4), 791-809.

이승숙, 남기창(2016). 권리로서의 유아 놀이에 대한 어머니의 담론분석. **한국아동교육학회**, 25(4), 293-316.

이승숙, 송나리, 배지희(2017). 유아교육기관에서의 놀이에 대한 유아교사의 생각과 갈등. **육아지원연구**, 12(4), 215-240.

이현지, 정혜욱(2016). 부모의 놀이신념, 놀이참여, 유아의 행복감 간의 관계: 부모의 놀이참여의 매개효과를 중심으로, **한국육아지원학회**, 11(4), 77-95.

임명선, 한경필, 김윤화(2018). 청소년의 창의적 능력 함양을 위한 식생활 교육 프로그램 개발: 불량식품 문제해결을 중심으로. **실과교육연구**, 24(4), 1-17.

정은주(2014). 한국아동 · 청소년 패널조사Ⅴ(연구보고-14-R18-1). 서울: 한국청소년정책연구원.

임효진, 박병기, 한지은, 장경은, 여영기(2015). 노인집단에서 창의성과 주관적 안녕감의 관계. **노인복지연구**. 68, 133-160.

전가일(2016). 한국과 호주의 동네 놀이터 특징에 관한 비교문화 사례연구. **유아교육연구**, 36(3), 592-618.

정낙림(2014). 놀이 사유의 근대적 유형과 니체의 비판 -쉴러 비판을 중심으로 발행기관. **니체연구**, 26(0), 7-49.

조선일보(2017.01.24.). 아동권리침해, 아동이 말하다.

중앙일보(2015.03.22.). '놀 권리'누리는 해외 어린이들.

채민아, 최외선(2005). 신체 놀이 활동을 이용한 유아의 창의성 증진 프로그램 개발과 효과. **아동학회지**, 26(4), 71-84.

채종옥, 이경화, 김소양, 김연진(2010). **영유아를 위한 놀이지도**. 서울: 양서원.

청소년정책연구원(2016). 청소년활동 참여 실태조사 연구 III: 기초분석보고서. 청소년정책연구원 연구보고, 16-R09.

최미정(2014). Hope프로그램이 대학생의 창의성, 문제해결, 학습동기, 학습행동에 미치는 영향. 한국산학기술학회, 15(3), 1396-1403.
환경부(2014). 생태놀이터 조성 가이드라인.
황옥경, 한유미, 김정화(2014). 한국 아동의 놀권리 현주소와 대안. 유니세프한국 위원회, 한국아동권리학회.

Playful Parenting, An Exciting New Approach to Raising Children That Will Help You Nurture Close Connections, Solve Behavior Problems, and Encourage Confidence-Lawrence J. Cohene Sandberg, Anette, & Heden, Rebecca(2011) 'Play's importance in school', Education 3-13, 39: 3, 317-329, First published on: 26 November 2010(iFirst)
Robyn M. Holmes, Lynn Romeo, Stephanie Ciraola, & Michelle Grushko (2015). The relationship between creativity, social play, and children's language abilities, *Early Child Development and Care, 185*:7, 1180-1197
Pinchover, S. (2017. 12. 19.). The Relation between Teachers' and Children's Playfulness: A Pilot Study.
Anna-Beth Doyle, Jennifer Connolly, Louis-Paul Rivest, & Averill, J. R. (1999). *Individual differences in emotional creativity: Structure and correlates. Journal of personality, 67*(2), 331-371.
Berlyne, D. E. (1960). McGraw-Hill series in psychology: Conflict arousal and curiosity. McGraw-Hill.
Blurton-Jones, N. (1972). *Ethological of child behavior*. Cambridge: Cambridge University Press.
Bridie Pearson-Jones for Mailonline(August, 4, 2019). The land that health and safety forgot! Japanese park encourages children to play with knives and hammers, light bonfires and jump off buildings.
MailOnline, Retrieved from on Dec. 29, 2019.
Brown, S. & Vaughn, C. (2010). *Play : How it Shapes the Brain, Opens the Imagination, and Invigorates the Soul*. 윤미나 역(2010). 플레이, 즐거움의

발견. 서울: 흐름출판.

Bruner, J. (1983). Play, thought, and language. *Peabody Journal at Education, 60*(3), 60-69.

Chen, C. Y. (2006). *Abbreviated Torrance test for adults, ATTA* (Rev. Ed.). Taipei, Taiwan: Psychological Publishing. Child Development

Coplan, R. J. & Rubin, K. H. (1998). Exploring and assessing nonsocial play in the preschool: The development and validation of the preschool play behavior scale. *Social Development*, *7*(1), 71-91.

DCSF. (2008). *The play strategy*. London, UK: Department of Children, Schools, and Families and Department for Culture, Media and Sport.

Dyson, S. B., Chang, Y. L., Chen, H. C., Hsiung, H. Y., Tseng, C. C., & Chang, J. H. (2016). The effect of tabletop role-playing games on the creative potential and emotional creativity of Taiwanese college students. *Thinking Skills and Creativity, 19*, 88-96.

Ellis, M. J. (1973). *Why people play*. Englewood Cliffs, NJ: PrentileHall

Frost, J. L. (1992). *Play and playscapes*. Albany, New York: Delmar.

Garvey, C. (1996). 놀이. 서울: 창지사.

Goleman, D. (2001). Emotional intelligence: Issues in paradigm building. *The emotionally intelligent workplace, 13*, 26.

Hayward, D. G., Rothenberg, M., & Beasley, R. R. (1974). Children's play and urban playground environments: "A comparison of traditional, contemporary, and adventure playground types". *Environment and Behavior, 6*(2), 131.

Horowitz, A. (2009). Attention to attention in domestic dog (Canis familiaris) dyadic play. *Animal Cognition, 12*(1), 107-118.

Huizinga, J. (1988). 최홍숙 역(1997). 중세의 가을. 서울: 문학과지성사.

Huizinga, J. (2010). 이종인 역(2008). 호모루덴스. 경기: 연암서가.

Johnson, E. J., Christie, J. F., & Yawkey, T. D.(1999). *Play and early childhood development*. New York: Longman.

Johnson, S. (2017). 홍지수 역(2017). **재미와 놀이가 어떻게 세상을 창조했을까 원더랜드**. 서울: 프런티어.

Justin, F. (1932). A genetic study of laughter provoking stimuli. *Child Development, 3*(2), 114-136.

Kuba, M. J., Byrne, R. A., Meisel, D. V., & Mather, J. A. (2006). When do octopuses play? Effects of repeated testing, object type, age, and food deprivation on object play in Octopus vulgaris. *Journal of comparative psychology, 120*(3), 184.

Landscape Times (2018. 11. 11.). 아이들의 놀이환경, 놀이의 중요성 모르는 어른 '장해'.

Lee, J. Y. (2009). A path model of undergraduate students' hope belief, constructive thinking, emotional creativity, and their creative style. Unpublished master's thesis). National Chengchi University, Taiwan.

Lillemyr. O. F. (2009). *Taking play seriously: children and play in early childhood education-An exciting challenge*. Charotte, NC: Information Age Publishing.

Parr, L. A., & Waller, B. M. (2006). Understanding chimpanzee facial expression: insights into the evolution of communication. *Social Cognitive and Affective Neuroscience, 1*(3), 221-228.

Parten, M. B. (1932). Social participation among pre-school children. *The Journal of Abnormal and Social Psychology, 27*(3), 243-269.

Patrick, G. T. W. (1916). *The psychology of relaxation*. Boston: Houghton-Mifflin Co.

Pellegrini, A. D. (2009). *The role of play in human development*. Oxford University Press.

Santrock, J. W. (2001). *Educational Psychology*. New York: McGraw-Hill.

Schank, J. C. (2015). The evolution and function of play. Adaptive Behavior,

23(6), 329-330.

Sherman, L. W. (1975). An ecological study of glee in small groups of preschool children. *Child Development*, *46*, 53-61.

Smilansky, S. (1968). *The Effects of Sociodramatic Play on Disadvantaged Preschool Children*. New York: NY John Wiley & Sons.

Spencer, H. (1872). *The Principles of Psychology, Bd. 2, 2.* Aufl. London.

Sutton-Smith, B. (2001). *The Ambiguity of Play*. Cambridge: Harvard University Press.

Thomas, C. E. (1983). *Sport in a philosophic context*. Philadelphia: Lea & Febiger. 이진수 역(1997). **스포츠 철학**. 서울: 교학연구사.

Torrance, E. P. (1966). *Torrance tests of creative thinking: norms-technical manual*. Princeton: Personnel Press, Inc.

Torrance, E. P. (1984). The role of creativity in identification of the gifted and talented. *Gifted Child Quarterly, 28*(4), 153-156.

United Nations Human Rights Office of the High Commissioner(1989). Convention on the Rights of the Child. Retrieved from https://www.ohchr.org/en/professionalinterest/pages/crc.aspx on Dec. 29, 2019. Vol. 51, No. 1 (Mar., 1980), pp. 217-223.

제2부 놀이와 창의성

고선옥, 김경신, 임경례, 한성민 공저 (2018). **놀이지도**. 서울: 정민사.

박인영(2018). 창의성 기법을 활용한 유아의 사회적 창의 증진 프로그램 개발 및 효과. 수원대학교 박사학위논문.

박찬옥, 지성애, 조형숙, 서동미, 곽현주, 엄은나, 한진원, 김현주, 김민정, 홍찬의 (2013). **논리 창의 교육**. 경기: 정민사.

이경화, 유경훈(2015). **창의성: 사회(Society), 문화(Culture), 교육(Education)**. 서울:

동문사.
이신동, 최인혁, 김기명, 고운정, 홍종선, 김경은, 김소연(2015). **지능과 창의성의 프레임**. 경기: 양서원.
이윤옥(2013). **누리과정에 기초한 영유아 창의성 교육**. 서울: 신정.
이일하, 주경철, 홍성욱, 김지현(2012). 창의성 함양을 위한 대학 융합교과목 〈대학 창의성〉 개발[RR1012-17-398]. 서울: 한국교양기초교육원.
임혜진(2016). 초등학교 창의성 교육을 위한 교육과정기준 개발 연구. 고려대학교 박사학위논문.
장선철(2007). **21세기 현대사회와 정신건강**. 서울: 동문사.
전경원(1997). 브레인스토밍에 관한 문헌 고찰. **창의력교육연구**, 1, 29-64.
전경원(2006). **창의성 교육의 이론과 실제**. 서울: 창지사.
전경원(2010). **창의력 측정: 행복한 '생존'을 위한 창의력**. 서울: 창지사.
정낙림(2014). 놀이 사유의 근대적 유형과 니체의 비판 -쉴러 비판을 중심으로, **니체연구**, 26(0), 7-49.
조연순, 정지은(2012). 국내 창의성 교육 연구 동향분석: 창의성의 범주 및 수준을 중심으로, **영재교육연구**, 22(2), 333-352.
한국경제(2010. 1. 8.). 잘 노는 삶이 일도 잘한다.

Amabile, T. M. (1983). The social psychology of creativity: A componential conceptualization. *Journal of Personality and Social Psychology, 45*, 357-376.
Benedek, M., Jauk, E., Fink, A., Koschutnig, K., Reishofer, G., Ebner, F., Dietrich, A., & Kanso, R. (2010). A review of EEG, ERP, and neuroimaging studies of creativity and insight. *Psychological Bulletin, 136*(5), 822-848.
Brown, S. & Vaughn, C. (2010). *Play : How it Shapes the Brain, Opens the Imagination, and Invigorates the Soul*. 윤미나 역(2010). 플레이, 즐거움의 발견. 서울: 흐름출판.

Diamond, M. C., Krech, D., Rosenzweig, M. R. (1964). The effects of an enriched environment on the histology of the rat cerebral corlex. *Journal of Comparative Neurology, 123*(1), 111-119.

Edelman, G. E. (1998). Building a picture of the brain. *Daedalus, 127*(2), 37-69.

Ellamil, M., Dobson, C., Beeman, M., & Chrisoff, K. (2012). Evaluative and generative modes of thought during the creative process. *NeuroImage, 59*, 1783-1794.

Fink, A., Grabner, R. H., Benedek, M., Reishofer, G., Hauswirth, V., Fally, M., Neuper, C., Ebner, F., & Neubauer, A. C. (2009). The creative brain: Investigation of brain activity durint creative problem solving by means of EEG and fMRI. *Human Brain Mapping, 30*, 734-748.

Huang, P., Qiu, L., Shen, L., Zhang, Y., Song, Z., Qi, Z., Gong, Q., & Xie, P. (2013). Evidence for a left-over-right inhibitory mechanism during figural creative thinking in healthy nonartists. *Human Brain Mapping, 34*, 2724-2732.

Iwaniuk, A. N., Nelson, J. E., & Pellis, S. M. (2001). Do big-brained animals play more? Comparative analyses of play and relative brain size in mammals. *Journal of Comparative Psychology, 115*(1), 29-41.

Jennings, S. (2011). *Healthy attachments and neuro-dramatic-play*. London: Jessoca Kingsley.

Kaufman, J. C., & Beghetto, R. A. (2009). Beyond big and little: The four c model of creativity, *Review of General Psychology, 13*(1), 1-12.

Kaufman, S. B. (2013). The real neuroscience of creativity. Scientific American.

Kozbelt, A., Beghetto, R. A., & Runco, M. A. (2010). Theories of Creativity. In J. C. Kaufman & R. K. Sternberg (Eds.), The cambridge handbook of creativity(pp. 20-47). New York: Cambridge University Press.

Panksepp, J. B. (2009). *Modeling social motivation in adolescent mice*. The

University of Wisconsin-Madison.

Rhodes, M. (1961). An analysis of creativity. *The Phi Delta Kappan, 42*(7), 305-310.

Torrance, E. P. (1974). Tornace test on creative thinking: Norms-technical manual. Bensenville, IL: Scholastic Testing Service.

Wallas, G. (1926). *The art of thought*. New York: Harcourt Brace and World.

월북(2018. 09. 13.). 창의적 인간의 뇌는 어떻게 작동하는가? 정재승의 대답.

The Science Times(2009. 09. 24.). 창의성만을 담당하는 뇌 부위는 없다: 제4회 글로벌 창의포럼, 정재승 교수강연.

크레존(2018. 03. 07.). 창의성과 뇌과학.

제3부 창의성 증진 놀이의 실제

조요한(2003). 예술철학. 경기: 미술문화사

Bolz, N. (2014). *Wer nicht spielt, ist krank*. 윤종석, 나유신, 이진 역(2017). 놀이하는 인간: 놀지 못해 아픈 이들을 위한 인문학. 서울: 문예출판사.

Brown, S. & Vaughn, C. (2010). *Play : How it Shapes the Brain, Opens the Imagination, and Invigorates the Soul*. 윤미나 역(2010). 플레이, 즐거움의 발견. 서울: 흐름출판.

Degges-White, S. & Nancy L. Davis. (2010). *Integrating the expressive arts into counseling practice: theory-based interventions*. 윤혜선 역(2015). 상담에서 통합적 표현예술의 활용–상담이론을 기반으로. 경기: 위즈덤하우스.

Keen, R. The development of problem solving in young children: A critical cognitive skill. Annu. Rev. Psychol. 2011;62:1-21.

McNiff, S. (2014). 통합예술치료. 경기: 이담북스.

Rogers, N. (2016). 집단 인간중심 표현예술–치유와 사회변화를 위한. 서울: 시그마프레스.

Sawyer, K. (2007). *Group genius: The creative power of collabration*. Basic Books.

Tapscott, D. & Williams, A. D. (2007). *Wikinomics: How mass collabration changes everything*. Steamboat Springs: Portfolio.

제4부 놀이를 통한 재창조

강미희(2016). **일상의 몸과 소통하기**. 부산: 해피북미디어.

강미희(2016). **창의적 문제해결 교수 학습과정안(NCS 직업기초능력 문제해결능력)**. 서울: 정민사.

강숙현, 김정아, 김희정, 윤숙희, 이은희. (2016). **놀이지도**. 서울: 학지사.

강영희 (2014). **생명과학 대사전**. 서울: 여초.

강인구(2010). 자연주의 감각발달놀이를 적용한 발도르프 유아교육 프로그램이 다중지능과 창의성 발달에 미치는 효과. 성균관대학교 박사학위논문.

경향신문(2018. 4. 19.). 방문화의 진화, 방탈출게임.

고선옥, 김경신, 임경례, 한성민(2018). **아동과학교육**. 경기: 공동체.

권혜진, 김경은, 우현경, 전가일, 전숙영, 정윤주, 한유진(2016). **아이와 교사가 즐거운 놀이지도**. 경기: 양서원.

김명순(2018). 아동의 놀이할 권리 보장을 위한 정책과제, 보건복지포럼, 57-75.

김명순(2018). 아동의 놀이할 권리 보장을 위한 정책과제. 보건복지포럼, 259, 57-75.

김명순, 조항린, 박영림, 심혜영(2013). 부모와 유아 자녀의 놀이에 관한 연구: 부모의 놀이신념 및 놀이참여를 중심으로, **열린부모교육연구**, 5(1), 17-37.

김명순. (2018). 4차 산업혁명의 사회적 변화에서 아동과 아동학의 방향. 한국아동학회 춘계학술대회 기조강연, 4차 산업혁명시대의 아동학 패러다임 (pp. 9-43).

김미자, 최병연(2011). 전통놀이 프로그램이 초등학생의 창의성 및 정서지능에 미치는 영향. **창의력교육연구, 11**(2), 49-65.
김춘일(2004). **창의성 교육 그 이론과 실제**. 경기: 교육과학사.
김영채(1999). **한국판 TTCT(도형)검사 검사요강**. 서울: 중앙적성연구소.
김용규(2016). **당신이 숲으로 와준다면**. 서울: 오픈하우스포퍼블리셔스.
김은영, 최효미, 최지은, 장미경(2016). 영유아 사교육 실태와 개선 방안 II: 2세와 5세를 중심으로. 육아정책연구소.
김정아, 김종훈(2009). 창의성 신장을 위한 놀이 개발: 알고리즘 요소를 중심으로. **한국콘텐츠학회논문지, 9**(7), 390-401.
김호(2012). 유아 창의성 교육에 대한 유치원 교사의 인식 및 지도 실태. **교육논총, 32**(1), 109-129.
남연정(2011). 마음이론 및 어머니의 언어통제 유형이 유아의 사회적 유능감에 미치는 영향. 한국방송통신대학교 평생대학원 석사학위논문.
노명우(2011). **호모루덴스, 놀이하는 인간을 꿈꾸다**. 경기: 사계절.
도남희(2017). 창의성 증진을 위한 양육환경 조성방안. **육아정책포럼, 52**, 6-16.
동아일보(2009. 09. 03.). 포스코 '놀며 생각하는' 직원 놀이방 포레카 개관.
동아일보(2018. 01. 25.). 강원도교육청의 실험… 초등 1, 2학년 놀이밥 100분, 3시 하교 시범운영.
매일경제(2008. 4. 26.). 숲에서 자란 아이 창의력도 쑥쑥… 자연은 '상상력의 寶庫'.
매일경제(2019. 03. 21.). 한국 행복지수 54위...핀란드 1위.
머니투데이(2008. 12. 17.). 업무시간 15%는 엉뚱한 일을 하라.
문화일보(2019. 4. 18.). 한국인은 왜 행복지수 낮을까.
문화체육관광부(2014). **2014 국민여가활동조사**.
박선형, 윤초희(2016). 창의적 교수법의 사범대 교과 적용 사례와 효과 분석: 교육행정학 수업을 중심으로. **교육행정학연구, 34**(1), 103-136.
박은경(2016). 영국 놀이정책에 대한 고찰: 잉글랜드의 "국가놀이전략"을 중심으로, 동덕여자대학교 일반대학원 석사학위논문.

박인영(2018). 창의성 기법을 활용한 유아의 사회적 창의 증진 프로그램 개발 및 효과. 수원대학교 박사학위논문.

박찬옥, 지성애, 조형숙, 서동미, 곽현주, 엄은나, 한진원, 김현주, 김민정, 홍찬의(2017). **논리 창의 교육**. 경기: 정민사.

보건복지부. (2013). **제3차 어린이집 표준보육과정 해설서**.

브레인미디어(2011. 10. 14.). 휴식, 생각이 고이는 시간을 허하라.

사선(2012). 전래동요 속 자연물을 활용한 자연미술활동이 유아의 자연친화적 태도 및 미술표현능력에 미치는 효과. 광주교육대학교 석사학위논문.

송미림 (2018). 아동의 창의성 개발에 관한 연구. **한국디자인문화학회지, 24**(2), 347-355.

송영혜, 김현주(2010). 기초연구: 모래상자 놀이의 심리치료적 요인 탐색. **놀이치료연구, 14**(1), 21-32.

송현정, 김광웅(2006). 아동심리치료에서 전통놀이의 활용. **한국놀이치료학회지, 9**(1), 1-16.

순천시청(2016). 어린이놀이터 국제심포지엄 자료집.

아시아투데이(2017. 07. 18.). 인사담당자 78.6%, 잘 노는 인재 선호한다.

안재진(2016). 왜 중학생이 되면 행복도가 낮아질까: 중학생의 시선에서 본 행복과 그 변화. 한국 아동의 삶의 질 3차년도 연구 발표회 자료집. 서울: 세이브더칠드런.

염유식, 김경미, 이승원(2016). 한국 어린이 · 청소년 행복지수-국제비교연구 조사결과보고서. 서울: 한국방정환재단.

영등포투데이(2020. 8. 7.). 언택트를 넘어 온택트 놀이시대.

오채선(2019). 누리과정, 놀이와 교육의 변증법적 이해. **한국유아교육학회, 39**(2), 279-305.

유인옥(2008). 유아의 마음이론 발달 관련 변인에 관한 탐색적 연구. 충남대학교 대학원 박사학위논문.

윤미정. (2010). 쉴러의 [인간의 미적교육에 관한 편지]에 나타난. 움직임의 철학. **한국체육철학회지, 18**(3), 63-76.

이경화, 유경훈(2015). 창의성. 서울: 동문사.
이승숙, 남기창(2016). 권리로서의 유아 놀이에 대한 어머니의 담론분석. **한국아동교육학회, 25(4)**, 293-316.
이승숙, 송나리, 배지희(2017). 유아교육기관에서의 놀이에 대한 유아교사의 생각과 갈등. **육아지원연구, 12(4)**, 215-240.
이신동, 최인혁, 김기명, 고운정, 홍종선, 김경은, 김소연(2015). **지능과 창의성의 프레임**. 서울: 양서원.
이영일, 이정숙, 양승희(2010). 물과 모래를 이용한 유아 놀이 활동 프로그램의 적절성에 관한 연구: 창의성 프로그램 내용을 중심으로. **한국보육학회지, 10(1)**, 47-72.
이윤옥(2013). **누리과정에 기초한 영유아 창의성 교육**. 서울: 신정.
이일하, 주경철, 홍성욱, 김지현(2012). 창의성 함양을 위한 대학 융합교과목 〈대학 창의성〉 개발[RR1012-17-398]. 서울: 한국교양기초교육원.
이종희(1998). 숲에서의 자연친화적 탐구활동이 유아의 창의성에 미치는 영향. 경남대학교 교육대학원 석사학위논문.
이준현(2016). 요한 하위징아의 『호모루덴스』를 통해 본 놀이와 예술의 관계. 영남대학교 대학원. 석사학위 논문.
이태수(2011). 축제의 놀이적 요소. **지식의지평, 10**, 134-155.
이현지, 정혜욱(2016). 부모의 놀이신념, 놀이참여, 유아의 행복감 간의 관계: 부모의 놀이참여의 매개효과를 중심으로, **한국육아지원학회, 11(4)**, 77-95.
이훈, 조희범, 이영진(2010). 성인의 놀이성 지표 개발. **관광학연구, 34(9)**, 165-188.
임혜진(2016). 초등학교 창의성 교육을 위한 교육과정기준 개발 연구. 고려대학교 박사학위논문.
전경원(2003). **창의성 교육의 이론과 실제**. 서울: 창지사.
전경원(2010). **행복한 '생존'을 위한 창의력: 창의력 측정**. 서울: 창지사.
정은주(2014). 한국아동 · 청소년 패널조사Ⅴ(연구보고-14-R18-1). 서울: 한국청소년정책연구원.

제주매일(2016. 5. 2.). 놀이의 가장 중요한 기능 '문제해결능력'

조선일보(2017. 1. 24.). 아동권리침해, 아동이 말하다.

조연순, 정지은(2012). 국내 창의성 교육 연구 동향분석: 창의성의 범주 및 수준을 중심으로, **영재교육연구**, 22(2), 333-352.

조요한(2003). 예술철학. 경기: 미술문화.

중앙일보(2015.03.22.) [소중 리포트]'놀 권리'누리는 해외 어린이들.

중앙일보(2017. 6. 5.). [커버스토리]나무 타기, 껍질 퍼즐, 솔방울 다트…신나는 숲 놀이공원.

채민아, 최외선(2005). 신체 놀이 활동을 이용한 유아의 창의성 증진 프로그램 개발과 효과. **아동학회지**, 26(4), 71-84.

청소년정책연구원(2016). 청소년활동 참여 실태조사 연구 III: 기초분석보고서. 청소년정책연구원 연구보고, 16-R09.

한국경제매거진(2010. 1. 8.). 잘 노는 사람이 일도 잘한다.

한국경제신문(2014). 서울 계동에 '유료 낮잠방' 등장… 1시간에 5,000원.

한유진, 박행자(2011). 집단 모래놀이프로그램이 유아의 지능과 창의성에 미치는 효과. **한국아동심리치료학회지**, 6(1), 15-36.

한주연(2017). 예술치료게임 e-Therapy 칠교놀이」의 개발과 효과성 고찰을 위한 연구. **예술심리치료연구**, 13(1), 137-165.

함영숙, 유영옥(2009). 자연물을 소재로 한 유아들의 조형미술활동 과정 탐색. **생태유아교육연구**, 8(2), 251-274.

황옥경, 한유미, 김정화(2014). 한국 아동의 놀권리 현주소와 대안. 유니세프한국위원회, 한국아동권리학회.

Amabile, T. M. (1983). The social psychology of creativity: A componential conceptualization. *Journal of Personality and Social Psychology, 45*, 357-376.

Amabile, T. M. (1996). *Creativity in context*. Colorado, Co: Westview Press.

Astington, J. W. (1993). *The child's discovery of the mind*(Vol. 31). Harvard

University Press.

Baer, J. & Garrett, T. (2010). Teaching for creativity in an era of content standards and accountability. In R. Beghetto & J. Kaufman (Eds.), Nurturing Creativity in the Classroom (pp. 6-19). Cambridge: Cambridge University Press.

Beghetto, R. A., Kaufman, J. C., & Baer, J. (2015). *Teaching for creativity in the common core classroom* (p. 21). New York & London: Teachers College Press.

Benedek, M., Jauk, E., Fink, A., Koschutnig, K., Reishofer, G., Ebner, F., & Neubauer, A. C. (2014). *To create or to recall? Neural mechanisms underlying the generation of creative new ideas*. NeuroImage, 88, 125-133.

Bolz, N. (2014). *Wer nicht spielt, ist krank*. 윤종석, 나유신, 이진 역(2017). 놀이하는 인간: 놀지 못해 아픈 이들을 위한 인문학. 서울: 문예출판사.

Brown, N. S., Curry, N. E., & Tittnich, E. (1971). How groups of children deal with common stress through play. In N. Curry & S. Arnaud(Eds.), Play: The child strives towards self realization. Washington, DC: National Association for the Education of Young Children.

Brown, S., & Vaughn, C. (2010). *Play : How it Shapes the Brain, Opens the Imagination, and Invigorates the Soul*. 윤미나 역(2010). 플레이, 즐거움의 발견. 서울: 흐름출판.

Chen, C. Y. (2006). *Abbreviated torrance test for adults, ATTA* (Rev. Ed.). Taipei, Taiwan: Psychological Publishing.

Cox, C. M. (1926). *The early mental traits of three hundred geniuses* (Vol. 2). Redwood City: Stanford University Press.

Csikszentmihalyi, M. (2015). (1988). Society, culture and person: A system view of creativity. In R. Sternberg (Ed.), *The nature of creativity: Contemporary psychological perspectives* (pp. 325-339). Cambridge:

Cambridge University Press.

DCSF. (2008). *The play strategy*. London, UK: Department of Children, Schools, and Families and Department for Culture, Media and Sport.

Dietrich, A. & Kanso, R. (2010). A review of EEG, ERP, and neuroimaging studies of creativity and insight. *Psychological Bulletin, 136*(5), 822-848.

Dyson, S. B., Chang, Y. L., Chen, H. C., Hsiung, H. Y., Tseng, C. C., & Chang, J. H. (2016). The effect of tabletop role-playing games on the creative potential and emotional creativity of Taiwanese college students. *Thinking Skills and Creativity, 19*, 88-96.

Ellamil, M., Dobson, C., Beeman, M., & Chrisoff, K. (2012). Evaluative and generative modes of thought during the creative process. *NeuroImage, 59*, 1783-1794.

Fairs, M. (March 22, 2016). Google has had a negative effect on office design, says Jeremy Myerson. Dezeen, Retrieved from https://www.dezeen.com/2016/03/22/google-office-design-negative-effect-interiors-jeremy-myerson / on December 29, 2019.

Fink, A., Grabner, R. H., Benedek, M., Reishofer, G., Hauswirth, V., Fally, M., Neuper, C., Ebner, F., & Neubauer, A. C. (2009). The creative brain: Investigation of brain activity durint creative problem solving by means of EEG and fMRI. *Human Brain Mapping, 30*, 734-748.

Gilmore, J. B. (1971). Play: A special behavior. *Child's play*, 311-325.

Goleman, D. (2001). Emotional intelligence: Issues in paradigm building. *The emotionally intelligent workplace, 13*, 26.

Göncü, A. (1993). Development of intersubjectivity in the dyadic play of preschoolers. *Early Childhood Research Quarterly, 8*(1), 99-116.

Guilford, J. P. (1950). Creativity. *American Psychologists, 5*, 444-454.

Hill (1977). Mud, sand and water. Washington, D.C: NAEYC, p. 2. http://blog.naver.com/PostView.nhn?blogId=cyttt&logNo=110131615438&parentCat

egoryNo=&categoryNo=&viewDate=&isShowPopularPosts=false&from=postView

Huang, P., Qiu, L., Shen, L., Zhang, Y., Song, Z., Qi, Z., Gong, Q., & Xie, P. (2013). Evidence for a left-over-right inhibitory mechanism during figural creative thinking in healthy nonartists. *Human Brain Mapping, 34*, 2724-2732.

Huizinga, J. (1955). *Homo Ludens, A Study of the Play Element in Culture*. Boston: The Beacon Press.

Huizinga, J. (1988). *Herfsttij der Middeleeuwen*. 최홍숙 역(1997). 중세의 가을. 서울: 문학과지성사.

Huizinga, J. (2010). 이종인 역(2008). 호모루덴스. 경기: 연암서가.

Johnson, J. E., Christie, J. F., & Wardle, F. (2005). Play, development, and early education. Pearson/Allyn and Bacon.

Johnson, J. E., Christie, J. F., & Yawkey, T. D. (1999). Play and Development. *Play and early childhood development*, 25-52.

Johnson, S. (2016). *Wonderland*. 홍지수 역(2017). 재미와 놀이가 어떻게 세상을 창조했을까 원더랜드. 서울: 한국경제신문출판사.

Jung, R. E., Mead, B. S., Carrasco, J., & Flores, R. A. (2013). The structure of creative cognition in the human brain. *Frontiers in Human Neuroscience,* 7, 1-13.

Justin, F. (1932). A genetic study of laughter provoking stimuli. *Child Development, 3*(2), 114-136.

Kaufman, J. C. & Beghetto, R. A. (2009). Beyond big and little: The four c model of creativity, *Review of General Psychology, 13*(1), 1-12.

Kaufman, S. B. (2013). The real neuroscience of creativity. Scientific American.

Keen, R. (2011). The development of problem solving in young children: A critical cognitive skill. *Annual review of psychology, 62*, 1-21.

Kounios, J. & Beeman, M. (2014). The cognitive neuroscience of insight.

Annual Review of Psychology, 65, 71-93.

Kozbelt, A., Beghetto, R. A., & Runco, M. A. (2010). Theories of Creativity. In J. C. Kaufman & R. K. Sternberg (Eds.), The cambridge handbook of creativity (pp. 20-47). New York: Cambridge University Press.

Landscape Times(2018. 11. 11.). 아이들의 놀이환경, 놀이의 중요성 모르는 어른 '장해'.

Lillemyr, O. F. (2009). *Taking play seriously: Children and play in early childhood education-An exciting challenge*. Charlotte: IAP.

Mayesky, M. (2004). *Creative Art and Activities: Print Making* (Vol. 5). Cengage Learning.

Mitchell, E. D. & Mason, B. (1948). *The theory of play*. New York: A. S. Barnes.

Panksepp, J. (2010). Science of the brain as a gateway to understanding play: An interview with Jaak Panksepp. *American Journal of Play, 2*(3), 245-277.

Parr, L. A. & Waller, B. M. (2006). Understanding chimpanzee facial expression: insights into the evolution of communication. *Social Cognitive and Affective Neuroscience, 1*(3), 221-228.

Parten, M. B. (1932). Social participation among pre-school children. *The Journal of Abnormal and Social Psychology, 27*(3), 243.

Pellegrini, A. D. (2009). *The role of play in human development*. Oxford: Oxford University Press.

Pellis, S. M., Pellis, V. C., & Bell, H. C. (2010). The function of play in the development of the social brain. *American Journal of Play, 2*(3), 278-296.

Piaget, J. (1951). *Play, Dreams, and Imitation in Childhood*. New York: Routledge.

Premack, D. & Woodruff, G. (1978). Does the chimpanzee have a theory of mind?. *Behavioral and brain sciences, 1*(4), 515-526.

Rhodes, M. (1961). An analysis of creativity. *The Phi Delta Kappan, 42*(7), 305-310.

Runco, M. (2004). Creativity. *Annual Review of Psychology, 55*, 657-687.

Runco, M. A., Millar, G., Acar, S., & Cramond, B. (2012). Torrance tests of creative thinking as predictors of personal and public achievement: A fifty year follow up. *Creativity Research Journal, 22*, 361-368.

Sawyer, K. (2011). The cognitive neuroscience of creativity: A critical review. *Creativity Research Journal, 23*(2), 137-154.

Sherman, L. W. (1975). An ecological study of glee in small groups of preschool children. *Child Development, 46*, 53-61.

Singer, J. L. (1973). The child's world of make -believe: Experimental studies of imaginative play. Academic Press.

Torrance, E. P. (1966). *Torrance tests of creative thinking: Norms-technical manual*. Princeton, NJ: Personnel Press, Inc.

Torrance, E. P. (1974). *Tornace test on creative thinking: Norms-technical manual*. Bensenville, IL: Scholastic Testing Service.

Torrance, E. P. (1984). The role of creativity in identification of the gifted and talented. *Gifted Child Quarterly, 28*(4), 153-156.

Torrance, E. P. (1998). Torrance tests of creative thinking: Norms-technical manual figural (streamlined) forms A & B. Bensenville, IL: Scholastic Testing Service.

Trawick-Smith, J. (1998). A qualitative analysis of metaplay in the preschool years. *Early Childhood Research Quarterly, 13*(3), 433-452.

Wallas, G. (1926). *The art of thought*. New York: Harcourt Brace and World.

Yoruk, S. & Runco, M. A. (2014). The Neuroscience of divergent thinking. *Activitas Nervosa Superior, 56*(1-2), 1-15.

참고 사이트

김영훈 (2018). 창의력을 키우는 놀이 3가지. https://post.naver.com/viewer/postView.nhn?volumeNo=16279029&memberNo=16265963

농촌진흥청 https://soil.rda.go.kr/soil/soillove/soilSecret.jsp

박지원(2014). 왜 창의적 집단인가? 행복한 교육. https://happyedu.moe.go.kr/happy/bbs/selectHappyArticle.do?nttId=2934&bbsId=BBSMSTR_000000000192

사단법인 유니세프한국위원회(2018). 제5-6차 유엔아동권리협약 이행 한국아동보고서를 발간하다! http://childfriendlycities.kr/board/bbs/board.php?bo_table=cfcstory&wr_id=201

삿포로 눈축제 공식 사이트 https://www.snowfes.com/k/about/

정희성(2017). 청소년 놀이문화 실태와 개선방안. http://webzine.ncyok.or.kr/bbs/board.php?bo_table=a1&wr_id=5n

통계청(2018a). 학교급별 사교육 참여율. http://kosis.kr/statHtml/statHtml.do?orgId=101&tblId=DT_1PE301&vw_cd=&list_id=&scrId=&seqNo=&lang_mode=ko&obj_var_id=&itm_id=&conn_path=E1

통계청(2018b). 지난 1년 동안 평일 하루 평균 여가시간. http://kosis.kr/statHtml/statHtml.do?orgId=113&tblId=DT_113_STBL_1026934&vw_cd=MT_ZTITLE&list_id=113_11314_001&seqNo=&lang_mode=ko&language=kor&obj_var_id=&itm_id=&conn_path=MT_ZTITLE

통계청(2018c). 평일 여가시간 자유정도(통제여부). http://kosis.kr/statHtml/statHtml.do?orgId=113&tblId=DT_113_STBL_1028404&vw_cd=MT_ZTITLE&list_id=113_11314_002&seqNo=&lang_mode=ko&language=kor&obj_var_id=&itm_id=&conn_path=MT_ZTITLE

프럼에이(2018). 모험놀이터, 자연에 있는 그대로를 갖고 놀다. https://froma.co.kr/369

한국창의성학회. 창의성이란?: 창의성진단연구소가 정의하는 창의성. http://www.theacademyofcreativity.org/lab/institute_for_creativity_assessment_3

Bridie Pearson-Jones for Mailonline (August, 4, 2019). The land that health and safety forgot! Japanese park encourages children to play with knives and hammers, light bonfires and jump off buildings. https://www.dailymail.co.uk/news/article-7320015/Japanese-park-lets-children-play-knives-hammers-light-bonfires-jump-buildings.html

EBS(2019). 창의성, 키울 수 있을까? https://www.ebs.co.kr/tv/show?lectId=20124008

Erin Davis(2015). The Land. https://www.youtube.com/kR7QeqLhhSA

https://digthisvegas.com/about-dig-this-las-vegas

https://www.dailymail.co.uk/news/article -7320015/Japanese-park-lets-children-play-knives-hammers-light-bonfires-jump-buildings.html

https://www.dezeen.com/2016/03/22/google-office-design-negative-effect-interiors-jeremy-myerson

https://whyy.org/segments/which-animals-play-and-why/

https://happyedu.moe.go.kr/happy/bbs/selectHappyArticleImg.do?bbsId=BBSMSTR_000000000192&nttId=2934

https://kaboom.org/resources/build-playground-toolkit/accessibility/play-and-development/creative-expression

https://post.naver.com/viewer/postView.nhn?volumeNo=16699415&memberNo=16714554

https://www.crezone.net/?page_id=127718&c=cn&m=V&n=1512&search_key=&search_word=&current_page=1

https://www.ted.com/talks/sir_ken_robinson_do_schools_kill_creativity?language=ko

Robinson, K. (2006). Do schools kill creativity? TED. https://www.ted.com/talks/sir_ken_robinson_do_schools_kill_creativity?language=ko

TED (2010). Build a tower, build a team. https://www.ted.com/talks/tom_wujec_build_a_tower_build_a_team?utm_campaign=tedspread&utm_medium=referral&utm_source=tedcomshare

United Nations Human Rights Office of the High Commissioner. (1989). Convention on the Rights of the Child. Retrieved from https://www.ohchr.org/en/professionalinterest/pages/crc.aspx on Dec. 29, 2019.

Yu, A. (2019.08.15.). Which animals play, and why?. Whyy PBS, Retrieved from https://whyy.org/segments/which-animals-play-and-why/ on Dec. 29, 2019.

YTN, 세계에 알린 한국 학생들의 창의력(https://www.ytn.co.kr/_ln/0105_201506091557088405)

찾아보기

| 인명 |

| 내용 |

저자 소개

양유진

덕성여자대학교 대학원 유아교육학 박사

현 명지대학교 교육대학원 교육학과 유아교육전공 조교수

한유진

서울대학교 대학원 아동가족학 박사

현 명지대학교 아동심리치료학과 교수

정가윤

University of Illinois at Urbana-Champaign 유아교육학 박사

현 명지대학교 아동학과 부교수

김진욱

서울대학교 대학원 아동가족학 박사

현 명지대학교 아동학과 부교수

천연미

서울대학교 대학원 아동가족학 박사

현 명지대학교 아동학과 조교수

놀이 혁명과 창의성

Play Revolution And Creativity

2021년 7월 10일 1판 1쇄 인쇄
2021년 7월 15일 1판 1쇄 발행

지은이 • 양유진 · 한유진 · 정가윤 · 김진욱 · 천연미
펴낸이 • 김진환
펴낸곳 • (주) 학지사
04031 서울특별시 마포구 양화로 15길 20 마인드월드빌딩
대표전화 • 02)330-5114 팩스 • 02)324-2345
등록번호 • 제313-2006-000265호

홈페이지 • http://www.hakjisa.co.kr
페이스북 • https://www.facebook.com/hakjisabook

ISBN 978-89-997-2439-8 93370

정가 15,000원